상담과 법

김인규 · 박주호 · 조남정 · 김희숙 · 손요한

박영story

서문

상담을 접하는 많은 사람이 상담은 법과 관계없는 활동이라고 생각한다. '상담은 도움이 필요한 사람이 그 도움을 줄 수 있는 사람을 만나 도움을 받는 과정'이기에 별다른 법의 관할이나 제재를 받을 필요가 없다고 여기는 것이다. 그러나 상담은 상담사와 내담자 개인 간의 사적인 관계에서 그치는 것이 아니라, 상담서비스와 상담요금이 교환되는 계약 및 거래 관계이다. 다양한 민간 상담실 및 상담업체 외에도 중앙정부, 지방자치단체, 공공기관 등이 관계되는 공공의 영역이라는 측면에서 상담은 이미 법과 제도의 영역에 포함된다고 할 수 있다.

상담 관련 법에 대한 상담계의 논의는 1993년 청소년상담, 2008년 학교상담 등 특정 상담영역 중심으로 진행되어 왔으며, 2005년 이후부터 상담법(또는 상담진흥법)에 대해 적극적으로 추진되고 있다. 그러나 아직 상담과 법을 다루는 대학 및 대학원의 교육과정이 많지 않고, 이를 위해 필요한 교재 또한 미비하다. 더욱이 각 상담영역마다 연관되는 법과 제도가 다양한데 이를 종합적으로 보여줄 수 있는 자료가 부족한 실정이다.

이런 상담 관련 법에 대한 자료는 상담을 받기 원하는 일반 국민을 위해서도 필요하다. 필요로 하는 상담을 받을 수 있는 곳은 어디이며, 어떤 자격의 상담사가 임하고, 상담과 관련해 자신이 요구할 수 있는 내용은 무엇인지를 아는 것은 상담을 받고자 하는 내담자의 당연한 권리라고 할 수 있다. 또한, 여러 문제영역별로 국가나 지방자치단체가 제공하는 서비스와 관련된 법과 제도를 알게 되면 훨씬 더 용이하고 충분히 그 서비스를 이용할 수 있다.

이에 저자들은 현재 상담현장에서 활동하는 상담사, 상담수련 중인 예비 상담사, 상담을 받고자 하는 내담자 등이 상담 관련 법과 제도를 이해하도록 돕기 위해 이 책을 집필했다. "Part 01 상담과 법"에서는 상담과 법에 대한 전체적인 이해를 돕고자 상담의 정의, 상담분야에 있어서 법의 필요성, 상담을 다루는 현행 법령의 종류 등을 다루었다. "Part 02 상담사와 상담자격"에서는 상담서비스 제공자인 상담사에 대한 이해를 위해 상담사의 정의, 상담자격의 근거 법령, 상담분야 국가자격과 민간자격 취득방법 등을 기술했다. "Part 03

상담실 운영과 윤리"에서는 전국적인 상담기관의 현황과 운영에 대한 이해를 돕기 위해 전국의 상담기관 현황, 상담기관 운영 방법, 상담내용 비밀 보장, 상담윤리 강령 등을 포함했다. "Part 04 상담주제별 상담방법과 법"에서는 상담주제 및 영역별로 관련된 법에 대한 이해를 위해 가정폭력피해상담, 성폭력피해상담, 범죄피해상담, 군생활문제상담, 청소년문제상담, 학교생활문제상담, 가정문제상담, 회사문제상담 등을 다루었다.

상담과 법에 관련된 종합적 논의가 충분하지 않은 가운데 집필하다 보니 상담 영역의 경계, 용어의 통일, 법률의 보완 등 앞으로 상담관련 법률에서 다루어야 할 과제가 많다는 것을 새삼 느낀다. 또한, 법과 제도는 계속 변화하고 있으므로 항상 새로운 자료를 참고하는 자세를 갖출 필요가 있겠다. 상담과 법에 관한 논의의 시작이기 때문에 전체적 구성이나 내용 전개, 법률 인용 등에 최선을 다했지만 부족한 점이 많으리라고 생각한다. 본 책을 읽으면서 이런 면이 발견될 때 언제든지 알려주면 향후 보완해 나가도록 하겠다.

이 책이 나오기까지 많은 자료의 정리와 집필에 수고한 박주호, 조남정, 김희숙, 손요한 공동저자 분들에게 감사드린다. 그리고 오랜 기간 원고를 기다려 책을 아름답게 만들어준 피와이메이트 노 현 대표님과 최은혜 선생님에게 감사드린다.

2020. 8.

대표저자 김인규

차례

Part 01. 상담과 법

Part 02. 상담사와 상담자격

Part 03. 상담실 운영과 윤리

Part 04. 상담주제별 상담방법과 법

Part 01

상담과 법

Part

01 상담과 법

가 상담이 무엇인가요?

상담이란?

상담은 인격적인 만남을 통해 사람들의 바람직한 변화를 돕는 과정이다.

심리상담이란?

심리상담은 심리사회적 문제해소 및 성장을 위하여 전 연령의 개인 또는 그와 관련된 사람에게 전문적 상담관계를 기초로 심리교육 및 예방, 심리치료 등을 수행하는 일이다.

전문상담이란?

전문상담은 국가수준의 제도와 법률에 기초하여 제도적으로 공인된 상담교육과 검정과정을 거쳐 전문상담사 자격을 취득한 상담자가 진행하는 상담을 말한다. 전문상담자는 학문적 기초와 경험적으로 검증된 이론을 근거로, 효과적인 절차와 방법을 활용하여 공식화된 상담목표를 세우고 윤리적인 규범을 준수하면서 상담을 진행한다.

나 상담에 법이 필요한가요?

상담은 법 없이 당사자끼리 알아서 하면 되지 않을까?

상담은 상담사와 내담자 간에 이루어지는 개인적이고 비밀스러운 내용이기 때문에 굳이 법이 필요하지 않은 사적 영역의 활동이라고 볼 수도 있다. 그러나 상담을 필요로 하고 실제 상담에 참여하는 국민들이 많아지면서 이제 상담은 개인 간의 사적인 행위를 넘어서는 공공의 영역으로 자리 잡고 있다. 많은 법률에서 상담을 다루고 있고, 정부의 여러 부처와 지방자치단체, 공공기관이 상담서비스를 제공하고 있다. 이렇게 국가 전체적으로 볼 때 다양한 분야에서 다수의 국민들이 참여하는 상담활동의 관리와 지원에는 법과 규제가 필요하다.

또한 전문직으로서의 상담사에 대한 인식이 높아지면서 상담 관련 학과, 학회, 단체 들이 늘어나는 추세이며, 상담자격 또한 매우 다양해져서 이에 대한 국가적인 관리의 필요성이 대두되고 있다. 상담서비스를 제공하는 상담사가 역량과 윤리 수준을 갖추어야 국민들이 올바른 방법으로 양질의 좋은 서비스를 받을 수 있기 때문에 상담사의 자격과 상담행위를 규제하는 법과 제도가 필요하다. 이것의 부재로 자질이 부족한 상담사가 부적절한 방법으로 상담을 한다면 그 피해는 국민들이 입을 수밖에 없기 때문이다.

상담받는 사람이 알아야 할 법은?

어려움이 생겨 상담을 받기 원하는 사람은 그 문제의 해결을 도와줄 수 있는 사람이면 누구든지 만나서 도움을 받으려 한다. 이때 도움을 주는 사람이나 기관이 적절한 자격을 갖추고 올바른 기준을 따르고 있는지를 확인해 보는 것은 매우 중요한 일이다. 마치 몸이 아파 의료적 도움이 필요할 때 의사나 병원을 확인해 보는 것과 같다. 따라서 상담 받는 사람은 상담사, 상담기관, 상담활동에 대한 법을 아는 것이 필요하다. 이 책의 2장에는 상담사와 상담자격에 관한 법, 3장에는 상담실의 운영에 관한 법, 4장에는 상담주제별 상담방법에 관한 법의 내용이 제시되어 있다.

상담사가 알아야 할 법은?

상담사는 당연히 앞에서 언급한 상담사, 상담자격, 상담실 운영, 상담주제별 상담방법에 관한 법을 숙지할 필요가 있다. 특히 비밀보장, 상담기록 등의 상담윤리와 관련된 내용과 개인정보 보호, 사업자 등록, 신고의무, 범죄피해 등 상담활동과 관련된 일반 법률에 대해서도 잘 알아야 한다.

다 상담을 다루고 있는 현행 법령으로는 어떤 것이 있나요?

현행 심리상담분야 법률분석을 위해 법제처 국가법령정보센터와 대법원 종합법률정보 사이트에 등록된 국내 현행법령을 전체적으로 살펴보았다(김인규, 손요한, 2019). 여기서 법령은 상위법 체계에 따라 법률 〉 시행령(대통령령) 〉 시행규칙(총리령, 부령)을 포괄한다. 검색의 주요어로는 선행연구(권수영 외, 2016, 김요완, 2013, 최정아, 2018)에서 활용된 '상담', '심리치료', '심리상담', '상담치료', '상담·치료', '상담서비스'와 본 연구에서 추가한 '상담지원', '심리지원'을 활용하였다. 위 주요어를 활용하여 현행법령을 검색한 결과, 주요어별 법령 건수는 '상담' 707건, '상담·치료' 187건, '심리치료' 36건, '심리상담' 35건 등의 순으로 나타났으며, 총 법령 수는 1,005건이었다. 다음으로 주요어별 중복 법령을 제외시킨 결과 715개의 법령이 선별되었고, 이후 법률을 기준으로 시행령과 시행규칙을 병합하여 468개의 법률이 도출되었다. 여기에 법률에서 명시한 상담의 내용이 경영, 법률, 민원, 의료 등 심리상담을 의미하지 않는 307건의 법령은 제외시켰다. 끝으로 단순 자격명만을 명시한 법령, 본문이 아닌 서식에서만 주요어가 언급된 법률, 각 부처의 직제와 사무분장만을 명시한 60건의 법률을 제외한 총 101건의 법률을 최종 분석에 활용하였다. 전체 법률 수집절차는 [그림 1]에 제시하였고, 분석에 활용된 상담관련 법률은 [부록 1]에 첨부하였다.

상담을 명시한 국내현행법률은 총 101개로, 법무부 22개(21.8%), 보건복지부 20개(19.8%), 여성가족부 14개(13.9%), 고용노동부 10개(9.9%) 등의 순으로 높게 나타났다〈표 1〉.

그림 1 법률수집 절차

주요어별 법령 수집	상담	상담·치료	심리치료	심리상담
	707건	187건	36건	35건
	상담지원	상담서비스	상담치료	심리지원
	17건	15건	7건	1건

주요어별 중복 법령 제거	715개
법률 기준 법령 병합	468개
심리상담 영역 법률 선별	161개
최종 분석 법률 선정	**101개**

표 1 부처별 상담법률 현황

번호	소관부처	법률 수	
		N	%
1	법무부	22	21.8
2	보건복지부	20	19.8
3	여성가족부	14	13.9
4	고용노동부	10	9.9
5	교육부	8	7.9
6	금융위원회	6	5.9
7	인사혁신처	3	3.0
8	문화체육관광부	3	3.0
9	국방부	3	3.0
10	행정안전부	2	2.0
11	국토교통부	2	2.0
12	기타	8	7.9
계		101	100.0

각 부처별 법률의 세부내용은 다음과 같다.

1 법무부

법무부(대법원 포함) 소관의 상담관련 법률은 총 22개로, 범죄유형에 따른 가해자와 피해자의 상담지원을 명시하고 있다〈표 2〉.
상담관련 기관은 보호시설, 청소년비행예방센터, 청소년심리상담실 정신의료기관 등의 전문기관으로 명시되고 있다. 수탁 또는 위탁 형태로 상담이 운영되는 기관은 상담소, 보호시설, 상담시설 등으로 명시되며 위탁하는 전문 단체나 시설의 조건까지 명시하고 있다.
상담인력은 전문상담인, 사회복귀업무교도관, 정신건강전문요원, 진술조력인 등으로 명시하고 있으며, 기관에 따라 센터장, 사무국장, 상담원, 생활지도사 등 직급과 직렬에 따른 인력을 명시하고 있다.

표 2 법무부 상담법률 현황

번호	법률명	기관	인력
1	가사소송규칙	-	전문상담인
2	가정보호심판규칙	상담소	-
3	가정폭력범죄의 처벌 등에 관한 특례법	-	-
4	가족관계의 등록 등에 관한 규칙	-	전문상담인
5	교도관직무규칙	-	사회복귀업무교도관
6	민법	-	전문상담인
7	범죄피해자 보호법	보호시설	시설종사자
8	법무부와 그 소속기관 직제	청소년비행 예방센터	센터장
9	보호관찰 등에 관한 법률	갱생보호시설	시설장, 생활지도사
10	보호소년 등의 처우에 관한 법률	청소년심리상담실	직원
11	성매매알선 등 행위의 처벌에 관한 법률	성매매피해상담소	장, 사무국장, 상담원, 직업 훈련교사
12	성폭력범죄 등 사건의 심리 · 재판 및 피해자 보호에 관한 규칙	-	증인지원관

13	성폭력범죄의 처벌 등에 관한 특례법	-	전문가
14	성폭력범죄자의 성충동 약물치료에 관한 법률	-	정신건강전문요원
15	소년법	-	전문가
16	소년심판규칙	-	위탁보호위원
17	아동보호심판규칙	상담소	-
		아동보호전문기관	-
18	아동학대범죄의 처벌 등에 관한 특례법	아동보호전문기관	상담원
19	진술조력인의 선정 등에 관한 규칙	-	진술조력인
20	치료감호 등에 관한 법률	치료기관	정신건강의학과 전문의, 정신건강전문요원
		정신건강복지센터	-
21	특정범죄자에 대한 보호 관찰 및 전자장치 부착 등에 관한 법률	-	-
22	형의 집행 및 수용자의 처우에 관한 법률	-	-

2 보건복지부

보건복지부 소관의 상담관련 법률은 총 20개로, 노숙인, 장애인, 영유아 등 사회취약계층을 위한 다양한 전문기관을 설치·운영하고 있다 〈표 3〉.

상담관련 기관으로 지역자활센터, 긴급지원기관, 노숙인자활시설, 노인일자리전담기관, 중앙노후준비지원센터, 행동발달증진센터 등의 전문기관을 조문에서 명시하고 있으며, 기관의 목적에 따라 노인복지상담원, 자립지원전담요원, 장애인복지상담원 등의 전문 인력을 확인할 수 있었다.

대표적인 법률로 '정신건강증진 및 정신질환자 복지서비스 지원에 관한 법률(약칭: 정신건강복지법)'은 정신건강증진 및 정신질환자 복지서비스 지원을 위한 법률로서, 생애주기 및 성별, 국가 및 지방자치단체, 학교 등 전 방위적 정신건강증진사업을 수행하고 있으며, 정신건강전문요원을 양성하고 있다.

표 3 보건복지부 상담관련 법률

<table>
<tr><th>번호</th><th>법률명</th><th>기관</th><th>인력</th></tr>
<tr><td rowspan="3">1</td><td rowspan="3">국민기초생활 보장법</td><td>광역자활센터</td><td>-</td></tr>
<tr><td>지역자활센터</td><td>-</td></tr>
<tr><td>한국자활복지개발원</td><td>원장, 이사, 감사</td></tr>
<tr><td>2</td><td>긴급복지지원법</td><td>긴급지원기관</td><td>긴급지원담당공무원</td></tr>
<tr><td rowspan="3">3</td><td rowspan="3">노숙인 등의 복지 및
자립지원에 관한 법률</td><td>노숙인자활시설</td><td rowspan="3">시설의 장, 상담요원,
생활복지사,
정신보건전문요원</td></tr>
<tr><td>노숙인종합지원센터</td></tr>
<tr><td>쪽방상담소</td></tr>
<tr><td rowspan="2">4</td><td rowspan="2">노인복지법</td><td>-</td><td>노인복지상담원</td></tr>
<tr><td>노인보호전문기관</td><td>장, 상담원</td></tr>
<tr><td rowspan="2">5</td><td rowspan="2">노후준비 지원법</td><td>중앙노후준비
지원센터</td><td>장</td></tr>
<tr><td>지역노후준비
지원센터</td><td>관리책임자, 서비스제공인력</td></tr>
<tr><td rowspan="3">6</td><td rowspan="3">발달장애인 권리보장 및
지원에 관한 법률</td><td>발달장애인지원센터</td><td>상담전문인력</td></tr>
<tr><td>행동발달증진센터</td><td>장, 행동치료 전문가 및 지원 전문가</td></tr>
<tr><td>-</td><td>심리상담 서비스 제공인력</td></tr>
<tr><td>7</td><td>보건의료인력지원법</td><td>보건의료인력
지원전문기관</td><td>전담인력</td></tr>
<tr><td>8</td><td>사회복지 사업법</td><td>사회복지관</td><td>관장, 책임자</td></tr>
<tr><td>9</td><td>사회서비스 이용 및
이용권 관리에 관한 법률</td><td>지원상담서비스 시설</td><td>장 및 관리책임자</td></tr>
<tr><td>10</td><td>실종아동 등의 보호 및
지원에 관한 법률</td><td>실종아동전문기관</td><td>전문 인력</td></tr>
<tr><td rowspan="3">11</td><td rowspan="3">아동복지법</td><td>가정위탁지원센터</td><td>장, 상담원, 임상심리치료
전문 인력, 자립지원 전담요원</td></tr>
<tr><td>아동보호전문기관</td><td>상담원</td></tr>
<tr><td>아동복지시설</td><td>장, 사무국장, 생활복지사
또는 상담지도원,
직업훈련교사, 임상심리
상담원, 자립지원 전담요원</td></tr>
</table>

<table>
<tr><td>12</td><td>암 관리법</td><td>국립암센터</td><td>-</td></tr>
<tr><td>13</td><td>영유아보육법</td><td>육아종합지원센터</td><td>상담전문요원</td></tr>
<tr><td rowspan="2">14</td><td rowspan="2">자살예방 및 생명존중문화
조성을 위한 법률</td><td>자살예방센터</td><td>전문 인력</td></tr>
<tr><td>긴급전화</td><td>-</td></tr>
<tr><td rowspan="2">15</td><td rowspan="2">장애아동 복지지원법</td><td>중앙장애아동지원센터</td><td rowspan="2">전담 인력</td></tr>
<tr><td>지역장애아동지원센터</td></tr>
<tr><td rowspan="5">16</td><td rowspan="5">장애인복지법</td><td>장애인
지역사회재활시설</td><td>시설장, 사무국장,
직업훈련교사</td></tr>
<tr><td>피해 장애인 쉼터</td><td>시설장, 생활지도원</td></tr>
<tr><td>장애인 권익옹호기관</td><td>상담원</td></tr>
<tr><td>장애인 가족 지원 사업
수행기관</td><td>기관장, 상담담당자,
업무담당자</td></tr>
<tr><td>-</td><td>장애인복지상담원</td></tr>
<tr><td rowspan="3">17</td><td rowspan="3">정신건강증진 및 정신질환자
복지서비스 지원에 관한 법률</td><td>국가트라우마센터</td><td>장, 정신건강전문요원</td></tr>
<tr><td>정신건강복지센터</td><td rowspan="2">정신건강전문요원</td></tr>
<tr><td>중독관리통합 지원센터</td></tr>
<tr><td>18</td><td>지역보건법</td><td>보건소</td><td>정신건강의학과 전문의,
정신건강전문요원</td></tr>
<tr><td rowspan="2">19</td><td rowspan="2">치매관리법</td><td>치매안심센터</td><td rowspan="2">전문 인력</td></tr>
<tr><td>치매상담전화센터</td></tr>
<tr><td>20</td><td>후천성면역결핍증
예방법</td><td>쉼터</td><td>상근관리자, 상담 · 운영요원,
자원봉사자</td></tr>
</table>

3 여성가족부

여성가족부 소관의 상담관련 법률은 총 14개로, 가족, 여성, 아동청소년의 보호와 복지를 위한 전문기관이 설치·운영되고 있으며, 다문화, 양성평등, 성매매, 성폭력, 여성폭력 등의 사회적 문제를 다루고 있다〈표 4〉. 상담관련 기관으로 가정폭력 관련 상담소, 다문화가족지원센터, 성폭력피해상담소, 여성인력개발센터, 청소년 방과 후 활동 지원센터 등의 기관을 명시하고 있다. 상담인력은 상담원, 전문 인력, 가족친화 관련 전문인력, 종사자 등으로 명시하였고, 세부자격을 별표로 제시하고 있으며,

한국건강가정진흥원은 건강가정사를 별도로 명시하여 양성하고 있다.

표 4 여성가족부 상담관련 법률

번호	법률명	기관	인력
1	가정폭력방지 및 피해자보호 등에 관한 법률	가정폭력 관련 상담소	장, 상담원
		가정폭력피해자 보호시설	
		긴급전화센터	
2	가족친화 사회 환경의 조성 촉진에 관한 법률	가족친화지원센터	강사, 연구조사 및 홍보 담당자
3	건강가정기본법	건강가정지원센터	건강가정사
		한국건강가정진흥원	-
4	다문화가족지원법	다문화가족 종합정보 전화센터	장, 외국어별 상담원
		다문화가족지원센터	전문 인력
5	성매매방지 및 피해자보호 등에 관한 법률	성매매방지중앙지원센터	장, 팀장, 팀원
		성매매피해상담소	장, 사무국장, 상담원, 직업훈련교사
6	성폭력방지 및 피해자보호 등에 관한 법률	성폭력피해상담소	장, 상담원
		성폭력피해자통합 지원센터	소장, 부소장, 전문상담사, 상담심리사
7	아동 · 청소년의 성보호에 관한 법률	성교육 전문기관	기관의 장 팀원 및 전문 강사
8	양성평등기본법	여성인력개발센터	센터장, 교육, 훈련 담당자, 취업관련 상담자
		한국양성평등교육진흥원	-
		한국여성인권진흥원	-
9	여성폭력방지기본법	-	전문상담인
10	청소년 기본법	청소년 방과 후 활동 지원센터	-
		-	전문상담인
11	청소년 보호법	청소년 보호 · 재활센터	-

12	청소년복지 지원법	이주배경청소년지원센터	청소년상담복지센터장, 직원
		청소년쉼터(일시, 단기, 중장기)	시설장, 보호 상담원, 자립지원요원
		청소년상담복지센터	청소년상담복지센터장, 직원
		청소년자립지원관	시설장, 보호 상담원, 자립지원요원
		청소년치료재활센터	시설장, 관리입무책임자 상담원, 보호자립지원요원, 임상심리사
		청소년회복지원시설	시설장, 보호 상담원
13	학교 밖 청소년 지원에 관한 법률	학교 밖 청소년 지원센터	전문 인력
14	한부모가족 지원법	한부모가족 상담전화	상담원
		한부모가족 복지시설	장, 사무국장, 생활복지사

4 고용노동부

고용노동부 소관의 상담관련 법률은 총 10개로, 경력단절 여성, 고령자, 장애인, 청년 등의 직업능력 개발과 고용을 위한 지원을 명시하고 있다〈표 5〉.

상담관련 기관으로 고령자 고용정보센터, 한국고용정보원, 고용평등상담실, 한국장애인 고용공단, 직업안정기관 등의 전문기관을 명시하고 있다. 상담인력은 전문 인력, 민간직업상담원, 상담전담자 등으로 명시하였고, 한국장애인고용공단에서는 장애인 직업생활상담원을 포함한 전문요원을 양성하고 있다.

표 5 고용노동부 상담관련 법률

<table>
<tr><th>번호</th><th>법률명</th><th>기관</th><th>인력</th></tr>
<tr><td>1</td><td>고용보험법</td><td>고용촉진 시설</td><td>전문 인력, 민간직업상담원</td></tr>
<tr><td rowspan="3">2</td><td rowspan="3">고용상 연령차별금지 및 고령자고용 촉진에 관한 법률</td><td>고령자 고용정보센터</td><td>-</td></tr>
<tr><td>고령자인재은행</td><td>직업능력개발훈련에 관한 상담전담자 지원인력</td></tr>
<tr><td>중견전문인력 고용지원센터</td><td>직업능력개발훈련에 관한 상담전담자 지원인력</td></tr>
<tr><td rowspan="2">3</td><td rowspan="2">고용정책 기본법</td><td>한국고용정보원</td><td>-</td></tr>
<tr><td>한국잡월드</td><td>-</td></tr>
<tr><td>4</td><td>근로복지기본법</td><td>-</td><td>전문상담인</td></tr>
<tr><td>5</td><td>근로자직업능력 개발법</td><td>기능대학</td><td>직업능력개발훈련교사</td></tr>
<tr><td rowspan="2">6</td><td rowspan="2">남녀고용평등과 일 · 가정 양립 지원에 관한 법률</td><td>민간단체 고용평등상담실</td><td>상담원</td></tr>
<tr><td>성희롱 예방 교육기관</td><td>예방교육강사</td></tr>
<tr><td rowspan="2">7</td><td rowspan="2">장애인고용촉진 및 직업재활법</td><td>한국장애인고용공단</td><td>-</td></tr>
<tr><td>-</td><td>전문상담인</td></tr>
<tr><td>8</td><td>직업안정법</td><td>직업안정기관</td><td>직업상담원</td></tr>
<tr><td>9</td><td>청년고용촉진 특별법</td><td>직업안정기관</td><td>직업상담원</td></tr>
<tr><td rowspan="2">10</td><td rowspan="2">경력단절여성 등의 경제활동 촉진법</td><td>경력단절여성지원센터</td><td>장, 상근 종사자</td></tr>
<tr><td>중앙경력단절여성지원센터</td><td>장, 전문 인력, 담당자</td></tr>
</table>

5 교육부

교육부 소관의 상담관련 법률은 총 8개로, 초·중등학교 대상의 학교상담, 진로교육, 학교안전사고, 학교폭력 예방 등의 업무를 명시했다〈표 6〉. 상담관련 기관으로 선행교육예방 연구센터, 교원치유센터, 국가진로교육센터 등의 전문기관과 영재학교, 학교 상담실 등의 학교가 명시되어 있다. 상담인력은 교원, 전문상담교사, 진로전담교사, 전문상담순회교사 등을 명시하고 있으며, 전문상담교사 자격을 기본으로 이외 세부 자격을 별도로 제시하고 있다.

표 6 교육부 상담관련 법률

번호	법률명	기관	인력
1	공교육 정상화 촉진 및 선행교육 규제에 관한 특별법	선행교육예방 연구센터	-
2	교원의 지위 향상 및 교육활동 보호를 위한 특별법	교원치유지원센터	전문 인력
3	영재교육진흥법 시행령	영재학교	영재학급 전문상담교사
4	장애인 등에 대한 특수교육법	-	전문상담인
5	진로교육법	국가진로교육센터	상근인력
		지역진로교육센터	-
		-	전문상담인
6	초 · 중등교육법	학교	전문상담교사 전문상담순회교사
7	학교안전사고 예방 및 보상에 관한 법률	상담 및 심리적 치료기관	-
8	학교폭력예방 및 대책에 관한 법률	상담실	전문상담교사

6 금융위원회

금융위원회 소관의 상담관련 법률은 총 6개로, 고객응대직원에 대한 보호 조치의 일환으로 은행과 보험업에서 고충처리위원의 역할을 명시하고 있다〈표 7〉.

구체적인 상담기관과 인력은 명시되어 있지 않다.

표 7 금융위원회 상담관련 법률

번호	법률명	기관	인력
1	신용협동조합법	고충처리위원	-
2	여신전문금융업법	고충처리위원	-
3	상호저축은행법	고충처리위원	-
4	자본시장과 금융투자업에 관한 법률	고충처리위원	-
5	보험업법	고충처리위원	-
6	은행법	고충처리위원	-

7 국방부

국방부 소관의 상담관련 법률은 총 3개로, 군인의 지위 및 복무에 관한 기본법을 기본으로 국군포로 지원, 군수용자 처우 관련 법률이 있다〈표 8〉. 별도의 상담기관은 명시하고 있지 않으며, 상담인력은 외부전문가, 병영생활 전문상담관, 성고충 전문상담관을 명시하고 있다.

표 8 국방부 상담관련 법률

번호	법률명	기관	인력
1	국군포로의 송환 및 대우 등에 관한 법률 시행령	-	-
2	군에서의 형의 집행 및 군수용자의 처우에 관한 법률	-	외부전문가
3	군인의 지위 및 복무에 관한 기본법	-	병영생활전문상담관 성고충 전문상담관

8 인사혁신처

인사혁신처 소관의 상담관련 법률은 총 3개로, 공무원 복지를 위한 고충심사 위원회, 공무원 상담센터, 외부 심리상담기관을 명시하고 있다〈표 9〉. '공무원 재해보상법'에서는 외부 심리상담기관을 부가가치세법에 심리 상담과 관련하여 사업자등록을 한 자로 규정하고 있다. 상담인력은 '공무원고충처리규정'의 고충상담원을 제외하고 구체적인 인력과 자격을 명시하고 있지 않다.

표 9 인사혁신처 상담관련 법률

번호	법률명	기관	인력
1	공무원고충처리규정	고충심사위원회	고충상담원
2	공무원 재해보상법	심리상담기관(심리 상담과 관련하여 「부가가치세법」 제8조에 따른 사업자등록을 한 자)	-
3	공무원 후생복지에 관한 규정	공무원 상담센터	-

9 행정안전부

행정안전부 소관의 상담관련 법률은 총 3개로, 재난 및 안전관리, 구호 등을 지원하고 있다. '제주특별자치도 설치 및 국제자유도시 조성을 위한 특별법'에서 직업안정기관과 국제고등학교를 명시하고 있다〈표 10〉. 비상시적 재난상황을 염두에 둔 '재난 및 안전관리 기본법', '재해구호법 시행령'은 기관이 명시되어 있지 않다. '재난 및 안전관리 기본법'은 재난피해자를 위한 심리회복 전문가 인력 확보를 명시하였으나 구체적인 자격을 명시하고 있지 않다.

표 10 행정안전부 상담관련 법률

번호	법률명	기관	인력
1	재난 및 안전관리 기본법	-	심리회복 전문가
2	재해구호법 시행령	-	-
3	제주특별자치도 설치 및 국제자유도시 조성을 위한 특별법	직업안정기관, 국제고등학교	직업상담원, 전문상담교사

10 국토교통부

국토교통부 소관의 상담관련 법률은 총 2개로, '자동차손해배상 보장법'에서 직업재활시설을 명시하였고, 장기공공임대주택 입주자의 삶의 질 향상을 위한 상담지원을 명시하고 있다〈표 11〉.

표 11 국토교통부 상담관련 법률

번호	법률명	기관	인력
1	자동차손해배상 보장법	직업재활시설	-
2	장기공공임대주택 입주자 삶의 질 향상 지원법 시행령	-	-

11 문화체육관광부

문화체육관광부 소관의 상담관련 법률은 총 2개로, 게임, 도박중독과 관련된 예방 및 치료를 명시하고 있다〈표 12〉.

상담기관으로 게임 과몰입 치료 및 예방 상담시설, 한국도박문제관리센터를 명시하고 있으며, 상담인력의 명칭과 자격은 명시하고 있지 않다.

표 12 문화체육관광부 상담관련 법률

번호	법률명	기관	인력
1	게임산업진흥에 관한 법률	게임 과몰입 치료 및 예방 상담시설	-
2	사행산업통합감독위원회법	한국도박문제관리센터	-

12 그 외

경찰청, 소방청, 국가보훈처 등 심리상담 관련 법령이 1개만 언급된 부처별 법률은 〈표13〉에 제시하였다.

상담관련 기관으로 의료기관, 소방전문치료센터, 지역적응센터, 인터넷중독대응센터 등을 명시하고 있으며, 상담인력으로 소방보건의, 북한이탈주민전문상담사, 정신건강의학과 전문의, 정신건강전문요원 등이 명시되어 있다.

표 13 기타 부처 상담관련 법률

번호	소관부처	법률명	기관	인력
1	경찰청, 해양경찰청	경찰공무원 보건안전 및 복지 기본법	의료기관	-
2	소방청	소방공무원 보건안전 및 복지 기본법	소방전문치료센터	소방보건의
3	국가보훈처	제대군인지원에 관한 법률	-	-
4	통일부	북한이탈주민의 보호 및 정착지원에 관한 법률	북한이탈주민 예비학교, 북한이탈주민 지원재단, 정착적응시설, 지역적응센터	북한이탈주민 전문상담사
5	과학기술 정보통신부	국가정보화 기본법	인터넷중독대응센터	센터장, 상담실무업무, 직원
6	국무조정실, 해양수산부	4 · 16세월호 참사 피해구제 및 지원 등을 위한 특별법	공동체 복합시설, 안산트라우마센터, 단원고등학교 전문 상담기구	정신건강의학과 전문의, 정신건강전문요원, 사회복지사
7	국민권익 위원회	공익신고자 보호법 시행령	상담소, 의료기관	-
8	농림축산 식품부	가축전염병 예방법	국립 · 공립 병원, 보건소, 민간의료시설	전문가

Part 02

상담사와 상담자격

Part

02 상담사와 상담자격

가 상담사는 어떤 사람인가요?

상담사란?

상담사는 전문상담에 대한 체계적인 교육과 훈련을 이수하고 소정의 검정과정을 거쳐 상담사 자격을 취득한 자로서 전문상담서비스를 제공하기 위해 필요한 지식과 기술 · 태도를 갖춘 자를 말한다.

상담사의 종류는?

상담사는 담당하는 상담의 특성과 범위에 따라, 그리고 취득한 자격의 특성에 따라 여러 종류로 구분될 수 있다.

▶ 상담대상에 따른 분류

아동상담사, 청소년상담사, 부부상담사, 노인상담사, 군상담사, 장애인재활상담사 등

▶ 상담문제에 따른 분류

심리상담사, 직업상담사, 학습상담사, 인터넷중독상담사, 성폭력상담사, 학교폭력상담사, 가정폭력상담사 등

▶ 상담방법에 따른 분류

집단상담전문가, 정신분석상담사, 최면상담사, NLP상담사 등

▶ 상담현장에 따른 분류

전문상담교사, 기업상담사, 군상담사, 교정전문상담사 등

상담자격의 종류는?

일반적으로 자격은 국가가 관리 운영하는 국가자격, 민간이 관리 운영하는 민간자격, 그리고 민간자격 중에서 국가가 인정하는 국가공

인민간자격으로 구분된다. 국가자격은 해당 상담업무 관련 정부 부처가 자격 관리를 담당하며, 민간자격은 한국직업능력개발원에 등록하여 민간에서 자체적으로 운영한다. 상담자격을 이와 같이 구분하면 다음과 같다.

▶ 국가자격 상담사

전문상담교사(교육부), 청소년상담사(여성가족부), 직업상담사(한국산업인력공단), 장애인재활상담사(보건복지부), 가정폭력관련상담원(여성가족부), 성폭력관련상담원(여성가족부) 등

▶ 민간자격 상담사

전문상담사(한국상담학회), 상담심리사(한국상담심리학회), 부부가족상담전문가(한국가족치료학회), 전문상담사(한국기독교상담심리학회)

▶ 국가공인민간자격 상담사

아직 상담분야에는 국가공인민간자격이 없다.

나 상담자격은 어떤 법에 근거하고 있나요?

모든 자격은 자격기본법에 근거하여 운영된다. 국가자격은 각 자격을 규정하는 별도의 법에 근거하며, 민간자격은 각 자격을 관리 · 운영하는 기관이나 단체의 운영 규정에 근거한다. 자격기본법의 구체적인 내용은 다음과 같다.

자격기본법이란?

자격기본법은 산업사회의 발전에 따른 다양한 자격수요에 부응하여 자격제도에 관한 기본적인 사항을 규정한다. 이 법은 자격제도의 관리 · 운영을 체계화 · 효율화하고 자격제도의 공신력을 높여 국민의 직업능력개발을 촉진시키고 사회 · 경제적 지위향상에 이바지함을 목적으로 한다.

자격이란?

직무수행에 필요한 지식 · 기술 · 소양 등의 습득정도를 일정한 기

준과 절차에 따라 평가 또는 인정한 것이다. 국가직무능력표준이란 산업현장에서 직무를 수행하기 위하여 요구되는 지식 · 기술 · 소양 등의 내용을 국가가 산업부문별 · 수준별로 체계화한 것을 말한다.

자격체제란?

국가직무능력표준을 바탕으로 학교교육 · 직업훈련(이하 "교육훈련"이라 한다) 및 자격이 상호 연계될 수 있도록 한 자격의 수준체계를 말한다.

국가자격이란?

국가자격이란 법령에 따라 국가가 신설하여 관리 · 운영하는 자격이며, 그 밖에 국가 외의 자가 신설하여 관리 · 운영하는 것을 민간자격이라 한다.

등록자격과 공인자격이란?

등록자격이란 해당 주무부장관에게 등록한 민간자격 중 공인자격을 제외한 자격을 말하며, 공인자격이란 주무부장관이 공인한 민간자격을 말한다.

국가자격관리자와 주무부장관이란?

국가자격관리자란 해당 국가자격을 관리 · 운영하는 중앙행정기관의 장을 말하며, 민간자격관리자란 해당 민간자격을 관리 · 운영하는 자를 말한다. 주무부장관이란 소관 민간자격을 등록받거나 공인하고 이를 지도 · 감독하는 중앙행정 기관의 장을 말한다.

자격검정과 공인이란?

자격검정이란 자격을 부여하기 위하여 필요한 직무수행능력을 평가하는 과정을 말한다. 공인이란 자격의 관리 · 운영 수준이 국가자격과 같거나 비슷한 민간자격을 이 법에서 정한 절차에 따라 국가가 인정하는 행위를 말한다.

자격관리에 관한 국가의 임무는?

법 제7조

정부는 자격정책심의회의 심의를 거쳐 자격정책을 효율적으로 추진하기 위하여 자격관리 · 운영기본계획(이하 "기본계획"이라 한다)을 수립하고, 관계 중앙행정기관의 장에게 통보하여야 한다. 기본계획을 변경하고자 하는 때에도 또한 같으며, 기본계획에는 국가직무능력표준의 개발 · 개선 및 활용에 관한 사항, 자격체제의 구축에 관한 사항, 교육훈련 · 자격 및 산업현장의 연계에 관한 사항, 자격 간 호환성의 확보 및 국제적 통용의 촉진에 관한 사항, 자격정보 시스템의 구축 등에 관한 사항, 자격제도의 운영성과 및 평가에 관한 사항, 그 밖에 자격제도의 발전을 위하여 필요한 사항이 포함되어야 한다. 관계 중앙행정기관의 장은 기본계획에 따라 소관 업무에 관한 연도별 시행계획을 세우고 추진하여야 한다. 기본계획 및 시행계획의 수립 · 추진에 관한 세부적인 사항은 대통령령으로 정한다.

국가자격 수여 방법은?

법 제9조

국가자격관리자는 「산업교육진흥 및 산학연협력촉진에 관한 법률」 제2조제2호에 따른 산업교육기관의 교육과정 또는 「근로자직업능력 개발법」 제2조제1호에 따른 직업능력 개발훈련의 과정으로서 국가직무능력표준에 따라 운영되는 교육훈련과정을 이수한 자 중 해당 국가자격을 규정하고 있는 법령(이하 "국가자격관련법령"이라 한다)이 정하는 일정한 요건을 갖춘 자에게 국가자격을 수여할 수 있다. 「산업교육진흥 및 산학연협력촉진에 관한 법률」 제2조제2호에 따른 산업교육기관의 장은 입학지원자가 취득한 자격을 그 종목 및 수준에 따라 선발자료로 활용하거나 학점으로 인정할 수 있다.

국가자격 관련 정보시스템은?

법 제10조

정부는 자격취득자 및 자격과 관련된 정보의 수집 · 관리 등 자격제도의 운영에 필요한 자격정보시스템을 구축 · 운영할 수 있으며, 자격을 관리 · 운영하는 자에게 필요한 자료의 제출을 요구할 수 있다. 정부는 필요하다고 인정하는 경우 자격정보시스템의 구축 · 운영에 관한 업무의 전부 또는 일부를 대통령령으로 정하는 바에 따라 관계

전문기관에 위탁할 수 있다. 그 밖에 자격정보시스템의 구축 · 운영에 필요한 사항은 대통령령으로 정한다.

민간자격의 신설 및 등록 방법은?

법 제17조

국가 외의 법인 · 단체 또는 개인은 누구든지 다른 법령에서 금지하는 행위와 관련된 분야, 국민의 생명 · 건강 · 안전 및 국방에 직결되는 분야, 선량한 풍속을 해하거나 사회질서에 반하는 행위와 관련되는 분야, 그 밖에 민간자격으로 운영하는 것이 적합하지 아니하다고 심의회의 심의를 거쳐 대통령령으로 정하는 분야를 제외하고는 민간자격을 신설하여 관리 · 운영할 수 있다. 민간자격을 신설하여 관리 · 운영하려는 자는 대통령령으로 정하는 바에 따라 해당 민간자격을 주무부장관에게 등록하여야 하며, 민간자격의 관리 · 운영에 필요한 사항은 대통령령으로 정한다.

민간자격 등록사항의 변경 방법은?

법 제17조 2

민간자격을 등록한 민간자격관리자는 그 등록사항 중 자격의 종목 등 교육부령으로 정하는 사항을 변경하려는 경우에는 대통령령으로 정하는 바에 따라 주무부장관에게 변경등록을 하여야 한다.

민간자격 등록취소 또는 자격검정 정지를 하는 경우는?

법 제18조 3

주무부장관은 등록자격관리자가 다음 각 호의 어느 하나에 해당하는 경우에는 해당 등록자격의 등록을 취소하거나 1년의 범위에서 자격검정 또는 교육훈련과정 운영(이하 "자격검정 등"이라 한다)을 정지시킬 수 있다. 다만, 거짓이나 그 밖의 부정한 방법으로 등록한 경우, 주무부장관의 시정명령에 따르지 아니하는 경우에는 등록을 취소하여야 한다. 등록자격관리자는 등록자격을 폐지하려는 경우 주무부장관에게 신고하여야 하며, 등록취소 및 자격검정 등 정지의 기준과 등록자격의 폐지 등에 필요한 사항은 대통령령으로 정한다.

민간자격의 공인방법은?

법 제19조

주무부장관은 민간자격에 대한 신뢰를 확보하고 사회적 통용성을 높이기 위하여 심의회의 심의를 거쳐 법인이 관리하는 민간자격을 공인할 수 있다. 다만, 해산절차가 진행 중인 법인이 운영하는 자격, 등록을 하지 아니한 자격, 공인이 취소된 후 3년이 경과되지 아니한 자격 중 어느 하나에 해당하는 경우 민간자격의 공인을 받을 수 없다. 민간자격의 공인기준 · 절차 등에 관하여 필요한 사항은 대통령령으로 정한다.

공인자격의 효력은 언제까지?

법 제21조

공인기간 내에 취득한 공인자격은 공인기간의 만료에 관계없이 공인자격으로서의 효력을 가진다. 다만, 공인자격의 유효기간이 만료된 때에는 그러하지 아니하다. 또한 민간자격의 공인을 받기 전에 취득한 민간자격은 공인자격으로서의 효력이 없다. 다만, 공인자격관리자가 대통령령으로 정하는 바에 따라 주무부장관의 승인을 받아 시행하는 자격검정에 합격한 사람 또는 대통령령으로 정하는 바에 따라 교육훈련과정을 마친 사람의 경우에는 그러하지 아니하다.

공인자격의 취득요건은?

법 제23조

공인자격을 취득하려는 사람은 공인자격관리자가 시행하는 자격검정에 합격하거나 대통령령으로 정하는 바에 따라 주무부장관의 승인을 받은 교육훈련과정을 마쳐야 한다. 공인자격관리자는 제1항에 따라 공인자격을 취득한 사람에게 공인자격의 취득을 증명하는 증서(이하 "공인자격증"이라 한다)를 교부하여야 한다. 공인자격을 취득한 자는 다른 법령으로 정하는 바에 따라 이에 상응하는 국가자격을 취득한 자와 동등한 대우를 받으며, 누구든지 공인자격을 취득하지 아니하고는 공인자격의 명칭과 동일한 명칭을 사용하지 못한다. 공인자격증의 기재사항 등에 관하여 필요한 사항은 교육부령으로 정한다.

공인의 취소 또는 자격검정 정지를 하는 경우는?

법 제26조

주무부장관은 공인자격관리자가 다음 각 호의 어느 하나에 해당하는 경우에는 해당 공인자격의 공인을 취소하거나 1년의 범위에서 자격검정 등을 정지시킬 수 있다. 다만, 거짓이나 그 밖의 부정한 방법으로 공인을 받은 경우, 규정을 위반하여 공인자격의 명칭을 변경하는 경우, 주무부장관의 시정명령에 따르지 아니하는 경우에는 취소하여야 한다. 공인자격관리자가 법인의 해산, 그 밖의 부득이한 사유로 공인자격을 폐지하려는 경우에는 주무부장관에게 신고하고 공인증서를 반납하여야 하며, 신고를 받은 주무부장관은 해당 공인자격을 계속 존치시킬 필요가 있다고 인정하는 경우 해당 공인자격의 관리·운영권을 다른 공인자격관리자 또는 민간자격관리자에게 양도하게 할 수 있다. 자격검정 등의 정지 및 공인 취소의 기준과 공인자격의 폐지 등에 관하여 필요한 사항은 대통령령으로 정한다.

자격에 대한 보수교육은?

법 제35조

국가자격관리자 및 공인자격관리자는 해당 국가자격 및 공인자격을 취득한 자의 직무능력의 유지·발전을 위하여 필요한 경우 보수교육을 실시할 수 있다.

다 상담분야 국가자격을 취득하는 방법은 무엇인가요?

1 전문상담교사란?

전문상담교사 자격은?

전문상담교사 자격은 각 급 학교 및 교육기관에서 학교상담 업무를 수행할 수 있는 교사자격이다.

전문상담교사 자격을 규정하는 법은?

전문상담교사 자격을 규정하는 법은 초중등교육법 21조 2항이다. 제21조(교원의 자격) ② 교사는 정교사(1급 · 2급), 준교사, 전문상담교사(1급 · 2급), 사서교사(1급 · 2급), 실기교사, 보건교사(1급 · 2급) 및 영양교사(1급 · 2급)로 나누되, 별표 2의 자격 기준에 해당하는 사람으로서 대통령령으로 정하는 바에 따라 교육부장관이 검정 · 수여하는 자격증을 받은 사람이어야 한다.

표 1 교사자격기준 중 전문상담교사 해당 부분

전문상담교사(1급)	전문상담교사(2급)
1. 2급 이상의 교사자격증(「유아교육법」에 따른 2급 이상의 교사 자격증을 포함한다)을 가진 사람으로서 3년 이상의 교육경력이 있는 사람이 교육부장관이 지정하는 교육대학원 또는 대학원에서 일정한 전문상담교사 양성과정을 마친 사람 2. 전문상담교사(2급) 자격증을 가진 사람으로서 3년 이상의 전문상담교사 경력을 가지고 자격연수를 받은 사람	1. 대학·산업대학의 상담·심리 관련 학과를 졸업한 사람으로서 재학 중 일정한 교직학점을 취득한 사람 2. 교육대학원 또는 교육부장관이 지정하는 대학원의 상담·심리교육과에서 전문상담 교육과정을 마치고 석사학위를 받은 사람 3. 2급 이상의 교사자격증(「유아교육법」에 따른 2급 이상의 교사자격증을 포함한다)을 가진 사람으로서 교육부장관이 지정하는 교육대학원 또는 대학원에서 일정한 전문상담교사 양성과정을 마친 사람

출처 : 초중등교육법 별표 2. 교사자격기준

전문상담교사 자격 취득 조건은?

전문상담교사자격을 취득하기 위해서는 전문상담교사를 양성하는 학과에 입학하여 소정의 교육과정을 이수하여야 한다. 대학의 경우 2급 전문상담교사 양성과정이 전국 42개 학과에 개설되어 있으며 [부록 1], 17개 기본이수과목〈표 4〉 중 7개 과목을 필수과목으로 이수하고 이를 포함한 전공관련 과목을 50학점 이상 이수하며 교직과목 이수, 교육실습, 교육봉사활동을 실시하면 2급 전문상담교사 자격을 취득할 수 있다.

표 2 학부 과정의 전문상담교사 기본이수과목

자격종별	관련학과 또는 학부	기본이수과목(또는 분야)
전문상담 교사(2급) School Counselor	상담 · 심리학 및 관련되는 학부 (전공 · 학과)	심리학개론, 심리검사, 성격심리학, 특수아상담, 집단상담, 가족상담, 진로상담, 상담이론과 실제, 심리치료(또는 임상심리학), 아동심리학, 청소년심리, 상담실습, 직업교육론, 직업정보, 진로지도, 학습심리학, 이상심리학

출처 : 2019 교원자격검정 실무편람

대학원의 경우 2급 전문상담교사 양성과정은 전국 30개 교육대학원에서 운영하고 있으며[부록 2], 1급 전문상담교사 양성과정은 전국 157개 교육대학원에서 운영하고 있다. 대학원에서는 필수과목으로 심리검사, 성격심리, 발달심리, 특수아상담, 집단상담, 가족상담, 진로상담, 상담이론과실제 7과목을(1, 2급), 선택과목으로 아동발달, 학습심리, 행동수정, 생활지도연구, 이상심리 등의 교과목에서 2과목(1급) 또는 14과목(2급)을 이수하도록 하고 있다〈표 3〉.

표 3 대학원 과정의 전문상담교사 자격 취득과목

구분	이수과목	최저 이수과목	
		1급	2급
필수과목	상담이론과 실제, 집단상담, 심리검사, 진로상담, 가족상담, 성격심리, 특수아상담, 발달심리	14학점 이상 (7과목 이상)	14학점 이상 (7과목 이상)
	상담실습 및 사례연구		
선택과목	아동발달, 학습심리, 행동수정, 생활지도연구, 이상심리, 청년발달, 영재아상담, 학습부진아, 사회변화와 직업의 세계, 학교심리, 적응심리, 사이버상담, 성상담, 학습상담, 인지심리, 심리학개론, 사회심리, 생리(생물심리), 인간관계론, 특수교육학개론, 학교부적응상담	4학점 이상 (2과목 이상)	28학점 이상 (14과목 이상)
비고 : 전문상담교사(1급) 양성과정의 경우 '상담실습 및 사례연구'는 학점(교과목)을 이수하지 아니하나, 2종 이상의 사례 연구 · 발표를 하고 20시간 이상의 실습을 하여야 한다.			

출처 : 교원자격검정령 시행규칙 별표 4. 전문상담교사 양성과정의 이수과목과 학점

전문상담교사 자격을 취득하면 일할 수 있는 곳은?

전문상담교사 자격 소지자는 임용고사를 거쳐 각 급 학교와 교육청에서 학생 대상 상담업무를 수행할 수 있다.

2 청소년상담사란?

청소년상담사 자격은 무엇인가?

청소년상담사는 "청소년 상담관련 분야의 상담실무경력 및 기타자격을 갖춘 자로서 자격시험에 합격하고, 자격연수 100시간을 이수한 자에게 여성가족부 장관이 부여하는 국가자격"이다. 청소년상담사는 1급, 2급 및 3급으로 구분된다. 각 급에서 요구되는 주요한 역할을 살펴보면 다음과 같다. 1급은 청소년상담을 주도하는 전문가로서 '지도 인력'의 역할을 수행한다. 2급은 청소년 정신을 육성하는 청소년상담사로서 '기간 인력'의 역할을 수행한다. 그리고 3급은 유능한 청소년상담사로서 '실행 인력'의 역할을 담당한다. 3개 급의 각 급별 역할을 세부적으로 살펴보면 〈표 4〉와 같다.

표 4 청소년상담사 급별 역할

급	주요 역할	세부 내용
1급	청소년상담을 주도하는 전문가 (지도 인력)	· 청소년상담 정책 개발 및 행정업무 총괄 · 상담기관 설립 및 운영 · 청소년들의 제 문제에 대한 개입 · 2급 및 3급 청소년상담사 교육 및 훈련
2급	청소년 정신을 육성하는 청소년 상담사 (기간 인력)	· 청소년상담의 전반적 업무 수행 · 청소년의 각 문제영역에 대한 전문적 개입 · 심리검사 해석 및 활용 · 청소년상담과 관련된 독자적 연구 설계 및 수행 · 3급 청소년상담사 교육 및 훈련
3급	유능한 청소년 상담사 (실행 인력)	· 기본적인 청소년상담 업무 수행 · 집단상담의 공동지도자 업무 수행 · 매체상담 및 심리검사 등의 실시와 채점 · 청소년상담 관련 의뢰체계를 활용 · 청소년상담실 관련 제반 행정적 실무를 담당

출처 : 청소년상담사 홈페이지(https://www.youthcounselor.or.kr)

청소년상담사 자격을 규정하는 법은?

청소년상담사 자격을 규정하는 법은 청소년기본법 제22조이다. 제22조(청소년상담사) ① 여성가족부장관은 청소년상담사 자격검정에 합격하고 청소년상담사 연수기관에서 실시하는 연수과정을 마친 사람에게 청소년상담사의 자격을 부여한다.

청소년상담사 자격 취득 조건은?

청소년기본법 시행령 별표 3에 근거 현행 청소년상담사 각 급별 응시자격은 〈표 5〉와 같다. 각 급별 응시자격 1호에서는 상담관련분야 학위를 취득하면 일정한 상담실무경력 없이도 응시자격을 갖는 것으로 규정하고 있다. 청소년상담사 검정과목은 〈표 6〉과 같다. 각 급 필기시험과 면접에 합격한 자가 급별 100시간의 연수를 마치면 청소년상담사 자격을 부여받는다.

표 5 청소년상담사 응시자격

등급	응시자격
1급 청소년 상담사	1. 대학원에서 청소년(지도)학·교육학·심리학·사회사업(복지)학·정신의학·아동(복지)학 분야 또는 그 밖의 여성가족부령이 정하는 상담관련분야(이하 "상담관련분야"라 한다)를 전공하고 박사학위를 취득한 자 2. 대학원에서 상담관련분야를 전공하고 석사학위를 취득한 후 상담실무경력이 4년 이상인 자 3. 2급 청소년상담사로서 상담실무 경력이 3년 이상인 자 4. 제1호 및 제2호에 규정된 자와 동등 이상의 자격이 있다고 여성가족부령이 정하는 자
2급 청소년 상담사	1. 대학원에서 상담관련 분야를 전공하고 석사학위를 취득한 자 2. 대학 및 다른 법령의 규정에 의하여 이와 동등한 학력을 인정받는 기관에서 상담관련 분야를 전공하고 학사학위를 취득한 후 상담실무 경력이 3년 이상인 자 3. 3급 청소년상담사로서 상담실무 경력이 2년 이상인자 4. 제1호 및 제2호에 규정된 자와 동등이상의 자격이 있다고 여성가족부령이 정하는 자
3급 청소년 상담사	1. 대학 및 「평생교육법」에 의한 학력이 인정되는 평생교육시설의 상담관련분야 졸업(예정)자 2. 전문대학 및 다른 법령의 규정에 의하여 이와 동등한 학력을 인정받는 기관에서 상담관련 분야를 전공하고 전문학사를 취득한 자로서 상담실무 경력이 2년 이상인 자 3. 대학 및 다른 법령의 규정에 의하여 이와 동등한 학력을 인정받는 기관에서 상담관련 분야가 아닌 분야를 전공하고 학사학위를 취득한 후 상담실무 경력이 2년 이상인 자 4. 전문대학 및 다른 법령의 규정에 의하여 이와 동등한 학력을 인정받는 기관에서 상담관련 분야가 아닌 분야를 전공하고 전문학사를 취득한 후 상담실무 경력이 4년 이상이 자 5. 고등학교를 졸업하고 상담실무 경력이 5년 이상인 자 6. 제1호 내지 제4호에 규정된 자와 동등이상의 자격이 있다고 여성가족부령이 정하는 자

출처 : 청소년기본법 시행령 별표3. 청소년상담사 자격검정의 등급별 응시자격 기준

표 6 청소년상담사 검정과목

등급	검정과목		검정방법	
	구분	과목		
1급 청소년 상담사	필수	· 상담사 교육 및 사례지도 · 청소년 관련법과 행정 · 상담연구방법론의 실제	필기 시험	면접
	선택	비행 상담 · 성상담 · 약물상담 · 위기상담 중 2과목		
2급 청소년 상담사	필수	· 청소년 상담의 이론과 실제 · 상담연구방법론의 기초 · 심리측정 평가의 활용 · 이상심리	필기 시험	면접
	선택	진로상담 · 집단상담 · 가족상담 · 학업상담 중 2과목		
3급 청소년 상담사	필수	· 발달심리 · 집단상담의 기초 · 심리측정 및 평가 · 상담이론 · 학습이론	필기 시험	면접
	선택	청소년이해론 · 청소년수련활동론 중 1과목		

출처 : 청소년기본법 시행령 별표4. 청소년상담사 자격검정의 과목 및 방법

청소년상담사 자격을 취득하면 일할 수 있는 곳은?

청소년상담기관인 한국청소년상담복지개발원, 시·도 청소년종합상담센터, 시·군·구 청소년상담센터를 비롯하여 청소년수련관, 청소년문화관, 사회복지관, 청소년쉼터, 청소년관련 복지시설 등의 국가정책 차원의 청소년상담기관과 각 급 학교의 상담실, 민간차원의 청소년상담실 등에서 일할 수 있다.

그림 1 청소년상담사 활동분야

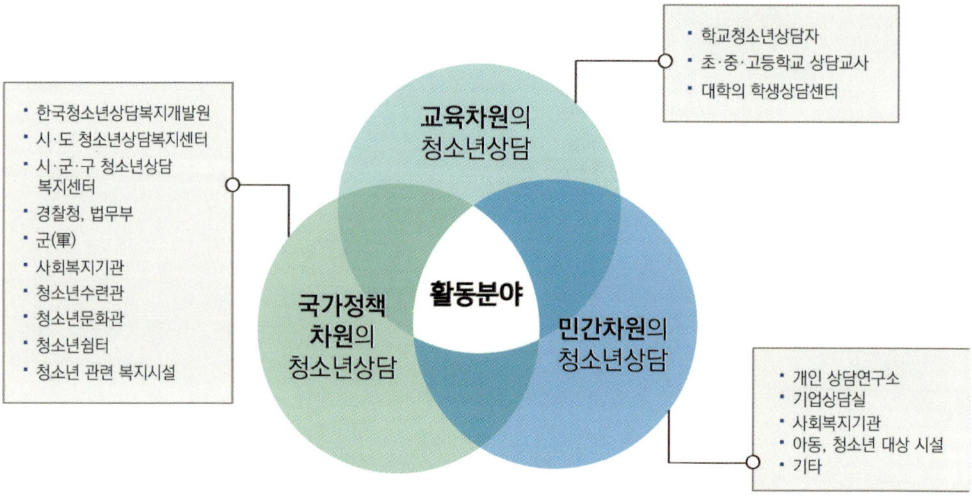

출처 : https://www.youthcounselor.or.kr

3 직업상담사란?

직업상담사 자격은 무엇인가?

직업상담사는 구인 · 구직 · 취업알선 · 진학 · 직업적응 등 직업관련 다양한 영역에서 상담업무, 직업소개업무, 직업관련 검사 실시 및 해석 업무, 직업지도 프로그램 개발과 운영업무, 직업상담행정업무 등을 수행할 수 있는 자격이다.

직업상담사 자격을 규정하는 법은?

직업상담사 자격을 규정하는 법은 국가기술자격법 8조의2(국가기술자격의 운영분야), 9조(국가기술자격의 등급)이다. 제8조의2(국가기술자격의 운영분야) ① 국가는 다음 각 호의 어느 하나에 해당하는 분야에 대하여 국가기술자격을 운영할 수 있다.

① 국민의 생명 · 건강 및 안전에 직결되는 분야
② 사회질서 또는 선량한 풍속의 유지를 위하여 국가적인 관리가 필요하거나 고도의 윤리성이 요구되는 분야
③ 국가의 기간(基幹) · 전략산업 유지 · 발전 및 신산업(「산업발전법」 제4조제2항제3호에 따른 신산업을 말한다) 육성을 위하여 국가적인 인력양성과 직무수행능력의 인정이 필요한 분야
④ 전 산업에 공통되는 기초직무로서 국가적인 직무 수행능력의 인정이 필요한 분야
- 국가기술자격의 종목은 고용노동부령으로 정한다.

제9조(국가기술자격의 등급) 국가기술자격의 등급은 다음 각 호의 구분에 따른다.

① 기술 · 기능 분야 : 기술사, 기능장, 기사, 산업기사 및 기능사
② 서비스 분야 : 국가기술자격의 종목별로 3등급의 범위에서 대통령령으로 정하는 등급

동법 시행령 별표 1. '서비스 분야 국가기술자격의 등급'에 직업상담사는 1급, 2급으로 구분되어 있다.

직업상담사 자격 취득 조건은?

직업상담사 2급은 응시자격 제한이 없으며, 직업상담사 1급은 2급 자격 취득 후 해당실무에서 2년 이상 종사하거나, 해당실무에 3년 이상 종사한 사람이면 응시자격이 부여된다. 각 급별 필기과목은 5개 과목이며 실기과목은 1개 과목이고, 직업상담사 2급은 2018년부터 과정평가형 자격제도가 병행되고 있다.

표 7 직업상담사 자격 취득 조건(검정형)

등급	응시자격	필기 과목	실기 과목
직업상담사 1급	다음 각 호의 어느 하나에 해당하는 사람 1. 해당종목의 2급 자격을 취득한 후 해당실무에 2년 이상 종사한 사람 2. 해당실무에 3년 이상 종사한 사람	1. 고급직업상담학 2. 고급직업심리학 3. 고급직업정보론 4. 노동시장론 5. 노동관계법규	직업상담실무 (작업형, 3시간정도)
직업상담사 2급	제한 없음	1. 직업상담학 2. 직업심리학 3. 직업정보론 4. 노동시장론 5. 노동관계법규	직업상담실무 (필답형, 2시간 30분)

출처 : q-net.or.kr

표 8 직업상담사 검정 기준

직종	등급	검정의 기준
직업상담사	1급	1. 직업 상담과 직업지도 업무를 기획하고 평가할 수 있는 능력의 유무 2. 구인·구직 상담, 창업상담, 진학상담, 경력개발상담, 직업적응상담, 직업전환상담 등을 통하여 의뢰인의 문제점을 정확히 파악하고 상담할 수 있는 능력의 유무 3. 의뢰인의 직업문제를 진단하고 분류하며 처리할 수 있는 능력의 유무 4. 노동시장, 직업분야 등과 관련된 직업정보를 관리할 수 있는 능력의 유무
	2급	1. 구인·구직 상담, 창업상담, 진학상담 등을 통하여 의뢰인의 문제점을 정확히 파악하고 상담할 수 있는 능력의 유무 2. 의뢰인의 특성에 적합한 검사방법을 선정하여 표준화된 절차에 따라 검사하고 판정할 수 있는 능력의 유무 3. 노동시장과 직업분야에 대한 정보를 수집하여 분석할 수 있는 능력의 유무 4. 직업지도 및 취업 관련 프로그램을 활용할 수 있는 능력의 유무

출처 : 국가기술자격법 시행령 별표 3. 국가기술자격 검정의 기준

직업상담사 2급은 2018년부터 과정평가형 자격제도가 병행되고 있다. 총 교육시간은 400시간 이상이며, 직업기초능력 30~60시간, 필수능력단위 300시간 이상, 선택능력단위 40~70시간 이상으로 운영되는 교육과정〈표 9~12〉을 이수하면 직업상담사 2급 자격을 부여받을 수 있다. 해당 내용은 "과정평가형 자격 학습병행" 홈페이지(https://c.q-net.or.kr) 편성기준 자료실의 '2020년도 시행 과정평가형 국가기술자격 교육훈련과정 편성기준'에서 확인할 수 있다.

표 9 직업상담사 2급 과정평가형 교과과정 편성 기준

구 분	능력단위 총 시간	교육·훈련 기준시간
총 계	840~870시간	400시간 이상
직업기초능력	30~60시간	30~60시간
필수능력단위	300시간	300시간 이상
선택능력단위	510시간	40~70시간 이상

표 10 직업상담사 2급 과정평가형 직업기초능력 훈련 기준

교과목	하위영역	교육 · 훈련 시간
의사소통능력	문서이해능력, 문서작성능력, 경청능력, 언어구사력, 기초외국어능력	30 ~ 60시간
수리능력	기초연산능력, 기초통계능력, 도표분석능력, 도표작성능력	
문제해결능력	사고력, 문제처리능력	
자기개발능력	자아인식능력, 자기관리능력, 경력개발능력	
자원관리능력	시간관리능력, 예산관리능력, 물적자원관리능력, 인적자원관리능력	
대인관계능력	팀워크능력, 리더십능력, 갈등관리능력, 협상능력, 고객서비스능력	
정보능력	컴퓨터활용능력, 정보처리능력	
기술능력	기술이해능력, 기술선택능력, 기술적용능력	
조직이해능력	국제감각, 조직체제이해능력, 경영이해능력, 업무이해능력	
직업윤리	근로윤리, 공동체윤리	

표 11 직업상담사 2급 과정평가형 필수능력단위 훈련 기준

연번	능력단위 코드	능력단위명(세부 분류명)	최소 교육·훈련 시간
1	0702010115_16v2	직업상담행정(직업상담)	30시간
2	0702010119_16v2	직업심리검사선정(직업상담)	15시간
3	0702010120_16v2	직업심리검사실시(직업상담)	15시간
4	0702010121_16v2	직업심리검사해석(직업상담)	60시간

5	0702010122_16v2	구직역량분석(직업상담)	30시간
6	0702010123_16v2	취업상담(직업상담)	45시간
7	0702010124_16v2	구직자사후관리(직업상담)	30시간
8	0702010142_16v2	집단상담프로그램실시(직업상담)	45시간
9	0702010148_16v1	직업정보관리(직업상담)	30시간

표 12 직업상담사 2급 과정평가형 선택능력단위 훈련 기준

연번	능력단위 코드	능력단위명(세부 분류명)	최소 교육·훈련 시간
1	0702010112_13v1	사이버직업상담(직업상담)	30시간
2	0702010116_16v2	직업상담마케팅(직업상담)	30시간
3	0702010117_16v2	직업상담홍보(직업상담)	30시간
4	0702010118_16v2	직업상담네트워크구축(직업상담)	30시간
5	0702010126_16v2	직업적응상담(직업상담)	45시간
6	0702010127_16v2	전직상담(직업상담)	45시간
7	0702010128_16v2	전직실행지원(직업상담)	30시간
8	0702010129_16v2	창업준비상담(직업상담)	30시간
9	0702010132_16v2	직업복귀상담(직업상담)	45시간
10	0702010133_16v2	은퇴자특성분석(직업상담)	30시간
11	0702010134_16v2	은퇴상담(직업상담)	45시간
12	0702010136_16v2	재활직업상담(직업상담)	30시간
13	0702010138_16v2	다문화직업상담(직업상담)	30시간
14	0702010146_16v2	직업상담사업현황분석(직업상담)	30시간
15	0702010147_16v2	직업상담사업계획수립(직업상담)	30시간

이러한 과정평가형 직업상담사 2급 자격증 취득 교육과정을 운영하는 기관은 2020년 1월 현재 전국에 32개 기관이 있으며, 세부적인 내용은 "과정평가형 자격 학습병행" 홈페이지(https://c.q-net.or.kr) 과정평가형 자격 안내 '교육훈련기관 안내'에서 확인할 수 있다.

직업상담사 자격을 취득하면 일할 수 있는 곳은?

노동부 지방노동관서, 고용안정센터, 인력은행 등 전국 19개 국립직업 안정 기관과 전국 281개 시·군·구 소재 공공직업안정기관 및 민간 유·무료직업소개소 및 24개 국외 유료직업소개소 등의 직업상담원에 취업이 가능하다. 노동부 지방노동관서 등 직업소개 기관 직업상담원 채용 시 직업상담사 자격소지자를 우대할 예정이다.

4 장애인재활상담사란?

장애인재활상담사 자격은?

장애인재활상담사는 개인의 손상이나 기능 제한, 상황적 요인 등으로 개인 활동이나 사회참여에 어려움을 가지고 있는 사람들을 대상으로 진단과 평가, 재활상담과 사례관리, 전환기 서비스 및 직업재활 등의 전반적인 서비스를 지원하는 재활전문가를 말한다.

장애인재활상담사 자격을 규정하는 법은?

장애인재활상담사 자격을 규정하는 법은 장애인복지법 제71조(장애인복지전문인력양성 등)와 제72조의3(장애인재활상담사 자격증 교부 등)이다. 제71조(장애인복지 전문 인력 양성 등) ① 국가와 지방자치단체 그 밖의 공공단체는 의지 · 보조기 기사, 언어재활사, 장애인재활상담사, 한국수어 통역사, 점역(點譯) · 교정사 등 장애인복지 전문 인력, 그 밖에 장애인복지에 관한 업무에 종사하는 자를 양성 · 훈련하는 데에 노력해야 한다. 제72조의3(장애인재활상담사 자격증 교부 등) ① 보건복지부장관은 장애인의 직업재활 등을 지원하기 위하여 제2항에 따른 자격요건을 갖춘 사람으로서 제73조에 따른 국가시험에 합격한 사람(이하 "장애인재활상담사"라 한다)에게 장애인재활상담사 자격증을 내주어야 한다.

장애인재활상담사 자격 취득 조건은?

장애인복지법 제72조3에서는 장애인재활상담사 각 급별 응시자격 요건을 다음과 같이 규정하고 있다. 제72조의3(장애인재활상담사 자격증 교부 등) ② 장애인재활상담사의 종류 및 국가시험 응시자격 요건은 다음 각 호의 구분과 같다.

① 1급 장애인재활상담사 : 다음 각 목의 어느 하나에 해당하는 사람
- 「고등교육법」에 따른 대학원에서 장애인재활 분야의 박사학위를 취득한 사람
- 2급 장애인재활상담사 자격증을 가진 사람으로서 「고등교육법」에 따른 대학원에서 장애인재활 분야의 석사학위를 취득한 사람
- 2급 장애인재활상담사 자격증을 가진 사람으로서 장애인재활 관련 기관에서 3년 이상 재직한 사람
- 사회복지사 2급 자격증을 가진 사람으로서 장애인재활 관련 기관에서 5년 이상 재직한 사람

② 2급 장애인재활상담사 : 다음 각 목의 어느 하나에 해당하는 사람
- 「고등교육법」에 따른 대학에서 보건복지부령으로 정하는 장애인재활 관련 교과목을 이수한 사람
- 3급 장애인재활상담사 자격증을 가진 사람으로서 장애인재활 관련 기관에서 2년 이상 재직한 사람
- 사회복지사 2급 자격증을 가진 사람으로서 장애인재활 관련 기관에서 3년 이상 재직한 사람

③ 3급 장애인재활상담사 : 「고등교육법」에 따른 전문대학에서 보건복지부령으로 정하는 장애인재활 관련 교과목을 이수한 사람

표 13 장애인재활 관련 기관

1. 「발달장애인 권리보장 및 지원에 관한 법률」 제33조에 따른 발달장애인지원센터 2. 「산업재해보상보험법」 제10조에 따른 근로복지공단 3. 「장애인고용촉진 및 직업재활법」 제43조에 따른 한국장애인고용공단 4. 「장애인 등에 대한 특수교육법」 제2조제10호에 따른 특수교육기관 5. 「장애인 등에 대한 특수교육법」 제11조에 따른 특수교육지원센터 6. 「장애인복지법」 제29조의2에 따른 한국장애인개발원 7. 「장애인복지법」 제54조에 따른 장애인자립생활지원센터 8. 「장애인복지법」 제58조에 따른 장애인복지시설 9. 「장애인복지법」 제59조의11에 따른 장애인권익옹호기관 10. 「장애인복지법」 제63조에 따른 장애인복지단체 11. 「장애인복지법」 제64조에 따른 장애인복지단체협의회 12. 「정신건강증진 및 정신질환자 복지서비스 지원에 관한 법률」 제27조에 따른 재활훈련시설 13. 그 밖에 보건복지부장관이 장애인재활 관련 기관으로 인정하는 기관

출처 : 장애인복지법 시행규칙 별표 6의3. 장애인재활 관련 기관

표 14 장애인재활 관련 교과목

구분	교과목	
필수과목	장애의 이해와 재활 재활상담 재활행정 재활정책 직업평가 직업상담	직무개발과 배치 직업재활개론 지역사회재활시설론 재활사례관리 노동법규와 재활 재활실습 I
선택과목	재활의학 상담이론과 실제 장애영역별 특성과 재활 직업적응훈련 전환교육 보호 및 지원고용 정신장애와 재활 산업복지 노동환경과 고용동향 직업재활연구 보조공학의 이해 중증장애인재활	재활프로그램개발 자립생활 직업심리 직업정보와 노동시장 진로개발과 상담 발달장애인 재활상담 고령장애인 재활상담 장애의 진단과 평가 재활시설 경영과 마케팅 재활윤리 사회적 목적기업 재활실습 II
비고 1. 위 표의 필수과목은 모두 이수하여야 하고, 그 중 재활실습 I 은 150시간 이상 이수하여야 한다. 2. 위 표의 선택과목 중 6개 이상을 이수하여야 한다. 3. 위 표의 교과목명과 동일하지 아니하여도 「장애인복지법 시행령」 제37조제2항에 따른 국가시험관리기관이 그 내용을 심사하여 위 표의 교과목과 동일하다고 인정하는 경우에는 그 교과목을 위 표의 교과목으로 본다.		

출처 : 장애인복지법 시행규칙 별표 6의4. 장애인재활 관련 교과목

표 15 각 급별 장애인재활상담사 시험과목

1급 장애인재활상담사

구분	시험과목(문제수)	교시별 문제수	시험형식
1교시	1. 직업재활개론 (22) 2. 재활상담 (22) 3. 재활사례관리 (22)	66	객관식
2교시	1. 직업평가 (12) 2. 직무개발과 배치 (17) 3. 재활행정 (10) 4. 재활정책 (15)	54	객관식

2급 장애인재활상담사

구분	시험과목(문제수)	교시별 문제수	시험형식
1교시	1. 직업재활개론 (23) 2. 재활상담 (23) 3. 재활사례관리 (23)	69	객관식
2교시	1. 직업평가 (23) 2. 직무개발과 배치 (27) 3. 재활행정 (17) 4. 재활정책 (14)	81	객관식

3급 장애인재활상담사

구분	시험과목(문제수)	교시별 문제수	시험형식
1교시	1. 직업재활개론 (21) 2. 재활상담 (20) 3. 재활사례관리 (20)	61	객관식
2교시	1. 직업평가 (13) 2. 직무개발과 배치 (26) 3. 재활행정 (10) 4. 재활정책 (10)	59	객관식

출처 : 한국보건의료인국가시험원 홈페이지(https://www.kuksiwon.or.kr/Examination)

장애인재활상담사 자격을 취득하면 어디에서 일할 수 있나요?

장애인재활상담사 자격을 취득하면 앞의 〈표13〉에 제시된 장애인 재활 관련 기관에서 일할 수 있다.

5 성폭력관련상담원이란?

성폭력피해상담원 자격은?

성폭력피해상담원 자격은 성폭력피해자를 상담하는 업무를 수행할 수 있는 자격이다.

성폭력관련상담원 자격을 규정하는 법은?

성폭력피해상담원 자격을 규정하는 법은 성폭력방지 및 피해자보호 등에 관한 법률 제19조(상담원 등의 자격기준)이다. 제19조(상담원 등의 자격기준) 상담소, 보호시설 및 통합지원센터에서 종사하려는 사람은 전문 지식이나 경력 등 대통령령으로 정하는 자격기준을 갖추어야 한다.

성폭력관련상담원 자격 취득 조건은?

성폭력방지 및 피해자 보호 등에 관한 법률 시행령 별표 1에서 '성폭력피해상담소 · 성폭력피해자 보호시설의 상담원은 다음 개별 기준 요건 중 어느 하나를 갖춘 사람으로서 법 제19조의2에 따른 상담원 교육훈련시설에서 상담원 교육과정을 이수한 사람으로 한다.' 고 규정하였다.

표 16 성폭력관련상담원 기준

성폭력 피해상담소 · 성폭력피해자 보호시설의 상담원	1. 「고등교육법」 제2조제1호부터 제6호까지의 규정에 따른 학교를 졸업한 사람(이와 같은 수준 이상의 학력이 있는 사람을 포함한다) 2. 「사회복지사업법」 제11조에 따른 사회복지사의 자격을 취득한 사람 3. 「사회복지사업법」 제2조제3호 및 제4호에 따른 사회복지법인, 사회복지시설 또는 사회복지단체의 임직원으로 성폭력방지 관련 업무에 3년 이상 근무한 경력이 있는 사람 4. 공무원으로 성폭력방지 관련 업무에 3년 이상 근무한 경력이 있는 사람 5. 「장애인복지법」 제58조에 따른 장애인복지시설 또는 장애인 관련 단체의 임직원으로 2년 이상 상담 및 보호업무에 근무한 경력이 있는 사람(장애인을 대상으로 하는 상담원의 경우만 해당한다)

출처 : 성폭력방지 및 피해자보호 등에 관한 법률 시행령 별표 1. 종사자의 자격기준.

성폭력방지 및 피해자보호 등에 관한 법률 시행규칙 별표 3의 2에 상담원 양성을 위한 교육과정을 제시하고 있다〈표 16〉.

표 17 성폭력관련상담원 교육과목

교육 분야	교육과목	이수시간
소양분야	여성학 · 여성복지 및 정책, 성폭력의 개념과 특징의 이해, 여성인권과 폭력, 행정실무(문서작성 및 회계 등)	15
전문분야 I	성폭력의 이해, 성폭력 관련 법령 및 정책, 법률구조실무(수사절차의 이해 포함), 법적 절차 및 대응방식, 피해자 등 의료지원 실무	30
전문분야 II	상담심리개론, 상담 원리와 기법, 상담의 기법과 프로그램, 상담자의 자세 및 윤리, 대상별 상담과정	35
전문분야 III	상담 사례 연구 및 실무실습, 역할연습 등	20
총계		100

출처 : 성폭력방지 및 피해자보호 등에 관한 법률 시행규칙 별표 3의 2.
교육훈련시설의 설치 · 지정 기준, 교육훈련시설에 두는 강사의 자격과 수 및 상담원 교육훈련과정의 운영기준.

성폭력관련상담원 자격을 취득하면 어디에서 일할 수 있나요?

성폭력상담원 자격을 취득하면 성폭력피해자를 상담 및 지원하는 해바라기센터, 건강가정지원센터, 다문화가족지원센터 등에서 일할 수 있다.

6 가정폭력관련상담원이란?

가정폭력관련상담원 자격은?

가정폭력관련상담원 자격은 가정폭력피해자를 상담하는 업무를 수행할 수 있는 자격이다.

가정폭력관련상담원 자격을 규정하는 법은?

가정폭력관련상담원 자격을 규정하는 법은 가정폭력방지 및 피해자보호 등에 관한 법률 제8조의2(긴급전화센터, 상담소 및 보호시설 종사자의 자격기준)이다. 제8조의2(긴급전화센터, 상담소 및 보호시설 종사자의 자격기준)에서 긴급전화센터, 상담소 및 보호시설에 근무하는 상담원은 여성가족부령으로 정하는 요건에 해당하는 자로서 제8조의3에 따른 가정폭력 관련 상담원 교육훈련시설에서 여성가족부령으로 정하는 상담원 교육훈련과정을 마친 자로 한다. 그 밖에 긴급전화센터, 상담소 및 보호시설에 종사하는 종사자의 자격기준에 필요한 사항은 여성가족부령으로 정한다.

가정폭력관련상담원 자격 취득 조건은?

가정폭력방지 및 피해자보호 등에 관한 법률 시행규칙 별표 3은 '긴급전화센터 · 상담소 · 보호시설의 장 및 상담원은 제2호의 개별기준 요건을 갖춘 사람으로서 법 제8조의3에 따른 교육훈련시설에서 상담원 교육과정을 이수하여야 한다.'고 규정하였다.

표 18 가정폭력관련상담원 기준

구분	자격기준
상담소 · 보호시설에 근무하는 상담원	1. 「고등교육법」 제2조제1호부터 제6호까지의 규정에 따른 학교 졸업자(이와 같은 수준 이상의 학력을 소지한 사람을 포함한다) 2. 「사회복지 사업법」에 따른 사회복지사의 자격을 가진 사람 3. 사회복지시설 · 사회복지단체의 임직원 또는 공무원으로서 가정폭력 방지업무에 3년 이상 종사한 경력(단순노무자로 근무한 경력은 제외한다)이 있는 사람 4. 외국인 관련 단체 또는 시설에서 2년 이상 종사한 경력이 있는 사람(외국인보호시설만 해당한다) 5. 장애인 관련 단체 또는 시설에서 2년 이상 종사한 경력이 있는 사람(장애인보호시설만 해당한다)
긴급전화센터에 근무하는 상담원	1. 가정폭력, 성폭력 또는 성매매 관련 시설 상담원의 자격을 취득한 후 가정폭력, 성폭력 및 성매매 방지를 목적으로 설립된 단체 또는 시설에서 1년 이상 종사한 경력이 있는 사람 2. 「사회복지 사업법」에 따른 사회복지사 2급 이상의 자격을 취득한 후 가정폭력, 성폭력 및 성매매 방지업무에 1년 이상 종사한 경력이 있는 사람 3. 외국어에 능통하고 한국어 통역이 가능한 사람(외국어 서비스를 제공하는 상담원만 해당한다)

출처 : 가정폭력방지 및 피해자보호 등에 관한 법률 시행규칙 별표 3. 긴급전화센터 · 상담소 · 보호시설 종사자의 자격기준.

가정폭력방지 및 피해자보호 등에 관한 법률 시행규칙 별표 4에 상담원 양성을 위한 교육과정을 제시하고 있다〈표 19〉.

표 19 가정폭력관련상담원 교육과목

교육 분야	교육과목	이수시간
소양분야	· 가족복지 및 정책 · 여성학 · 여성복지 및 정책 · 한국가족의 특성과 가족문제 · 여성인권과 폭력	15
전문분야 I	· 가정폭력의 이해 · 가족법 및 가정폭력 관련 법 · 법률구조실무 · 법적 절차 및 대응 · 의료지원실무	30
전문분야 II	· 상담심리개론 · 상담의 기법 및 프로그램 · 상담자의 자세 및 윤리 · 대상별 상담과정	35
전문분야 III	· 상담 사례 연구 및 실무실습 · 역할연습	20
총계		100

출처 : 가정폭력방지 및 피해자보호 등에 관한 법률 시행규칙 별표 4.
교육훈련시설의 시설기준, 교육훈련시설에 두는 강사의 자격기준 및 상담원 교육훈련과정의 운영기준.

가정폭력관련상담원 자격을 취득하면 어디에서 일할 수 있나요?

가정폭력관련상담원 자격을 취득하면 가정폭력피해자를 상담 및 지원하는 가정폭력상담소, 건강가정지원센터, 다문화가족지원센터 등에서 일할 수 있다.

라 상담분야 민간자격을 취득하는 방법은 무엇인가요?

상담분야 민간자격 목록은 한국직업능력개발원 민간자격등록서비스(https://www.pqi.or.kr)홈페이지에서 확인할 수 있다. 2020년 1월 11일 현재 '심리상담'으로 검색되는 자격은 2,887건으로 각 자격마다 상이한 기준으로 자격을 발급하고 있으므로, 상담분야 민간자격을 취득하기 위해서는 자격발급기관의 전문성과 신뢰도, 해당 자격의 기준 등을 잘 검토하는 것이 필요하다. 여기에서는 전문상담분야에서 대표적으로 인정받는 전문상담사(한국상담학회 관리), 상담심리사(한국상담심리학회 관리) 등

2개의 민간자격에 대하여 알아보고자 한다.

1 전문상담사(한국상담학회)란?

전문상담사 자격은 무엇인가?

전문상담사는 (사)한국상담학회에서 발행하는 전문상담사 자격증(한국직업능력개발원 민간자격 제2008-420호)을 취득한 자로 (사)한국상담학회의 자격규정에 명시된 자격검정절차에 의하여 최종합격한 자를 말한다. 전문상담사 자격의 등급은 1급 전문상담사와 2급 전문상담사로 구분되며, 각 등급을 취득한 자는 아래에 나오는 전문상담사로서의 급별 역할을 수행할 수 있다.

그림 2 전문상담사(한국상담학회 관리) 급별 역할

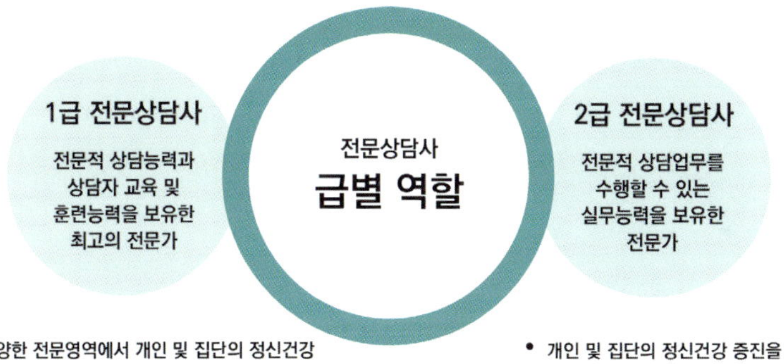

1급 전문상담사

- 다양한 전문영역에서 개인 및 집단의 정신건강 증진을 위한 전문적 조력 및 지도
- 다양한 전문영역에서 심리적 장애를 겪는 개인 및 집단에 대한 진단, 평가 및 개입
- 상담 및 심리치료에 대한 연구와 상담 프로그램의 개발·보급·평가
- 상담기관의 설립 및 운영과 전문상담인력의 양성을 위한 교육·훈련

2급 전문상담사

- 개인 및 집단의 정신건강 증진을 위한 조력 및 지도
- 심리적 장애를 겪는 개인 및 집단에 대한 집단, 평가 및 개입
- 상담 및 심리치료에 대한 연구와 상담 프로그램의 운영
- 개인 및 집단의 정신건강 증진을 위한 조력 및 지도

출처 : 한국상담학회 홈페이지(http://www.counselors.or.kr)

전문상담사 자격 취득 요건은?

표 20 전문상담사(한국상담학회 관리) 자격취득 요건

발급처	한국상담학회	
자격증 종류	1급 전문상담사	2급 전문상담사
취득절차	1) 회원가입 2) 수련 자격심사 합격(상시접수) 3) 필기시험 합격(8월) 4) 수련요건심사 합격(9월) 5) 면접시험 합격(11월) 6) 자격취득연수 이수(11월)	
필기시험 지원 자격	상담관련분야 석사졸업 이상 - 석사학위 취득자 : 12학점(5개영역) 이상 이수 - 박사재학 이상 : 36학점(4개영역) 이상 이수	상담관련분야 학부재학 이상 - 대학에서 상담관련 36학점(4개영역) 이상 이수 - 대학원에서 상담관련 12학점(4개영역) 이상 이수
필기시험 과목	상담철학과 윤리 고급상담 이론과 실제 집단상담 프로그램 개발 심리평가와 진단 고급 상담연구방법론 상담슈퍼비전의 이론과 실제	상담윤리 상담 이론과 실제 집단상담 이론과 실제 심리검사와 상담 상담연구방법론 진로상담, 가족상담
필기시험기준	과목별 40점 이상 평균 60점 이상 합격	
수련내용	(아래 표)	

수련내용

자격등급		1급		2급	
범주구분		A	B	C	D
총 수련시간		540시간	720시간	180시간	360시간
수련기간		최소 3년 이상	최소 4년 이상	최소 1년 이상	최소 2년 이상
개인 상담	접수면접	-	20시간	20시간	40시간
	내담자 경험	20시간	30시간	10시간	20시간
	상담자 경험	180시간	240시간	60시간	120시간
	심리검사 실시·해석	30건 이상	40건 이상	10건 이상	20건 이상
	슈퍼비전	50시간 (심리검사 관련 20시간)	70시간 (심리검사 관련 24시간)	20시간 (심리검사 관련 4시간)	40시간 (심리검사 관련 8시간)
	사례발표회 참여	40시간	50시간	10시간	20시간
	자율수련	70시간	70시간	-	-

	자격등급		1급		2급	
수련내용	집단상담	집단원 경험	90시간	120시간	30시간	60시간
		지도자 경험	80시간	105시간	25시간	50시간
		슈퍼비전	10시간	15시간	5시간	10시간
	기타요건	연차학술대회 참여	1회	2회	1회	2회
		연수·학술 모임 참여	60시간	80시간	20시간	40시간
		사례발표회 발표 및 결과보고서 제출	개인상담 : 2사례 집단상담 : 1사례	개인상담 : 2사례 집단상담 : 1사례	-	-
		사례보고서 제출	-	개인상담 : 1사례 집단상담 : 1사례	개인상담 : 1사례 집단상담 : 1사례	개인상담 : 2사례 집단상담 : 2사례
		연구실적	1건	1건	-	-

지원급수	1급		2급	
수련생범주	A	B	C	D
수련자격 심사결과 판정기준	박사과정 재학 이상의 학력으로, 대학원에서 상담관련 과목 36학점(4개영역) 이상 이수자(단, 박사과정 18학점 포함)	· 2급 자격증 취득자 · 상담학 관련 전공 석사학위 취득자	· 대학에서 상담관련 과목 36학점(4개영역) 이상 이수자 · 대학원에서 상담관련 과목 12학점(4개영역) 이상 이수자	· 교육연수기관에서 450시간 이상 교육 이수자

출처 : 한국상담학회 전문상담사 자격시험 공고

2 상담심리사(한국상담심리학회)란?

상담심리사 자격은?

상담심리사는 (사)한국심리학회에서 인정한 상담심리사 자격(한국직업능력개발원 민간자격 제2008-0400호)을 취득한 자로 (사)한국상담심리학회의 자격규정에 명시된 자격검정절차에 의하여 최종합격한 자를 말한다. 상담심리사 자격의 등급은 1급 상담심리사와 2급 상담심리사로 구분되며, 각 등급을 취득한 자는 아래에 나오는 상담심리사로서의 급별 역할을 수행할 수 있다.

그림 3 상담심리사(한국상담심리학회 관리) 급별 업무

1. 상담심리사(1급, 2급 공통)의 기본 업무

① 개인 또는 집단의 심리적 성숙과 사회적 적응능력 향상을 위한 조력 및 지도
② 심리적 부적응을 겪는 개인 또는 집단에 대한 심리평가 및 상담
③ 지역사회 상담교육, 사회병리적 문제에 대한 예방활동 및 재난후유증에 대한 심리상담
④ 기업체 내의 인간관계 전문 및 심리교육
⑤ 상담 및 심리치료에 관한 연구

2. 상담심리사 1급은 위의 업무에 더하여 다음의 직무를 수행할 자격이 있다.

① 상담실 책임운영
② 상담심리사(1, 2급)의 교육지도와 자문
③ 상담전문가(1, 2급) 수련내용 평가 인준 및 자격추천

출처 : 한국상담심리학회 홈페이지(http://www.krcpa.or.kr)

상담심리사 자격 취득 요건은?

상담심리사 자격을 취득하기 위하서는 다음 〈표22〉의 요건을 따라야 한다.

표 21 상담심리사(한국상담심리학회 관리) 자격취득 요건

발급처	한국상담심리학회	
자격증 종류	상담심리사 1급	상담심리사 2급
취득절차	1. 회원가입 2. 상담경력 및 과목이수 충족 3. 자격시험 합격 4. 최소 수련내용 충족 5. 자격심사 합격	
필기시험 지원 자격	상담관련분야 석사졸업 이상 최소 상담경력 3년 이상	상담관련분야 석사재학 이상 최소 상담경력 1년 이상
필기시험 과목	상담 및 심리치료 이론 집단상담 및 가족치료 심리진단 및 평가 성격심리 및 정신병리 심리통계 및 연구방법론	상담심리학 발달심리학 이상심리학 학습심리학 심리검사
필기시험 기준	과목별 40점 이상 평균 60점 이상 합격	

<table>
<tr><td rowspan="13">수련내용</td><th colspan="2">자격등급</th><th>1급</th><th>2급</th></tr>
<tr><td>접수면접</td><td></td><td>-</td><td>20회 이상</td></tr>
<tr><td rowspan="2">개인상담</td><td>면접상담</td><td>20사례 이상,
합 400회기 이상</td><td>5사례,
합 50회기 이상</td></tr>
<tr><td>슈퍼비전</td><td>10회 이상</td><td>10회 이상</td></tr>
<tr><td rowspan="2">심리평가</td><td>실시해석</td><td>20사례 이상</td><td></td></tr>
<tr><td>슈퍼비전</td><td>10사례 이상</td><td>5사례 이상</td></tr>
<tr><td rowspan="3">집단상담</td><td>참여경험</td><td>2개 집단 이상</td><td>2개 집단 이상</td></tr>
<tr><td>실시</td><td>2개 집단 이상</td><td>-</td></tr>
<tr><td>슈퍼비전</td><td>2개 집단 이상</td><td>-</td></tr>
<tr><td rowspan="3">기타</td><td>공개사례 발표</td><td>개인상담 4사례 이상</td><td>개인상담 2사례 이상</td></tr>
<tr><td>상담사례 연구활동</td><td>30회 이상 참여</td><td>총 30회 이상 참여</td></tr>
<tr><td>학술 및 연구활동</td><td>1건</td><td>-</td></tr>
</table>

Part 03

상담실 운영과 윤리

Part

03 상담실 운영과 윤리

가 상담기관은 전국에 얼마나 있나요?

1 공공 상담기관은?

상담기관이 언급된 법률현황은?

상담관련 법률 101개 중 상담기관을 명시한 법률은 총 74개(73.3%)로 대다수 법률에서 상담활동 수행을 위한 상담전문기관을 설치·운영하고 있는 것으로 나타났다〈표 1〉. 상담기관의 운영형태는 대다수 법률에서 직접실시 또는 전문기관 위탁을 함께 명시하고 있어 지자체에 따라 차이가 있을 것으로 이해된다.

상담기관을 명시하지 않은 법률은 총 27개(26.7%)로, 상담활동은 명시하였지만 구체적인 운영기관이 언급되지 않았다. 대표적으로 '국군포로의 송환 및 대우 등에 관한 법률', '장기공공임대주택 입주자 삶의 질 향상 지원법 시행령'은 상담활동을 명시하였지만 수행기관이 전혀 명시되지 않아 수행여부가 불분명하게 인식된다. '가사소송 규칙', '가족관계의 등록 등에 관한 규칙'등의 법률은 외부 전문상담인을 위촉 또는 의뢰하여 상담을 지원하는 형태로 별도의 상담기관을 명시하지 않았다.

표 1 상담기관을 명시한 법률 현황

구 분	법률 수	
	N	%
명시하지 않음	27	26.7
상담기관을 명시함	74	73.3
계	**101**	**100.0**

한편, 유사 법률 간에는 기관 연계를 적극 활용하고 있어 몇몇 기관은 다수 법률에서 함께 언급되고 있었다. 대표적인 연계기관으로는 아동보호전문기관, 직업안정기관, 성매매피해상담소, 정신건강복지센터 등이 있었다. 기관연계 시 조문내용의 예는 다음과 같다.

기관 연계 예시

한부모가족지원법 (약칭: 한부모가족법)

제14조의2(고용지원 연계) ① 국가 및 지방자치단체는 한부모가족의 모 또는 부와 아동의 취업기회를 확대하기 위하여 한부모가족 관련 시설 및 기관과 「직업안정법」 제2조의2제1호에 따른 직업안정기관 간 효율적인 연계를 도모하여야 한다.

법률에 언급된 상담기관 현황은?

상담기관을 명시한 74개 법률에서 언급된 상담기관은 총 117개였으며, 중복 언급된 기관과 단순 상담소, 상담실, 치료기관으로 명시된 기관을 제외하여 99개의 전문기관을 선정하였다〈표 2〉. 상담기관을 업무와 인력자격 명시 유무에 따라 구분해보면 기관명만을 명시한 기관 10개(10.1%), 기관명과 업무만 명시한 기관 23개(23.2%), 기관명과 인력자격만 명시한 기관 23개(23.2%), 기관명과 업무, 인력자격을 모두 명시한 법률 43개(43.4%)로 나타났다. 인력자격을 명시하지 않은 비율이 총 33.3%로 10개의 기관 중 3곳은 법령에서 정한 인력기준을 확인할 수 없으며, 자치법규 또는 위탁기관의 재량에 따라 인력기준을 정하는 것으로 예상된다.

표 2 상담기관 내용분석

구분	기관 수	
	N	%
기관명만 명시	10	10.1
기관명 + 업무 명시	23	23.2
기관명 + 인력자격 명시	23	23.2
기관명 + 업무 + 인력자격 명시	43	43.4
계	**99**	**100.0**

소관부처별 상담기관은 보건복지부와 여성가족부가 각각 36개와 27개로 가장 많았고, 이외 고용노동부 13개, 교육부 6개, 법무부 4개 등의 순으로 상담기관이 언급되고 있었다〈표 3〉.

표 3 부처별 상담기관 수

구분	기관 수	
	N	%
보건복지부	36	36.4
여성가족부	27	27.3
고용노동부	13	13.1
교육부	6	6.1
법무부	4	4.0
통일부	4	4.0
인사혁신처	2	2.0
문화체육관광부	2	2.0
행정안전부, 국토교통부	1	1.0
과학기술정보통신부	1	1.0
국무조정실,해양수산부	1	1.0
국토교통부	1	1.0
농림축산식품부	1	1.0
계	**99**	**100.0**

상담기관의 업무를 명시한 66개의 기관을 중심으로 상담영역을 구분하여 살펴본 결과, 아동 · 청소년이 11개(16.7%), 진로직업 9개(13.6%), 부부가족 7개(10.6%), 정신질환 7개(10.6%), 취약계층 7개(10.6%) 등의 순으로 나타났다〈표 4〉. 전체 상담기관의 상담영역과 세부업무는 [부록 2]에 첨부하였다.

표 4 상담영역별 상담기관

상담영역	기관 수		기관명
	N	%	
아동 · 청소년	11	16.7	가정위탁지원센터
			실종아동전문기관
			아동보호전문기관
			아동복지시설
			육아종합지원센터
			이주배경청소년지원센터
			청소년 방과 후 활동 지원센터
			청소년 보호 · 재활센터
			청소년비행예방센터
			청소년상담복지센터
			학교 밖 청소년 지원센터
진로직업	9	13.6	고용촉진 시설
			광역자활센터
			국가진로교육센터
			기능대학
			지역자활센터
			지역진로교육센터
			한국고용정보원
			한국자활복지개발원
			한국잡월드

상담영역	기관 수		기관명
	N	%	
부부가족	7	10.6	가정폭력 관련 상담소
			가정폭력피해자 보호시설
			가족친화지원센터
			건강가정지원센터
			긴급전화센터
			한국건강가정진흥원
			한부모가족복지시설
정신질환	7	10.6	국가트라우마센터
			보건소
			인터넷중독대응센터
			중독관리통합지원센터
			치매상담전화센터장
			치매안심센터
			한국도박문제관리센터
취약계층	7	10.6	사회복지관
			노숙인자활시설
			노숙인종합지원센터
			다문화가족지원센터
			북한이탈주민 예비학교
			북한이탈주민지원재단
			정착적응시설
노인	6	9.1	고령자 고용정보센터
			고령자인재은행
			노인보호전문기관
			중견전문인력 고용지원센터
			중앙노후준비지원센터
			지역노후준비지원센터

상담영역	기관 수		기관명
	N	%	
장애인	6	9.1	발달장애인지원센터
			장애인 가족 지원사업 수행기관
			중앙장애아동지원센터
			지역장애아동지원센터
			한국장애인고용공단
			행동발달증진센터
범죄	4	6.1	갱생보호시설
			성매매방지중앙지원센터
			성매매피해상담소
			성폭력피해상담소
여성	4	6.1	경력단절여성지원센터
			중앙경력단절여성지원센터
			한국양성평등교육진흥원
			한국여성인권진흥원
위기	2	3.0	안산트라우마센터
			자살예방센터
중증질병	1	1.5	국립암센터
직장	1	1.5	보건의료인력지원전문기관
학교	1	1.5	선행교육예방 연구센터
계		**100.0**	

학교상담기관의 현황은?

현재 초중등 학교상담은 'Wee 프로젝트'를 통하여 실시되고 있다. Wee는 학교, 교육청, 지역사회가 연계하여 학생들의 건강하고 즐거운 학교생활을 지원하는 다중의 통합지원 서비스망이다. 학습부진 및 학교부적응 학생뿐만이 아닌 일반 학생들도 행복한 학교생활을 할 수 있도록 학교에는 Wee클래스, 지역교육청에는 Wee센터, 시·도 교육청에는 Wee스쿨을 설치하여 학생상담을 실시하고 있다.

그림 1 Wee 프로젝트 체계도

2020년 1월 현재 전국에 wee클래스는 6,872개, wee센터는 199개, 가정형wee센터는 16개, wee스쿨은 15개 설치되어 있다. 자세한 사항은 Wee 프로젝트 홈페이지(http://www.wee.go.kr)에서 확인할 수 있다.

그림 2 Wee 기관 설치 수

※ Wee 기관 설치 수는 실시간 적용이 되지 않으므로 실제 설치수와 차이가 있을 수 있습니다.

시도	클래스	센터	가정형	스쿨
서울	818	19	-	-
부산	429	5	-	-
대구	434	11	1	1
인천	341	6	3	1
광주	168	3	1	2
대전	225	3	2	1
울산	184	3	1	1
세종	82	2	1	-
경기	1603	25	2	1
강원	325	17	2	1
충북	274	10	1	1
충남	342	14	-	3
전북	248	16	1	-
전남	389	22	1	1
경북	432	23	-	-
경남	482	18	-	2

청소년상담기관의 현황은?

현재 청소년상담은 CYS-Net(Community Youth Safety-Net: 지역사회청소년통합지원체계)를 통해 이루어지고 있다. CYS-Net은 지역주민, 기관, 단체 등 지역 내 활용가능한 자원의 연계를 통해 위기상황에 처한 청소년들을 발견하고 통합적인 상담복지 서비스를 제공하는 사업이다. 주요사업은 다음과 같다.

그림 3 CYS-Net 주요사업

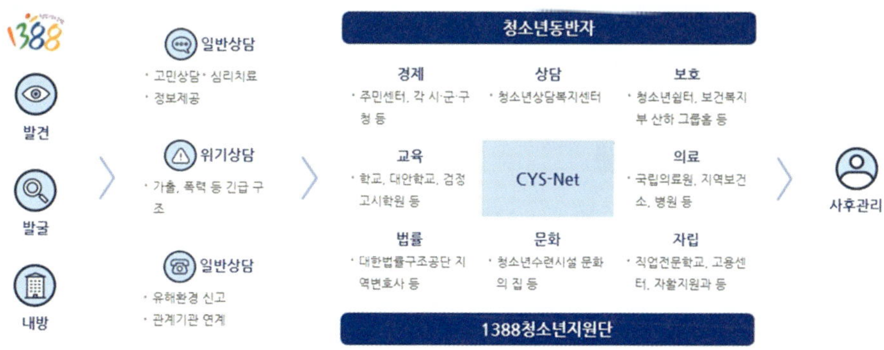

청소년전화 1388

365일 24시간 청소년과 관련된 고민상담에서부터 긴급한 위기문제 해결까지 종합적인 서비스를 받을 수 있는 청소년전화 1388을 운영·지원한다.

그림 4

청소년동반자

도움이 필요한 위기청소년을 직접 찾아가 정서적 지지, 심리상담, 지역자원 및 기관연계 등 필요한 서비스를 제공하는 청소년동반자(Youth Companion) 프로그램을 운영·지원한다.

그림 5

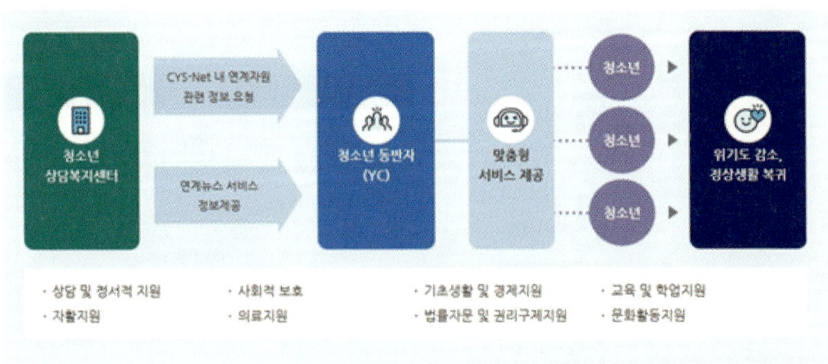

1388청소년지원단

위기청소년을 조기에 발견하고 지원하는 역할을 수행하기 위한 민간의 자발적 참여조직으로서 전국의 청소년상담복지센터에 소속되어 '발견·구조', '의료·법률', '복지지원', '상담·멘토' 등의 다양한 활동을 수행한다. 지역사회 내 약국, 병원, PC방, 노래방, 택시회사, 학원, 자원봉사자, 변호사, 교사 등이 참여하여 위기청소년에 대한 맞춤형 서비스를 제공하고 있다.

그림 6

2020년 1월 현재 전국에 청소년상담복지센터는 230개소가 설치되어 있다. 자세한 사항은 한국청소년상담복지개발원 홈페이지(https://www.kyci.or.kr)에서 확인할 수 있다.

그림 7

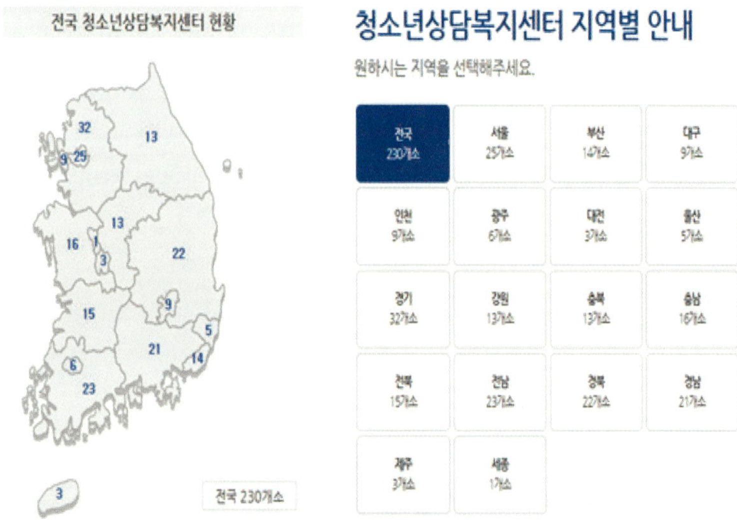

정신건강복지센터의 현황은?

정신건강복지센터는 지역사회 내 정신질환자의 등록관리, 사례관리, 주간재활(Day care), 교육·훈련, 타 기관 연계 등 정신질환자 관리, 재활사업 추진 및 지역주민의 정신건강, 자살예방 등 지역사회 정신건강 증진사업을 수행하고 있다.

표 5

영역	광역 정신건강복지센터	기초 정신건강복지센터
기획	· 지역사회 진단 및 연구조사 · 서비스 평가체계 구축	· 지역사회 진단 · 기획 및 자원 조정
중증정신 질환관리	· 편견 해소 사업 · 24시간 위기관리 지원 · 초발정신질환 관리체계 구축 · 탈원화 전달체계 구축 · 프로그램 개발 및 지원 · 노숙정신질환 관리	· 신규 발견체계 구축 · 사례관리서비스 · 위기관리서비스 · 주간재활프로그램 · 직업재활 프로그램 · 주거서비스 네트워크 구축

정신건강 증진사업	· 인식개선 사업 · 24시간 상담 및 지원 · 자살위기개입 체계 운영 · 프로그램 개발 및 지원 · 고위험군 조기검진 지원 · 교육프로그램 개발 및 교육지원	· 홍보 및 교육사업 · 1577-0199 상담전화 · 고위험군 조기발견과 치료연계사업 · 어린이 청소년 · 성인 우울증, 스트레스 · 노인 우울증 및 치매 · 알코올 중독
정신보건 환경조성	· 사회안전망 구축 지원 · 언론 네트워크 구축 및 지원	· 보건복지 네트워크 구축 · 자원봉사운영체계 구축 · 지역 언론 협력체계 구축 · 경찰 및 구조구급 네트워크

정신건강 위기상담전화(1577-0199) 운영

정신건강 위기상담전화는 전국 동일번호 1577-0199, 국번 없이 129 (보건복지콜센터)로 전국 어디에서나 전화를 걸면, 시·군·구별로 정신보건 전문요원 등이 자살위기 상담 등 정신건강상담과 지지, 정신건강정보 제공, 정신의료기관 등을 안내하는 서비스이다.

그림 8

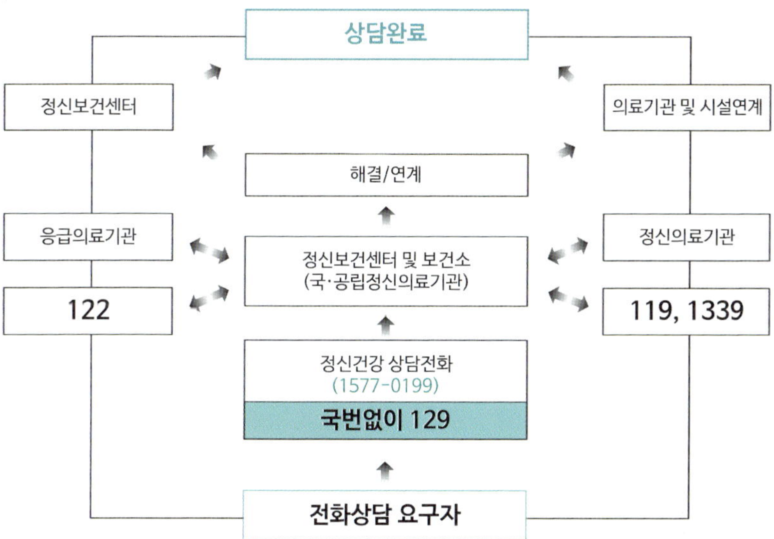

정신건강관련 기관은 전국에 정신건강복지센터 243개, 자살예방센터 32개, 중독관리통합지원센터 50개, 정신재활시설 349개가 설치되어

있다. 자세한 사항은 보건복지부 홈페이지(https://www.mohw.go.kr)에서 확인할 수 있다.

그림 9 정신건강관련 기관 현황

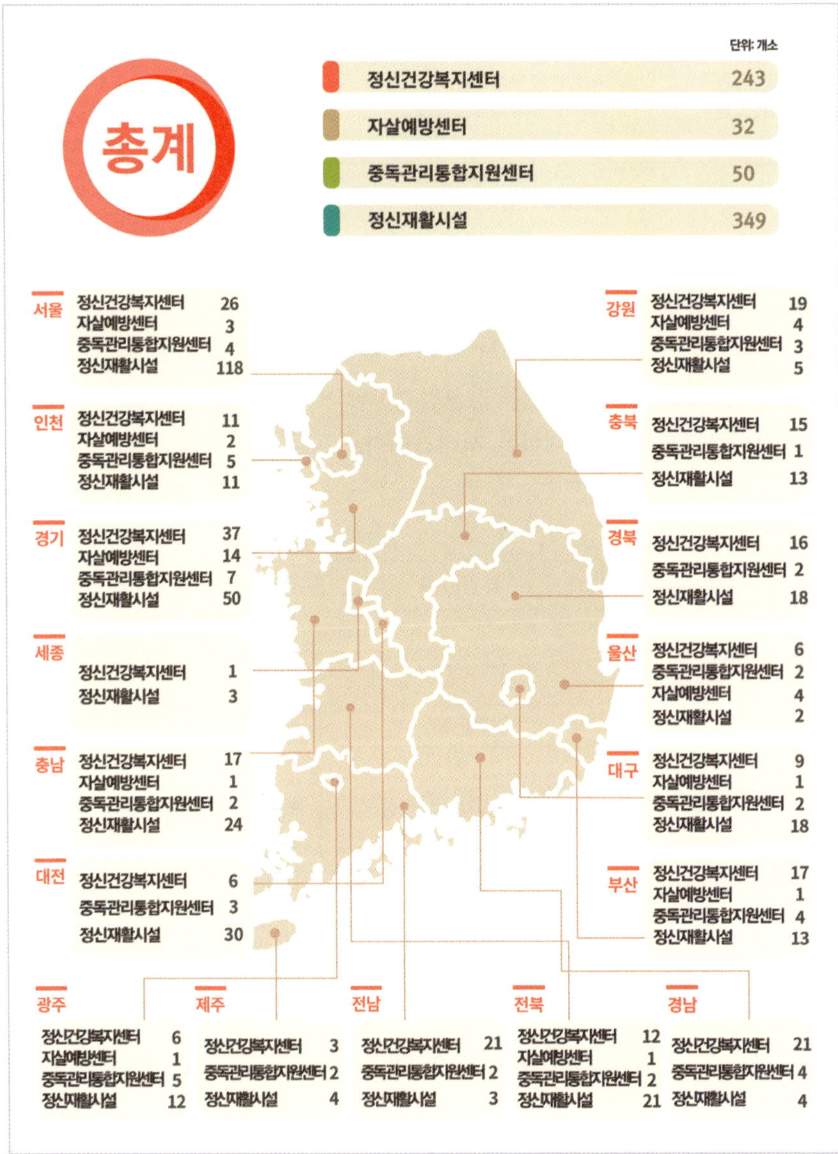

출처 : 보건복지부 국립정신건강센터. 2018 전국 정신건강관련 기관 현황집.

가정상담지원센터의 현황은?

행복한 가정을 위한 상담은 다음과 같은 기관에서 실시하고 있다.

건강가정지원센터

건강가정지원센터는 여성가족부가 시행하는 가족정책의 주요 전달 체계로서 다양한 가족지원 정책을 제안 및 실행하고 있다.

그림 10

여기에서는 가족 상담을 비롯하여 가족교육, 가족문화, 가족돌봄나눔, 다양한 가족 통합지원, 지역사회 연계 등의 사업을 수행하고 있다. 2020년 1월 현재 전국에 건강가정지원센터 24개, 다문화가족지원센터 44개, 통합센터 183개가 설치되어 있다. 자세한 사항은 한국건강가정진흥원 홈페이지(http://www.kihf.or.kr)에서 확인할 수 있다.

그림 11

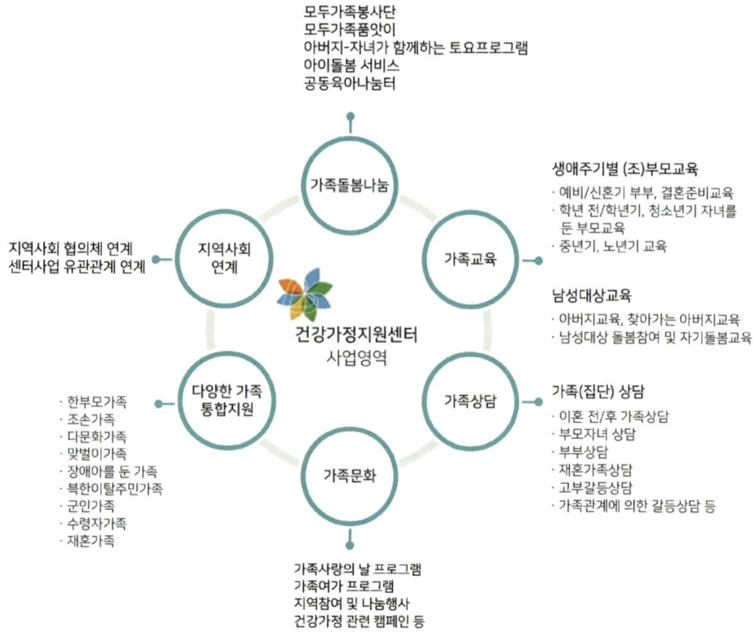

다누리콜센터(1577-1366)

다누리콜센터는 이주여성과 다문화가족을 위한 긴급지원, 상담, 생활 정도를 이주여성 전문상담원이 13개 언어로 365일 24시간 지원한다.

그림 12

임신출산 갈등상담 사업(1644-6621 0번)

임신출산 갈등상담 사업은 예상하지 못한 임신, 준비되지 않은 출산으로 위기갈등 상황에 직면하는 여성과 가족들에게 심리정서 상담을 진행하고, 지원 사업 정보 및 전문지원기관 등과 연계 서비스를 제공한다.

그림 13

여성상담기관의 현황은?

여성상담은 위기에 처한 여성을 돕기 위하여 다음과 같은 기관에서 실시하고 있다.

여성긴급전화 1366

가정폭력·성폭력·성매매·데이트폭력·디지털성폭력·성희롱 등으로 긴급한 구조·보호 또는 상담을 필요로 하는 여성들이 언제라도 전화를 통해 피해 상담을 받을 수 있도록 전국적으로 통일된 국번 없는 특수 전화 '1366' 을 365일·24시간 운영하여 여성인권을 보호하고 있다. 중앙센터 및 광역자치단체(시·도)단위로 전국 16개 시·도에 18개소 운영(단, 경기도의 경우 인구 및 지역적 특성을 고려하여 1개소 추가 설치)하고 있다. 1366 숫자는 "위기에 처한 여성에게 1년 365일에 하루를 더하여 충분하고 즉각적인 서비스를 제공한다."는 의미를 지니고 있다.

그림 14

1년 365일 + 1일 = 1366

가정폭력상담소는 가정폭력 관련 상담, 교육, 쉼터연계, 법률지원 등을 받을 수 있는 곳으로서 2018년 5월 기준으로 전국 203개소가 있다.

성폭력피해상담소는 성폭력 상담, 교육, 쉼터연계, 법률지원 등을 받을 수 있는 곳으로서 2018년 5월 기준으로 168개소가 있다.

성매매피해상담소는 성매매피해 관련 상담, 교육, 쉼터연계, 법률지원 등을 받을 수 있는 곳으로서 2018년 5월 기준으로 전국 29개소가 있다.

해바라기센터는 가정폭력, 성폭력, 성매매 피해자와 가족이 심리치료, 의료, 수사, 법률지원을 받을 수 있는 곳으로서 2018년 5월 기준으로 전국 38개 센터가 있다. (통합형 14개, 위기지원형 16개, 아동형 8개)

출처 : 여성폭력상담홈페이지 https://www.women1366.kr/_sub03/sub03_02a.html

기타 공공상담의 현황은?

대학상담

전국 126개 대학은 대학상담센터를 설치하여 대학생의 다양한 문제에 대한 상담서비스를 제공하고 있다. 자세한 내용은 대학교학생상담센터협의회 홈페이지(http://www.ccus.kr)에서 확인할 수 있다.

병영생활고충상담

군에서는 병영생활고충상담을 위하여 국방헬프콜 1303을 운영하고 있으며, 약 400명의 병영생활전문상담관을 전국의 군부대에 배치하여 장병에 대한 상담을 실시하고 있다. 자세한 내용은 국방부 홈페이지(https://www.gov.kr)에서 확인할 수 있다.

그림 15

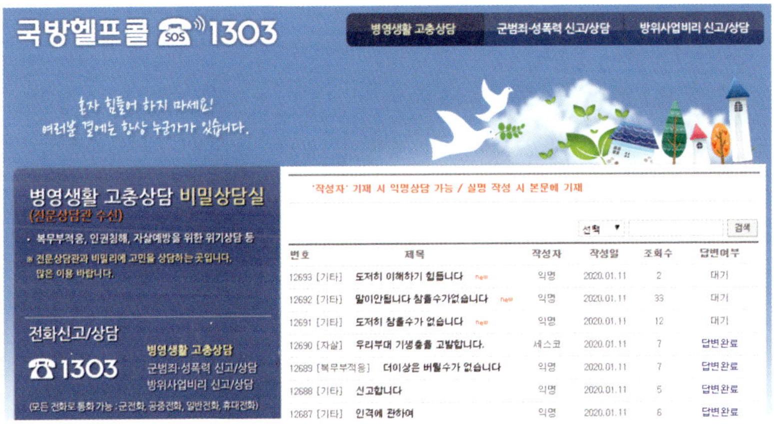

북한이탈주민상담

통일부는 북한이탈주민지원을 위하여 남북하나재단과 전국의 25개 지역적응센터에 심리, 취업, 복지 분야의 전문자격을 소지한 전문상담원을 82명(2019년 8월 현재) 배치하여 북한이탈주민의 지역사회 적응 및 맞춤형 사례관리와 전문적 상담서비스를 제공하고 있다. (통일부, 2019 북한이탈주민 정착지원 실무편람 참조)

교원치유센터

교육부는 교육활동 침해 피해 교원에 대한 치유·회복·복귀 지원, 교육활동 침해 피해 학교 및 교원에 대한 심리 상담·치료 및 법률 상담, 교육활동 침해 피해 교원 지원 및 직무 스트레스 해소 지원, 교육활동 침해 예방활동 지원 등을 위하여 전국 17개 교육청에 교원치유센터를 설치하여 전문상담사, 정신과전문의, 변호사 등이 상담서비스를 제공하도록 하고 있다. (교육부, 교육활동보호 매뉴얼 참조)

가정법원 이혼숙려제도 상담사업

가정법원에 협의이혼 의사확인을 신청한 부부는 가정법원이 제공하는 이혼에 관한 안내를 받아야 하며, 가정법원은 필요한 경우 당사자에게 전문적인 지식과 경험을 갖춘 전문상담인의 상담을 받을 것을 권고할 수 있다(「민법」 제836조의2제1항). 특히 가정법원의 이혼 안내를 받은 날부터 ① 양육해야 할 자녀(포태 중인 자를 포함)가 있는 경우에는 3개월, ② 그렇지 않은 경우에는 1개월의 이혼숙려기간이 지난 후에 이혼의사의 확인을 받을 수 있다(「민법」 제836조의2제2항). 이 경우 가정법원에 따라 일정 횟수의 전문상담을 의무화하고 상담비용을 지원하기도 한다.

2 사설 상담기관은?

사설상담기관에 대해서는 일정한 관리기준이 없어 전체적인 현황파악이 어려운 상태이다. 다만 민간상담자격을 운영하는 일부 기관에서 해당 자격소지자 및 해당학회 교육연수기관을 소개하는 정도의 자료가 있으며, 최근 상담사 데이터베이스를 구축함으로써 상담수요자와 연결하는 앱을 개발하여 운영하고 있다.

그림 16 한국상담학회 교육연수기관 전북지역 소개화면

총수량: 12 전북 ☑

기관 번호	기관명	지역	가입년도
18	온다라심리교육상담실	전북	2006
55	전주대학교카운슬링센터	전북	2007
88	우석대학교학생상담센터	전북	2010
120	전주시건강가정지원센터	전북	2011.11
155	김용임심리상담센터	전북	2013.11
189	전북대학교부설행복드림센터	전북	2015.03
205	희망샘심리상담센터	전북	2016.03
220	호원대학교 학생상담센터	전북	2017.03
251	군산대학교 학생상담센터	전북	2018.11
274	한국도박문제관리센터전북센터	전북	2019.11
277	군산부부가족상담연구소	전북	2019.11
278	마음샘아동가족상담센터	전북	2019.11

출처 : 한국상담학회 홈페이지

나 상담기관은 어떻게 운영하나요?

1 공공 상담기관은?

공공상담기관의 운영체제는 해당기관이 직접 운영하는 직영체제와 다른 기관이나 단체에 해당 상담업무를 위탁하는 위탁운영체제로 구분된다. 공공상담을 실시하는 정부부처나 지방자치단체의 정책에 따라 모든 지역의 해당 상담사업 전체를 직영 또는 위탁으로 운영하기도 하고, 해당지역의 형편에 따라 일부는 직영으로, 일부는 위탁으로 운영하기도 한다.

직영체제란?

직영체제는 상담 사업을 주관하는 기관이 상담 사업을 직접 운영하는 형태이다. 해당 기관의 하위 조직이나 기구로 상담부서를 설치하고, 상담인력을 해당기관 직원으로 선발하여 운영한다.

위탁운영체제란?

위탁운영체제는 상담 사업을 주관하는 기관이 외부기관을 선정하여 상담 사업을 위탁하는 형태이다. 일반적으로 사업주관 기관이 상담 사업 위탁에 대한 공개입찰을 실시하여 상담기관을 선정하고 사업 관련 인건비와 사업비를 지원한다.

상담사업 운영지침이란?

일반적으로 전국 단위의 상담 사업을 실시하는 정부부처는 일정한 수준과 형태의 상담서비스가 전국적으로 실시될 수 있도록 해당 상담 사업에 대한 운영지침을 제시한다. 또한 매년 초에 정책과 상황의 변화에 따른 연 단위의 운영지침을 배포하여 이를 준수하게 하기도 한다.

상담사업 운영지원기관이란?

전국단위로 상담 사업을 실시하는 경우 지역별 상담기관의 운영, 상담사 관리, 상담 프로그램, 상담운영 시스템, 상담기관 평가 등 제반 상담 사업을 지원하는 중앙기관을 별도로 설치·운영하기도 한다. 학교상담의 경우 한국교육개발원의 Wee 특임센터, 청소년상담의 경우 한국청소년상담복지개발원, 가정상담과 여성상담의 경우 한국건강가정진흥원 등이 이러한 상담사업 운영지원기관이다.

2 사설 상담기관은?

(1) 상담실 등록

우리나라는 현재 상담실 개설 및 등록에 관한 법률조건은 없는 실정이며, 따라서 허가제가 아닌 신고제로서 사업자등록만으로도 개설이 가능하다. 개인사업자 등록 신청의 경우 부가가치세법 제 5조에 의거 임대차계약서, 인허가증, 신분증 지참 후 신청하면 된다.

사업자란?

사업 목적이 영리이든 비영리이든 관계없이 사업상 독립적으로 재화 또는 용역을 공급하는 자를 말한다.

간이과세자란?

직전 연도의 공급대가의 합계액이 대통령령으로 정하는 금액에 미달하는 사업자로서, 간편한 절차로 부가가치세를 신고 · 납부하는 개인사업자를 말하며, 일반과세자란 간이과세자가 아닌 사업자를 말한다.

과세사업이란?

부가가치세가 과세되는 재화 또는 용역을 공급하는 사업을 말하며, 면세사업이란 부가가치세가 면제되는 재화 또는 용역을 공급하는 사업을 말한다.

사업자등록 및 변경신청 방법은?

법 제8조

사업자는 사업장마다 대통령령으로 정하는 바에 따라 사업 개시일부터 20일 이내에 사업장 관할 세무서장에게 사업자등록을 신청하여야 한다. 다만, 신규로 사업을 시작하려는 자는 사업 개시일 이전이라도 사업자등록을 신청할 수 있다. 사업자는 사업자등록의 신청을 사업장 관할 세무서장이 아닌 다른 세무서장에게도 할 수 있으며, 이 경우 사업장 관할 세무서장에게 사업자등록을 신청한 것으로 본다. 또한, 사업장이 둘 이상인 사업자는 사업자 단위로 해당 사업자의 본점 또는 주사무소 관할 세무서장에게 등록을 신청할 수 있다. 이 경우 등록한 사업자를 사업자 단위 과세 사업자라 한다. 사업장 단위로 등록한 사업자가 단위 과세 사업자로 변경하려면 사업자 단위 과세 사업자로 적용받으려는 과세기간 개시 20일 전까지 사업자의 본점 또는 주사무소 관할 세무서장에게 변경등록을 신청하여야 한다. 사업자 단위 과세 사업자가 사업장 단위로 등록을 하려는 경우에도 또한 같다. 또한 사업장이 하나인 사업자가 추가로 사업장을 개설하면서 추가 사업장의 사업 개시일이 속하는 과세기간부터 사업자 단위 과세 사업자로 적용받으려는 경우에는, 추가 사업장의 사업 개시일 부터 20일 이내에 사업자의 본점 또는 주사무소 관할 세무서장에게 변경 등록을 신청하여야 한다.

신청을 받은 사업장 관할 세무서장은 사업자등록을 하고, 대통령령으로 정하는 바에 따라 등록된 사업자에게 등록번호가 부여된 등록증을 발급하여야 한다. 등록한 사업자는 휴업 또는 폐업을 하거나 등록사항이 변경되면 대통령령으로 정하는 바에 따라 지체 없이 사업장 관할 세무서장에게 신고하여야 하며, 등록을 신청한 자가 사실상 사업을 시작하지 아니하게 되는 경우에도 또한 같다.

사업장 관할 세무서장은 등록된 사업자가 폐업한 경우, 등록신청을 하고 사실상 사업을 시작하지 아니하게 되는 경우 중 어느 하나에 해당하면 지체 없이 사업자등록을 말소하여야 한다. 사업장 관할 세무서장은 필요하다고 인정하면 대통령령으로 정하는 바에 따라 사업자등록증을 갱신하여 발급할 수 있다. 개별소비세 또는 교통 · 에너지 · 환경세의 납세의무가 있는 사업자가 「개별소비세법」 또는 「교통 · 에너지 · 환경세법」에 따라 신고를 한 경우에는 등록신청 또는 신고를 한 것으로 본다. 앞에서 규정한 사항 외에 사업자등록, 사업자등록증 발급, 등록사항의 변경 및 등록의 말소 등에 필요한 사항은 대통령령으로 정한다.

사업자등록 신청과 사업자등록증 발급방법은?

시행령 제11조

사업자등록을 하려는 사업자는 사업장마다 사업자의 인적사항, 사업자등록 신청 사유, 사업 개시 연월일 또는 사업장 설치 착수 연월일, 그 밖의 참고 사항을 적은 사업자등록 신청서를 세무서장(관할 세무서장 또는 그 밖의 세무서장 중 어느 한 세무서장을 말한다)에게 제출(국세정보통신망에 의한 제출을 포함한다)하여야 한다. 또한 사업자 단위 과세 사업자로 등록을 신청하려는 사업자는 본점 또는 주사무소(이하 "사업자 단위 과세 적용 사업장"이라 한다)에 대하여 제1항 각 호의 사항을 적은 사업자 등록신청서를 사업자 단위 과세 적용 사업장 관할 세무서장에게 제출하여야 한다.

(2) 상담실 사업운영

사설상담실에서 실시하는 상담 사업으로는 일반상담, 프랜차이즈 상담, EAP 상담, 바우처 사업 등이 있다.

일반 상담이란?

일반상담은 상담실을 찾아오는 내담자를 대상으로 심리상담, 가족상담, 심리검사, 심리교육 등을 실시하는 것을 의미한다. 상황에 따라서는 상담이나 교육을 필요로 하는 내담자 및 피교육자가 있는 곳으로 출장 또는 파견을 나가서 일반상담을 실시하기도 한다.

프랜차이즈 상담이란?

프랜차이즈 상담은 상담실의 브랜드를 창출하여 여러 지역에 동일한 명칭의 상담실을 개소하고 상담실 운영, 상담사 관리, 상담 진행 등을 일정한 체제에 따라 동일하게 운영하는 것을 의미한다.

EAP 상담이란?

EAP 상담은 근로자지원프로그램(Employee Assistant Program: EAP)의 하나로서 일반회사나 공공기관의 근로자들이 상담서비스를 통해 근무로 인한 스트레스와 어려움에 관한 도움을 받을 수 있도록 하는 상담서비스이다. 현재 많은 기업과 공공기관이 자체적으로 상담인력을 선발 운영하기보다는 외부 상담기관에 해당 기관의 상담 사업을 의뢰하는 EAP 상담을 활용하고 있다.

바우처 사업이란?

바우처 사업은 「사회서비스 이용 및 이용권 관리에 관한 법률」에 근거하여 사회서비스 이용권(바우처)을 통하여 국민들에게 사회서비스를 제공하는 사업이다. 바우처 사업에 대한 상세한 내용은 국가바우처 홈페이지(http://www.voucher.go.kr)에서 확인할 수 있다.

사회서비스란?

「사회복지사업법」 제2조제4호에 따른 사회복지서비스, 「보건의료기본법」 제3조제2호에 따른 보건의료서비스, 그 밖에 이에 준하는 서비스로서 대통령령으로 정하는 서비스를 말한다.

사회서비스 이용권이란?

명칭 또는 형태와 상관없이 사회서비스 이용자가 사회서비스 제공자에게 제시하여 일정한 사회서비스를 제공받을 수 있도록 그 사회서비스의 수량 또는 그에 상응하는 금액이 기재(전자적 또는 자기적 방법에 의한 기록을 포함한다. 이하 같다.)된 증표를 말한다.

사회서비스 이용자란?

사회서비스 이용권을 사용하여 제공자로부터 사회서비스를 제공받는 자이며, 사회서비스 제공자(이하 "제공자"라 한다.)란 제16조에 따라 등록을 한 뒤 이용자가 제시하는 이용권에 따라 사회서비스를 제공하는 자 또는 기관을 말한다.

제공자 등록방법은?

법 제16조

사회서비스이용권을 통하여 사회서비스를 제공하려는 자는 제공하려는 사회서비스별로 시장 · 군수 · 구청장에게 등록하여야 하며, 등록사항을 변경하는 경우에도 또한 같다.

등록을 하려는 자는 보건복지부령으로 정하는 기준에 따른 인력 · 시설 또는 장비를 갖추어야 하며, 시장 · 군수 · 구청장은 등록

기준을 적용할 때 제공기관의 지역적 분포 및 적정공급 규모를 고려할 필요가 있다고 인정할 때에는 등록을 제한하거나 조건을 붙일 수 있다.
또한, 시장 · 군수 · 구청장은 제1항에 따라 등록한 경우에는 해당 제공자에게 등록증을 발급하여야 하고, 그 내용을 이용자가 확인할 수 있도록 보건복지부령으로 정하는 방법에 따라 알려야 한다. 「부가가치세법」 제8조에 따라 관할 세무서장에게 폐업신고를 하거나 관할 세무서장이 사업자 등록을 말소한 경우에는 제공자의 등록사항을 직권으로 말소할 수 있으며, 필요한 경우 관할 세무서장에게 제공자의 폐업여부에 대한 정보 제공을 요청할 수 있다. 이 경우 요청을 받은 관할 세무서장은 「전자정부법」에 따라 제공자의 폐업여부에 대한 정보를 제공하여야 하며, 제공자는 발급한 등록증을 잃어버렸거나 손상되어 못쓰게 된 경우에는 시장 · 군수 · 구청장에게 재발급을 신청할 수 있다. 앞에서 규정한 사항 외에 제공자의 등록, 변경등록, 등록증의 발급 및 재발급 등에 필요한 사항은 보건복지부령으로 정한다.

제공자 휴업 및 폐업 신고 방법은?

법 제18조, 실행교칙 제12조

제공자는 그 영업의 전부 또는 일부를 휴업하거나 폐업하려는 경우에는 보건복지부령으로 정하는 바에 따라 제16조에 따라 등록한 시장 · 군수 · 구청장에게 신고하여야 한다.

휴업 또는 폐업 신고를 하려는 제공자는 휴업 또는 폐업 예정일 2개월 전까지 별지 제6호 서식의 사회서비스 제공자 폐업 · 휴업 신고서에 폐업 · 휴업을 결의한 이사회의 회의록 사본(법인만 해당한다.), 이용자에 대한 조치계획서, 사회서비스 제공자 등록증(폐업하는 경우만 해당한다.) 등 각 서류를 첨부하여 시장 · 군수 · 구청장에게 제출하고, 그 사실을 이용자와 이용자의 보호자에게 서면(전자문서를 포함한다.), 전화 등을 통하여 알려야 한다.

사회서비스 제공 비용의 예탁 및 지급방법은?

법 제20조

시장 · 군수 · 구청장은 사회서비스 제공에 필요한 비용을 대통령령으로 정하는 관련 전문기관이나 단체에 예탁(預託)하여야 한다. 이용자가 사회서비스이용권을 제시하여 제공자가 사회서비스를 제공한 경우 제공자는 사회서비스전자이용권으로 결제하거나 서면에 기재하는 방법으로 사회서비스 제공 비용을 시장 · 군수 · 구청장에게 청구할 수 있으며, 비용 청구를 받았을 때에는 특별한 사유가 없으면 해당 비용을 제공자에게 지급하여야 한다. 시장 · 군수 · 구청장은 지급된 비용에 과부족(過不足)이 있거나 그 비용이 잘못 산정된 경우에는 그에 해당하는 금액을 제공자로부터 돌려받거나 제공자에게 추가 지급하여야 한다. 앞에서 규정한 사항 외에 비용의 예탁 및 지급 등에 필요한 사항은 보건복지부령으로 정한다.

제공자의 지위승계는 어떻게 이루어지는가?

법 제22조

제공자가 그 영업을 양도하거나 사망한 경우 또는 법인이 합병한 경우에는 그 양수인 · 상속인 또는 합병 후에 존속하는 법인이나 합병으로 설립되는 법인이 종전의 제공자의 지위를 승계한다. 또한, 민사집행법」에 따른 경매, 「채무자 회생 및 파산에 관한 법률」에 따른 환가, 「국세징수법」 · 「관세법」 또는 「지방세법」에 따른 압류재산의 매각, 그 밖에 어느 하나에 해당하는 절차에 따라 영업시설 · 설비의 전부를 인수한 자는 이 법에 따른 종전의 제공자의 지위를 승계한다.

종진의 제공자의 지위를 승계한 자는 1개월 이내에 보선복지부령으로 정하는 바에 따라 승계사실을 등록한 시장 · 군수 · 구청장에게 신고하여야 하며, 상속인은 상속받은 날부터 3개월 동안은 그러하지 아니하다.

제공자 등록 취소 방법은?

법 제22조

시장 · 군수 · 구청장은 제공자가 다음 각 호의 어느 하나에 해당하면 그 등록을 취소하거나 6개월의 범위에서 그 기간을 정하여 영업을 정지하게 할 수 있다. 다만, 거짓이나 그 밖의 부정한 방법으로 등록을 한 경우, 정당한 사유 없이 등록한 후 1년 이내에 영업을 시작하지 아니하거나 1년 이상 휴업한 경우, 등록기준에 맞지 아니하게 된 경우(다만, 법인의 임원 중 그 사유에 해당하는 사람이 있는 경우에 3개월 이내에 해당 임원을 해임하거나 교체하였을 때에는 그러하지 아니한다.), 제공자 준수사항을 위반한 경우, 소속 종사자가 사회서비스를 제공받는 이용자에 대하여 폭행, 상해, 성적 수치심을 주는 성희롱 또는 성폭력에 해당하는 행위를 한 경우, 영업정지기간에 영업을 한 경우에는 등록을 취소하여야 한다. 행정처분의 기준에 관한 사항은 보건복지부령으로 정한다.

교육과 훈련 방법은?

법 제31조

보건복지부장관 또는 시 · 도지사는 제공자 및 관련 종사자에게 사회서비스 제공과 관련된 교육과 훈련을 실시할 수 있으며, 교육과 훈련에 관한 업무를 관계 전문기관 또는 단체에 위탁할 수 있다. 이 경우 교육과 훈련에 필요한 예산을 지원할 수 있다. 교육과 훈련의 내용, 방법, 절차, 비용 등 교육과 훈련에 필요한 사항은 보건복지부령으로 정한다.

비밀누설 금지에 해당하는 사람은?

법 제33조

제공자나 제공자였던 사람, 제공자의 종사자이거나 종사자였던 사람, 규정에 따라 위탁을 받은 전문기관 또는 단체에 종사하거나 종사하였던 사람 등 어느 하나에 해당하는 자는 이 법에 따른 업무 수행 중 알게 된 비밀을 누설하여서는 아니된다.

규정 위반 시 과태료는?

법 제40조

규정을 위반하여 휴업·폐업 신고를 하지 아니한 자, 사회서비스 제공 자료를 기록·보존하지 아니한 자, 사회서비스 제공 자료를 이관하지 아니한 자, 정당한 사유 없이 출입·검사를 거부·방해 또는 기피한 자, 질문에 대하여 진술을 거부하거나 거짓으로 진술한 자, 자료제출을 하지 아니하거나 거짓 보고 또는 거짓 자료를 제출한 자 등 어느 하나에 해당하는 자에게는 500만 원 이하의 과태료를 부과한다. 과태료는 대통령령으로 정하는 바에 따라 보건복지부장관, 시·도지사 또는 시장·군수·구청장이 부과·징수한다.

다 상담한 내용은 비밀보장이 되나요?

1 개인정보보호법

개인정보가 누군가에 의하여 악의적인 목적으로 이용되거나 유출될 경우 개인의 사생활에 큰 피해를 줄 뿐만 아니라 개인안전과 재산에 피해를 줄 수 있다. 또한 스팸문자나 보이스 피싱, 메신저상의 사칭 금융사기 등이 모두 개인정보 유출과 관련되어 있는 경우가 많다. 이렇듯 개인정보는 우리 일상의 어느 곳에서든 노출될 위험이 높으므로 이에 대한 보호조치가 반드시 필요하다. 여기에서는 이러한 내용을 다루고 있는 「개인정보보호법」에 대해서 알아보고자 한다.

개인정보보호법이란?

법 제3조

「개인정보보호법」은 개인정보의 수집·유출·오용·남용으로부터 사생활의 비밀 등을 보호함으로써 국민의 권리와 이익을 증진하고 개인의 존엄과 가치를 구현하기 위하여 개인정보의 처리에 관한 사항을 규정한다. 이에 따라 이 법은 개인정보의 수집·이용·제공 등 개인정보 처리에 관한 기본원칙, 개인정보의 처리 절차 및 방법, 개인정보 처리의 제한, 개인정보의 안전한 관리를 위한 관리·감독, 정보주체의 권리, 개인정보 권리 침해에 대한 구제 등을 담고 있다.

개인정보란?

살아있는 개인에 관한 정보로서 성명, 주민등록번호 및 영상 등을 통하여 개인을 알아볼 수 있는 정보(해당 정보만으로는 특정 개인을 알아볼 수 없더라도 다른 정보와 쉽게 결합하여 알아볼 수 있는 것을 포함한다.)를 말한다.

개인정보처리자란?

업무를 목적으로 개인정보파일을 운용하고자 스스로 또는 다른 사람을 통하여 개인정보를 처리하는 공공기관, 법인, 단체 및 개인 등을 말한다.

개인정보 사용 시 지켜야 할 것은?

개인정보처리자는 개인정보의 처리 목적을 명확하게 하여야 하고 그 목적에 필요한 범위에서 최소한의 개인정보만을 적법하고 정당하게 수집하여야 한다. 개인정보의 처리 목적에 필요한 범위에서 적합하게 개인정보를 처리하여야 하며, 그 목적 외의 용도로 활용하여서는 아니된다. 또한 개인정보의 처리 목적에 필요한 범위에서 개인정보의 정확성, 완전성 및 최신성이 보장되도록 하여야 하며, 개인정보의 처리 방법 및 종류 등에 따라 정보주체의 권리가 침해받을 가능성과 그 위험 정도를 고려하여 개인정보를 안전하게 관리하여야 한다.

개인정보처리자는 개인정보 처리방침 등 개인정보의 처리에 관한 사항을 공개하여야 하며, 열람청구권 등 정보주체의 권리를 보장하여야 한다. 정보주체의 사생활 침해를 최소화하는 방법으로 개인정보를 처리하여야 하며, 개인정보의 익명처리가 가능한 경우에는 익명에 의하여 처리될 수 있도록 하여야 한다. 끝으로 개인정보처리자는 이 법 및 관계 법령에서 규정하고 있는 책임과 의무를 준수하고 실천함으로써 정보주체의 신뢰를 얻기 위하여 노력하여야 한다.

개인정보를 제공받은 사람이 지켜야 할 것은?

법 제19조

개인정보처리자로부터 개인정보를 제공받은 자는 정보주체로부터 별도의 동의를 받은 경우와 다른 법률에 특별한 규정이 있는 경우 중 어느 하나에 해당하는 경우를 제외하고는 개인정보를 제공받은 목적 외의 용도로 이용하거나 이를 제삼자에게 제공하여서는 아니된다.

민감정보를 처리하는 경우 지켜야 할 것은?

법 제23조

개인정보처리자는 사상 · 신념, 노동조합 · 정당의 가입 · 탈퇴, 정치적 견해, 건강, 성생활등에 관한 정보, 그 밖에 정보주체의 사생활을 현저히 침해할 우려가 있는 개인정보로서 대통령령으로 정하는 정보(이하 "민감정보"라 한다.)를 처리하여서는 아니된다. 다만, 정보주체에게 해당 조항을 알리고 다른 개인정보의 처리에 대한 동의와 별도로 동의를 받은 경우와 법령에서 민감정보의 처리를 요구하거나 허용하는 경우 중 어느 하나에 해당하는 경우에는 그러하지 아니하다. 또한 개인정보처리자가 민감정보를 처리하는 경우에는 그 민감정보가 분실 · 도난 · 유출 · 위조 · 변조 또는 훼손되지 아니하도록 안전성 확보에 필요한 조치를 하여야 한다.

정보주체가 손해배상을 청구하는 경우는?

법 제39조

개인정보처리자가 이 법을 위반한 행위로 손해를 입으면 개인정보처리자에게 손해배상을 청구할 수 있다. 이 경우 그 개인정보처리자는 고의 또는 과실이 없음을 입증하지 아니하면 책임을 면할 수 없다. 개인정보처리자의 고의 또는 중대한 과실로 인하여 개인정보가 분실 · 도난 · 유출 · 위조 · 변조 또는 훼손된 경우로서 정보주체에게 손해가 발생한 때에는 법원은 그 손해액의 3배를 넘지 아니하는 범위에서 손해배상액을 정할 수 있다. 다만, 개인정보처리자가 고의 또는 중대한 과실이 없음을 증명한 경우에는 그러하지 아니하다.

법원이 배상액을 정할 때 고려하여야 할 사항은?

① 고의 또는 손해 발생의 우려를 인식한 정도
② 위반행위로 인하여 입은 피해 규모
③ 위법행위로 인하여 개인정보처리자가 취득한 경제적 이익
④ 위반행위에 따른 벌금 및 과징금
⑤ 위반행위의 기간 · 횟수 등
⑥ 개인정보처리자의 재산상태
⑦ 개인정보처리자가 정보주체의 개인정보 분실 · 도난 · 유출 후 해당 개인정보를 회수하기 위하여 노력한 정도
⑧ 개인정보처리자가 정보주체의 피해구제를 위하여 노력한 정도 등

개인정보 해당여부 판단 기준은?

① 개인정보보호법 등 관련 법률에서 규정하고 있는 개인정보의 개념은 다음과 같으며, 이에 해당하지 않는 경우에는 개인정보가 아니다.
② 개인정보는 살아있는 개인에 관한 정보로서, 개인을 알아볼 수 있는 정보이며, 해당 정보만으로는 특정 개인을 알아볼 수 없더라도 다른 정보와 쉽게 결합하여 알아볼 수 있는 정보를 포함한다.
- 살아있는 자에 관한 정보여야 하므로 사망한 자, 자연인이 아닌 법인, 단체 또는 사물 등에 관한 정보는 개인정보에 해당하지 않음.
- 개인에 관한 정보여야 하므로 여럿이 모여서 이룬 집단의 통계 값 등은 개인정보에 해당하지 않는다.
- 정보의 종류, 형태, 성격, 형식 등에 관하여는 특별한 제한이 없다.
- 개인을 알아볼 수 있는 정보이므로 특정 개인을 알아보기 어려운 정보는 개인정보가 아니다. 여기서 '알아볼 수 있는'의 주체는 해당 정보를 처리하는 자(정보의 제공 관계에 있어서는 제공받은 자를 포함)이며, 정보를 처리하는 자의 입장에서 개인을 알아볼 수 없다면 그 정보는 개인정보에 해당하지 않는다.

- '다른 정보와 쉽게 결합하여'란 결합 대상이 될 다른 정보의 입수 가능성이 있어야 하고, 또 다른 정보와의 결합 가능성이 높아야 함을 의미한다.

개인정보 영향평가란?

개인정보를 처리하는 정보시스템을 신규 구축하거나 기존에 운영 중인 개인정보 처리 시스템 변경 시 시스템의 구축 · 운영 · 변경 등이 개인정보에 미치는 영향을 사전에 조사 · 예측 · 검토하여 개선방안을 도출하는 절차이다.

개인정보 영향평가 수행 대상은 누구인가?

일정 수 이상의 개인정보가 포함된 개인정보파일을 운용하는 공공기관은 의무적으로 수행, 공공기관 이외의 개인정보처리자는 권고사항이다.

개인정보 영향평가 대상은?

① 5만 명 이상의 민감정보 또는 고유식별정보가 포함된 개인정보파일
② 공공기관 내부 또는 외부 개인정보파일과 연계 결과 50만 명 이상의 개인정보가 포함된 개인정보파일
③ 100만 명 이상의 개인정보가 포함된 개인정보파일
④ 개인정보 검색체계 등 개인정보파일의 운용체계를 변경하는 경우, 변경된 부분

개인정보 영향평가 시기는?

신규시스템은 새로운 시스템 구축 전 시스템 설계단계에서 실시, 이행점검은 새로운 시스템 테스트 단계에서 실시한다. 또한 기존시스템은 기존 서비스 운영 중 개인정보 수집 · 이용 · 관리상에 중대한 침해 위험이 발생할 가능성이 있거나, 개인정보관리 체계 점검 · 개선이 필요한 경우에 실시한다.

영향평가 수행 절차는?

그림 17

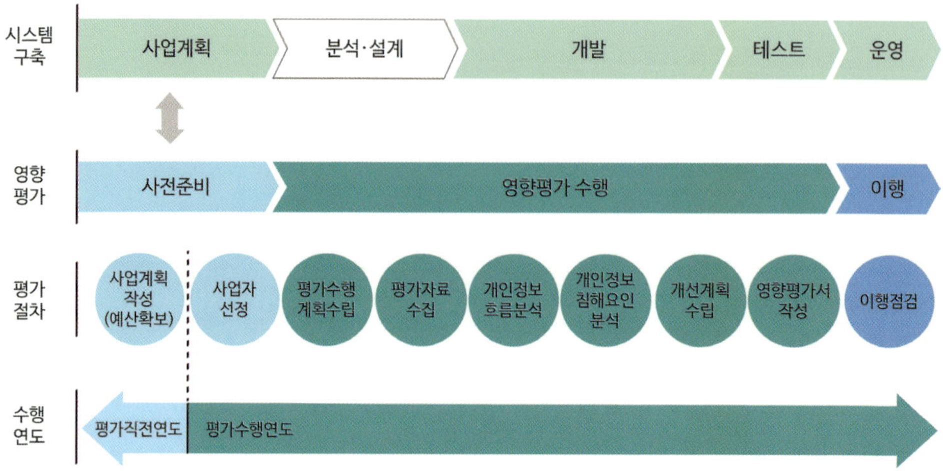

개인정보 수집 · 이용을 위반하면 어떻게 되는가?

다음 각 호의 어느 하나에 해당하는 자에게는 벌칙 및 과태료를 부과한다.

① 민감정보(사상, 신념, 정당가입, 건강 등)처리 기준 위반, 고유식별 정보(주민등록, 여권, 운전면허 번호 등)처리기준 위반 : 5년 이하 징역 또는 5천만 원 이하 벌금
② 주민등록번호 처리기준 위반 : 3천만 원 이하 과태료
③ 부당한 수단이나 방법에 의하여 개인정보를 취득하거나 개인정보처리에 관한 동의를 얻는 행위를 한 자 : 3년 이하 징역 또는 3천만 원 이하 벌금
④ 개인정보의 수집기준 위반, 만 14세 미만 아동의 개인정보 수집 시 법정 대리인 동의 획득여부 위반, 탈의실 및 목욕실 등 영상정보 처리기기 설치 금지 위반 : 5천만 원 이하 과태료
⑤ 최소한의 개인정보 외 정보의 미 동의를 이유로 재화 또는 서비스 제공을 거부한 자, 주민등록번호를 제공하지 아니할 수 있는 방법 미 제공 : 3천만 원 이하 과태료
⑥ 동의획득 방법을 위반하여 동의를 받은 자 : 1천만 원 이하 과태료

개인정보 제공 · 위탁을 위반하면 어떻게 되는가?

다음 각 호의 어느 하나에 해당하는 자에게는 벌칙 및 과태료를 부과한다.

① 정보주체의 동의가 없는 개인정보 제삼자 제공, 개인정보의 목적 외 이용 · 제공 : 5년 이하 징역 또는 5천 만 원 이하 벌금
② 개인정보 주체에게 알려야 할 사항을 알리지 아니한 자, 정보주체 이외로부터 수집한 개인정보의 수집 출처 등 고지 위반 : 3천만 원 이하 과태료
③ 업무위탁에 따른 개인정보의 처리제한 및 공개의무 위반 : 1천만 원 이하 과태료

개인정보 안전관리를 위반하면 어떻게 되는가?

다음 각 호의 어느 하나에 해당하는 자에게는 벌칙 및 과태료를 부과한다.

① 개인정보의 누설 또는 타인 이용에 제공, 개인정보의 훼손, 멸실, 변경, 위조, 유출 : 5년 이하 징역 또는 5천만 원 이하 벌금
② 영상정보처리기기 설치목적과 다른 목적으로 임의 조작하거나 다른 곳을 비추는 자 또는 녹음기능을 사용한 자, 직무상 알게 된 비밀을 누설하거나 직무상 목적 외 사용한 자 : 3년 이하 징역 또는 3천만 원 이하 벌금
③ 안전성 확보에 필요한 보호조치를 취하지 않아 개인정보를 도난 · 유출 · 변조 또는 훼손당하거나 분실한 자 : 2년 이하 징역 또는 1천만 원 이하 벌금
④ 안전성 확보에 필요한 조치의무 불이행, 영상정보 처리기기 설치 · 운영 기준 위반 : 3천만 원 이하 과태료
⑤ 개인정보를 분리하여서 저장 · 관리하지 아니한 자, 개인정보처리방침 미공개, 개인정보관리 책임자 미 지정, 영상정보처리기기 안내판 설치 등 필요조치 불이행 : 1천만 원 이하 과태료

개인정보 주체 권인보호를 위반하면 어떻게 되는가?

다음 각 호의 어느 하나에 해당하는 자에게는 벌칙 및 과태료를 부과한다.

① 개인정보의 정정 · 삭제요청에 대한 필요한 조치를 취하지 않고 개인정보를 계속 이용하거나 제삼자에게 제공한 자, 개인정보의 처리정지 요구에 따라 처리를 중단하지 않고 계속 이용하거나 제삼자에게 제공한 자 : 2년 이하 징역 또는 1천만 원 이하 벌금
② 개인정보 유출사실 미 통지 및 조치결과 미 신고, 정보주체의 열람 요구의 부당한 제한 · 거절, 정보주체의 정정 · 삭제요구에 따라 필요 조치를 취하지 않은 자, 시정 명령 불이행 : 3천만 원 이하 과태료
③ 개인정보의 이전 사실을 알리지 아니한 자, 정보주체의 열람, 정정 · 삭제, 처리정보 요구 거부 시 통지의무 불이행, 관계물품 · 서류 등의 미제출 또는 허위제출, 출입 · 검사를 거부 · 방해 또는 기피한 자 : 1천만 원 이하 과태료

개인정보 파기를 위반하면 어떻게 되는가?

다음 각 호의 어느 하나에 해당하는 자에게는 벌칙 및 과태료를 부과한다.

① 개인정보 미 파기: 3천 만 원 이하 과태료

2 상담 윤리

상담사가 지켜야 할 윤리가 따로 있는가?

상담사는 내담자의 민감한 개인적인 정보를 다루는 활동을 하므로 높은 윤리성이 요구된다. 이에 상담관련 학회나 단체는 각기 윤리강령을 제정하여 소속 상담사들이 준수하게 하고 있다. 예를 들어 (사)한국상담학회의 경우 전문적 태도, 정보의 보호, 내담자의 복지, 상담관계, 사회적 책임, 상담연구, 심리검사, 윤리문제 해결, 회원의 의무 등 총 7장 28조에 이르는 윤리강령을 제시하고 있다〈그림 2〉.

그림18 한국상담학회 윤리강령

윤리강령

홈 › 학회소개 › 윤리강령

윤리강령	윤리강령 시행세칙	연구윤리규정	연구윤리규정 시행세칙	윤리선서문	윤리위반신고서

사단법인 한국상담학회 윤리강령

제1장 전문적 태도	제4장 상담관계	제7장 심리검사
제2장 정보의 보호	제5장 사회적 책임	제8장 윤리문제 해결
제3장 내담자의 복지	제6장 상담연구	제9장 회원의 의무

● 전문

한국상담학회는 교육적, 학문적, 전문적 조직체이다. 상담자는 각 개인의 가치, 잠재력 및 고유성을 존중하며, 다양한 조력활동을 통하여 내담자의 전인적 발달을 촉진한다. 상담자는 내담자의 신체적, 정신적, 사회적, 영적 안녕을 유지증진하는 데 헌신한다. 이러한 역할을 수행하는 과정에서 상담자는 내담자의 복지를 가장 우선시한다. 상담자는 내담자와의 관계에서 의사소통의 자유를 갖되, 그에 대한 책임을 지며 내담자의 성장과 사회공익을 위하여 최선을 다한다. 이를 위해 본 학회의 상담자는 다음의 윤리규준을 준수한다.

● 제1장 전문적 태도

출처 : 한국상담학회 홈페이지

상담사가 윤리 사항을 위반하였을 경우 어떻게 되는가?

상담사가 윤리 사항을 위반하면 우선은 해당 상담사가 속한 학회나 단체의 윤리위원회에 위반사항이 접수된다. 이렇게 접수된 사안은 각 학회나 단체가 정한 절차에 따라 심의되어 필요 시 징계를 결정하고 이를 시행한다. 심의 내용이나 징계 내용에 대하여 이의가 있을 경우 신청을 받아 조정하는 절차를 밟을 수도 있다.

상담사는 어떻게 윤리교육을 받는가?

상담분야 학회나 단체는 소속 상담사에게 일정한 윤리교육을 의무화하고 있다. 상담사 자격을 취득하기 위한 요건으로 윤리교육을 받게 하기도 하고, 취득한 상담사 자격을 유지하기 위한 조건으로 윤리교육 이수를 의무화하기도 한다. 상담윤리교육 방법은 일반적으로 상담윤리 내용과 사례에 대한 강의 형태로 진행되며, 최근에는 온라인 교육의 형태로도 실시되고 있다.

3 주지된 동의

주지된 동의란?

주지된 동의 또는 사전 동의(informed consent)는 상담사가 상담에 관해서 충분하고 적절하게 설명한 것에 근거하여 내담자가 상담에 참여하기로 동의함을 의미한다. 이러한 주지된 동의는 내담자로 하여금 자신의 권리와 상담자의 책임을 알게 하고, 자신의 자율성과 힘을 인식하게 한다는 점에서 중요하다.

주지된 동의에는 포함되는 내용은?

주지된 동의에는 일반적으로 상담의 성격, 상담자의 경력, 비밀보장과 비밀보장 예외 상황, 상담을 거부하고 종결할 권리, 상담참여에 따르는 잠재적 이익과 위험, 상담 이외의 대안, 필요시 연락 방법, 검사결과 및 상담기록에 대하여 알 권리, 상담료와 지불 방법 등이 포함된다(주지된 동의서 양식 샘플 참조).

주지된 동의서(informed Consent)

ㅇㅇ대학교 상담센터를 방문해 주셔서 감사합니다. 상담진행에 관한 다음 내용을 잘 읽으신 후 확인 서명을 해주시기 바랍니다.

1. (상담) 상담이란 상담을 신청한 학생(이하 당신)이 상담전문능력을 갖춘 상담자에게 현재의 고민이나 도움받고 싶은 내용을 말함으로 시작해 상담자와 당신이 그 고민이나 문제를 해결해 가는 데 적극적으로 협력하는 과정입니다. 그렇기에 당신이 적극적으로 상담과정에 참여할 때 상담의 효과는 더 커질 수 있습니다.
2. (상담자 자세) 상담자는 당신의 가치를 존중하며, 당신이 당신의 목표에 성공적으로 도달하도록 최선을 다해 상담에 임할 것입니다.

3. (내담자의 자율권) 당신은 상담을 시작 · 진행 · 중단할 권리가 있으며, 이에 대해 상담자와 협의, 협조하는 것이 도움이 됩니다. 상담 계획이나 방법, 종료시점 등에 관해서 궁금할 때는 상담자에게 언제든지 물을 수 있습니다.
4. (상담회기, 길이, 시간 등) 상담은 주 1회 50분씩 진행되며, 회기는 총 10회기를 진행합니다. 상담진행에 따라 총 회기 수는 줄어들기도 하거나 늘어날 수도 있으며, 그럴 경우 당신에게 동의를 구하는 절차를 거칠 것입니다.
5. (상담료) ○○대 학생인 경우 상담료는 무료이며, 타 기관(신경정신과 등)에 의뢰해 상담하는 경우는 그 기관과 본인이 협의해야 합니다.
6. (비밀보장) 상담한 내용은 엄격히 비밀로 보장될 것이며, 당신의 허락 없이는 다른 사람에게 공개되지 않을 것입니다. 단, 급한 위기상황(자살할 위험, 살해할 위험, 폭력과 관련된 위험 등)이라고 판단될 경우나 법이나 윤리강령이 정하는 범위(법원의 요청 등)에서는 비밀보장이 지켜지지 않을 수도 있습니다.
7. (다른 상담서비스) 상담과정 중 상담자가 추천하는 다른 상담서비스를 추천할 수 있습니다. 당신은 그 서비스를 거절할 수 있으며, 그 결과에 대해 상담자에게 질문할 수 있습니다.
8. (기록, 녹음(화)에 대한 동의) 본 카운슬링센터에서는 보다 높은 질적 서비스를 위해 상담과정에 대한 녹음 또는 녹화, 기록을 하고 있습니다. 상담전문가의 슈퍼비전 사례회의의 기초자료로 사용하기 위해서입니다. 혹, 다른 목적(연구 등)을 위해서 사용하고자 한다면 사전에 당신의 동의를 구할 것이며 녹음, 녹화, 기록 자료는 3년 내에 폐기됩니다. 녹음, 녹화, 기록이 상담받는 것에 상당히 불편할 것 같다고 느껴진다면 거절할 수도 있습니다.
9. (전화 및 비상연락) 위급한 상황 시 주간에는 본 카운슬링센터(○○○-○○○○)로, 야간에는 청소년위기지원팀(국번 없이 1388)으로 연락할 수 있습니다.

10. (약속시간 변경) 상담약속 변경이 필요할 때는 24시간 전에 본 카운슬링 센터(○○○-○○○○)로 연락해 변경해 주십시오.

11. (상담 시간) 상담은 정해진 시간에 진행되며, 사전 연락이 없이 늦을 경우에는 약속된 상담 시간까지만 상담이 진행됩니다.

위 사항들을 읽고 충분히 이해했으며 상담받는 것에 동의합니다.

20 년 월 일

내 담 자 (인)

출처 : 전주대학교 카운슬링센터

주지된 동의 내용 중 동의하지 않는 내용이 있다면?

주지된 동의에 있는 내용 중 동의하지 않는 내용이 있다면 이를 상담사에게 알려 해당 내용에 대한 조정을 하는 것이 필요하다. 조정이 가능하면 조정된 내용으로 주지된 동의서를 수정하여 사인하고, 조정이 불가능하다면 그 사유로 인해 상담을 할 수 없는 것인지 상담사와 상의하여야 한다.

미성년자의 동의도 유효하는가?

상담에서 내담자가 사전 동의를 할 수 있으려면 상담사가 설명하는 내용을 충분히 이해하고, 합리적이며 자유로운 결정을 할 수 있는 능력을 갖추고 있어야 한다. 아동과 청소년을 비롯한 미성년자나 지적장애를 갖고 있는 사람, 피성년후견인 등은 이러한 능력이 부족하므로 상담사는 이들의 부모나 보호자의 동의를 받아야 한다.

Part 04

상담주제별 상담방법과 법

Part

04

상담주제별 상담방법과 법

가 가정폭력피해문제를 상담받고 싶어요

가정폭력피해 사례

• 2019년 4월 12일 밤, 40살 여성 A씨는 수원 세류동의 자택에서 남편의 배와 종아리를 흉기로 찔렀다. 경찰조사 결과 A씨는 "남편의 가정폭력을 참다못해 흉기를 휘둘렀다"고 진술했다.

출처 : KFM999 뉴스 2019-04-22 기사내용

• '우리 집이 싫다. 아버지와 어머니가 자주 싸우기 때문이다. 아버지와 어머니가 싸우는 날은 우리 집은 지옥이 된다. 특히 나의 성적 때문에 싸울 때는 나의 마음은 너무 아프다. 아버지께서 나의 성적이 나쁜 이유가 어머니께서 잘 못 가르쳐 그렇다고 싸우는 날은 부모님께 미안한 마음도 들지만 원망스럽기도 하여 더욱 집이 싫어진다. 공부도 싫어지고 어딘가 멀리 가 버리고 싶은 마음을 참을 수가 없다. 그래서 나는 가출을 한다.' 가출했다가 집으로 돌아온 중학교 2학년 학생이 담임선생님께 제출한 반성문은 자녀를 둔 부모들에게 큰 충격을 주었다. 부모의 싸움이 학생의 정서를 멍들게 하고 가출이라는 극단적인 행동을 선택하게 했다.

출처 : 중부매일 2019-04-22 기사내용

• 서울 강서구에서 흉기로 아내를 살해한 50대 남성은 앞서 가정폭력 전력이 여러 차례 있었지만 경찰의 재범 우려자 관리대상에서 빠져 있던 것으로 확인됐다.

최근 비슷한 유형의 범죄가 잇달아 발생하면서 경찰과 관계당국이 내놓은 대책은 다소 힘이 빠지는 모양새다. 8일 서울 강서경찰서에 따르면, 전날 아내를 숨지게 한 혐의로 체포된 안모(55)씨는 사건 이전에도 2차례 가정폭력으로 경찰에 입건된 적이 있었다. 2015년 3월에는 딸을, 그리고 지난해 11월에는 아내를 때려 경찰 조사를 받았던 것으로 드러났다. 각각 피해자인 가족들이 처벌 의사를 철회하면서 안씨는 사회봉사 수강명령과 상담소 위탁 처분을 받았던 것으로 전해졌다. 두 차례 모두 '상해'에 이를 정도로 심한 수준은 아니었고 피해자의 의사에 반해서는 처벌할 수 없는 '폭행' 정도였다는 게 경찰의 설명이다.

출처 : 노컷뉴스 2018-12-08 기사내용

사례1 A씨는 자살시도를 할 정도로 40년간 남편의 언어폭력에 시달렸다. 남편이 수입이 없고 가족에 대한 책임감도 없었으므로 경제적으로도 고통받아왔다. 명절에도 남편의 언어폭력은 계속됐고, 부인 내담자는 이혼을 결심한 뒤 1366에 문을 두드렸다. 1366은 먼저 내담자의 힘들었던 과정을 공감하고 지지하면서 치유회복 프로그램 참여를 권유했으며, 가정보호사건 처분과 이혼에 대한 도움을 받을 수 있는 가정폭력상담소를 안내했다.

사례2 B씨는 지금 남편으로부터 성폭력을 당해 결혼을 하게 됐다. 폭력은 신혼 때부터 꾸준히 지속됐다. 남편은 외도와 함께 신체적 폭력뿐만 아니라 모멸감을 느끼게 하는 욕설과 구박으로 B씨를 힘들게 했다. 신체적 폭력이 극에 달했을 때, B씨는 1366에 전화해 남편과 이혼하고 싶다고 했다. 1366은 지친 내담자가 마음의 안정을 취할 수 있도록 심리적 지지를 했고 심도 있는 심리 상담과 이혼에 대한 구체적 정보를 위해 가정폭력상담소를 연계했다.

사례3 C씨는 남편의 경제적 무능으로 경제적 활동과 육아를 오롯이 혼자 감당하고 있었다. C씨의 남편은 화가 나면 폭력을 행사했는데 어린 아이를 안고 있는 상황에서도 신체적 폭력을 멈추지 않았다. 아이에게까지 물건을 던지고 위협하는 지경에 이르자 C씨는 이혼을 결심했다. 1366에서는 가정폭력상담소를 연계한 후 가정보호사건에 대해 안내하고 접근금지와 주민번호 열람제한 등 필요한 정보를 제공했다.

출처 : 중부매일 2018-09-26 기사내용

1 가정폭력피해 관련 법률

「가정폭력방지 및 피해자보호 등에 관한 법률」은 가정폭력을 예방하고 가정폭력의 피해자를 보호 · 지원함을 목적으로 하며, 가정폭력신고체계의 구축운영, 가정폭력 예방 · 방지를 위한 교육과 홍보, 가정폭력 관련 상담소 설치, 가정폭력 피해자 보호시설 설치 등 가정폭력의 예방 · 방지와 더불어 가정폭력으로 인한 피해자를 보호하기 위한 구체적인 방안에 관하여 규정하고 있다. 이 법을 근거로 여성가족부가 주도하는 '긴급 전화센터'가 설치 · 운영되고 있으며, 여성 긴급 전화 1366센터 운영 사업은 1년 365일에 하루를 더하여 서비스를 제공하면서 여성의 권익 향상을 위하여 운영되는 긴급 구호제도이다. 또한, 여성가족부 주관 업무의 하나로서 폭력으로 피해를 입은 여성들이 상담 창구가 다원화되어 적절한 안내를 받지 못하는 문제점을 해결하고자, 요보호 여성이 필요시 전화를 통해 안내 · 상담을 받을 수 있도록 전국적으로 통일된 전화번호를 확인하여 전화 권역별로 365일 24시간 운영하도록 하는 사업이다. 1366은 가정폭력, 성폭력, 성매매 등 위기 상황에 처한 여성에게 위기 상담 및 긴급 보호서비스를 제공하고 있으며 전문 상담기관, 보호시설, 의료기관, 법률기관, 검 · 경찰 등의 네트워크를 구축하여 즉각적이고 통합적인 서비스를 제공하고 있다.

2 가정폭력피해자에 대해 알아보기

법 제2조

가정폭력이란?

가정 구성원 사이의 신체적·정신적 또는 재산상 피해를 수반하는 행위를 말한다.

가정폭력 행위자란?

가정폭력범죄를 범한 자 및 가정구성원인 공범을 말한다.

가정폭력 피해자란?

가정폭력범죄로 인하여 직접적으로 피해를 입은 자를 말한다.

가정구성원이란?

다음 각 목의 어느 하나에 해당하는 사람을 말한다.

① 배우자(사실혼관계 포함) 또는 배우자였던 사람
② 자기 또는 배우자와 직계존비속관계(사실상 양친자관계 포함)에 있거나 있었던 사람
③ 계부모와 자녀의 관계 또는 적모와 서자의 관계에 있거나 있었던 사람
④ 동거하는 친족

구체적으로 어떤 것이 가정폭력인가?

가정폭력 유형으로는 경제적 학대, 정서적 학대, 남성적 특권 이용, 강제로 위협하기, 협박, 부인 및 비난, 고립, 사녀이용 등이 있다.

그림1

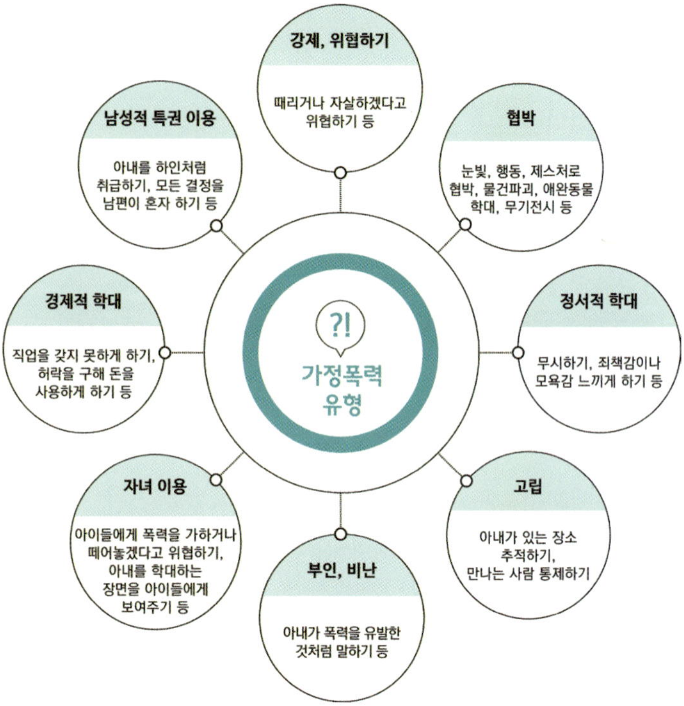

3 가정폭력피해자가 도움을 받을 수 있는 방법은?

법 제4~7조

국가와 지방자치단체는?

국가와 지방자치단체는 가정폭력의 예방 · 방지와 피해자의 보호 · 지원을 위하여 다음 각 호의 조치를 취하여야 한다.

① 가정폭력 신고체계의 구축 및 운영
② 가정폭력의 예방과 방지를 위한 조사 · 연구 · 교육 및 홍보
③ 피해자를 보호 · 지원하기 위한 시설의 설치 · 운영
④ 임대주택의 우선 입주권 부여, 직업훈련 등 자립 · 자활을 위한 지원서비스 제공

⑤ 법률구조 및 그 밖에 피해자에 대한 지원서비스 제공

⑥ 피해자의 보호와 지원을 원활히 하기 위한 관련 기관 간의 협력체계 구축 및 운영

⑦ 가정폭력의 예방 · 방지와 피해자의 보호 · 지원을 위한 관계 법령의 정비와 각종 정책의 수립 · 시행 및 평가

⑧ 피해자와 긴급전화센터, 가정폭력 관련 상담소, 가정폭력 피해자 보호시설의 상담원 등 종사자의 신변보호를 위한 안전대책 마련

⑨ 가정폭력 피해의 특성을 고려한 피해자 신변노출 방지 및 보호 · 지원 체계 구축

국가와 지방자치단체는 책무를 다하기 위하여 이에 필요한 재원을 확보하는 등 예산상의 조치를 취해야 하며, 특별시 · 광역시 · 특별자치시 · 도 · 특별자치도 및 시 · 군 · 구(자치구)에 가정폭력의 예방 · 방지 및 피해자 보호 · 지원을 담당할 기구와 공무원을 두어야 한다. 끝으로 국가와 지방자치단체는 가정폭력 관련 상담소와 가정폭력 피해자 보호시설에 대하여 경비를 보조하는 등 이를 육성 · 지원하여야 한다.

가정폭력 피해자 보호시설 설치 현황은?

2017년 말 전국에 가정폭력 피해자 보호시설은 66개소가 있으며, 일반시설 46개소와 가족 보호시설 20개소로 전국에 가정폭력 피해자 보호시설이 운영되고 있다.

표 1

구분	합계	서울	부산	대구	인천	광주	대전	울산	경기	강원	충북	충남	전북	선남	경북	경남	제주
전체	66	12	3	3	1	4	1	1	11	5	3	4	4	4	2	6	2
일반시설	46	10	2	2	1	3		1	11	4	1	2	2	2	2	3	
가족보호시설	20	2	1	1		1	1			1	2	2	2	2		3	2

4 가정폭력피해자 시설 운영은 어떻게 하나요?

법 제4~8조

국가나 지방자치단체는?

국가나 지방자치단체는 가정폭력 관련 상담소(이하 "상담소"라 한다.)를 설치 · 운영할 수 있다. 국가나 지방자치단체 외의 자가 상담소를 설치 · 운영하려면 특별자치시장 · 특별자치도지사 · 시장 · 군수 · 구청장(구청장은 자치구의 구청장을 말하며, 이하 "시장 · 군수 · 구청장"이라 한다.)에게 신고하여야 한다. 신고한 사항 중 여성가족부령으로 정하는 중요 사항을 변경하려는 경우에도 또한 같다. 시장 · 군수 · 구청장은 제2항에 따른 신고를 받은 날부터 10일 이내(변경신고의 경우 5일 이내)에 신고수리 여부 또는 민원 처리 관련 법령에 따른 처리기간의 연장을 신고인에게 통지하여야 한다. 상담소는 외국인, 장애인 등 대상별로 특화하여 운영할 수 있으며, 상담소의 설치 · 운영기준, 상담소에 두는 상담원의 수와 신고절차 등에 필요한 사항은 여성가족부령으로 정한다. 또한, 여성가족부장관 또는 시 · 도지사는 피해자의 신고접수 및 상담, 관련 기관 · 시설과의 연계, 피해자에 대한 긴급한 구조의 지원, 경찰서 등으로부터 인도받은 피해자 및 피해자가 동반한 가정구성원의 임시 보호의 업무 등을 수행하기 위하여 긴급전화센터를 설치 · 운영하여야 한다. 이 경우 외국어 서비스를 제공하는 긴급전화센터를 따로 설치 · 운영할 수 있다.

표 2

가정폭력 상담소	- **입지조건:** 상담소는 시설의 적정한 분포와 보건 · 위생 · 급수 · 안전 · 환경 및 교통편의 등을 충분히 고려하여 쾌적한 환경에 설치하여야 한다. - **규모와 설비:** 상담소는 연면적 49.59㎡ 이상의 공간으로 사무실과 사생활이 공개되지 않도록 방음시설을 갖춘 면접 상담실, 전화 상담을 위한 적절한 설비를 갖춘 전화 상담실이 있어야 한다. 임시보호업무를 수행하려는 상담소는 피해자의 숙식에 필요한 최소한의 시설을 갖추되 연면적이 9.9㎡이상인 보호실을 갖추어야 한다. 또한 비상 재해 대피시설은 「소방시설설치유지 및 안전관리에 관한 법률」에서 정하는 바에 따라 소화기 및 피난기구를 갖추는 등 시설 실정에 맞도록 비상재해 대피시설을 갖추어야 한다. - **운영기준:** 상담소는 주 5일, 평일 8시간 이상 운영하는 것을 원칙으로 하며, 상담소의 장은 상담자의 나이, 성격, 심신의 건강 상태 등을 고려하여 상담계획을 수립하여 상담을 실시하여야 하며, 임시보호 대상자의 경과에 따라 귀가조치 또는 다른 보호시설로의 전원(轉院) 등 필요한 조치를 하여야 한다. 상담소의 장은 또한 관리규정을 제정하여 상담소의 적절한 운영을 도모하여야 한다. - **종사자 기준:** 상담소에는 상담소의 장 1명, 상담원 2명 이상 등 상담 및 임시보호 업무에 필요한 종사자를 두어야 한다. 다만, 상담소의 재정 여건 등 불가피한 사유가 있는 경우 상담소의 장과 상담원은 겸임할 수 있다. 상담소의 장은 전임이어야 하며, 다른 기관의 업무를 겸임할 수 없다. 상담원 근무시간은 평일 8시간을 원칙으로 한다.
긴급전화센터	- **규모 및 설비:** 연면적 100㎡ 이상의 독립된 공간을 갖추어야 하며, 일조 · 채광 · 환기 등 종사자 및 이용자의 보건위생과 재해방지 등을 고려하여 종사자 및 이용자가 쾌적한 일상생활을 하는 데 적합한 규모 및 구조 설비를 갖추어야 한다. 또한 사무를 위한 적절한 설비를 갖추고, 33㎡ 이상의 규모로 구획된 전화상담실 및 개별상담실을 두어야 하며 상담내용이 노출되지 않고 자연스러운 분위기에서 상담할 수 있도록 상담원 간에 방음이 될 수 있는 차단벽 등의 설비를 갖추어야 한다. 또한 야간, 심야 등 불가피한 사정으로 가정폭력피해자를 일시적으로 긴급 보호하기 위하여 16.5㎡ 이상 규모의 긴급피난시설을 갖추어야 한다. 다만, 가정폭력 피해자를 보호할 수 있는 긴급피난시설이 가까운 거리에 위치한 경우에는 설치하지 않을 수 있다. 비상재해 대피시설은 「소방시설설치유지 및 안전관리에 관한 법률」에서 정하는 바에 따라 소화기 및 피난기구를 갖추는 등 시설 실정에 맞도록 갖추어야 한다. - **운영시간:** 서비스 대상자에 대하여 1년 365일 24시간 긴급 상담 및 안내보호조치를 할 수 있도록 8시간 3교대 근무체계로 상담원을 배치하여야 하며, 특히 야간에는 반드시 2명 이상의 상담원을 배치하여야 한다. 다만, 외국어 서비스를 제공하는 긴급전화센터로서 교대근무 및 야간 상담원 배치가 어려운 경우에는 여성가족부장관이 정하는 바에 따라 상담원을 다르게 배치할 수 있다. 주간운영(9시 이후~18시 이전)은 서비스 대상자와 다양한 서비스를 연결하는 긴급보호 기능을 수행할 수 있도록 수신전화 회선을 5개 회선 이상 설치하여야 한다. 상담 또는 연계기능을 빠른 시간 내로 완결하여 상시 긴급통화가 가능한 상태를 유지하여야 하며, 야간운영(18시 이후~9시 이전)은 정보제공, 의료 서비스 및 위기개입 서비스 등의 종합서비스 제공기능을 수행한다. - **종사자 기준:** 긴급전화센터의 장 1명과 8명 이상의 상담원을 배치하여야 한다. 다만, 외국어 서비스를 제공하는 긴급전화센터는 중요 주요외국어별로 상담원을 배치하여야 한다. 긴급전화센터의 장과 상담원은 전임이어야 하며, 다른 기관의 업무를 겸임할 수 없다. 긴급 상황에 처한 피해자가 가까운 상담소, 보호시설 또는 112, 119 등에 의하여 즉시 조치될 수 있도록 관련 기관과 긴급연락망을 구축하고 협조체계를 유지하여야 한다. 긴급피난 및 긴급보호가 필요한 대상에 대해서는 긴급보호 조치 후 관련 기관(상담소, 복지시설, 112, 119, 행정기관, 수사기관, 병원 등)과 협조하여 계속적인 보호가 가능하도록 한다. 또한 관련 기관과의 네트워크 구축을 위한 장비를 지역실정에 알맞게 설치 · 유지하고, 연계 횟수가 많은 기관과는 전용선을 설치 · 유지하여야 하며, 지역사회의 가정폭력 방지 및 피해자 보호 등과 관련된 자원에 대한 목록을 체계적으로 관리하고 이를 관련 기관에 제공하여야 한다.

가정폭력 상담소에서 하는 일은?

가정폭력 관련 상담소에서는 다음과 같은 업무를 한다.

① 가정폭력을 신고받거나 이에 관한 상담에 응하는 또는 가정폭력을 신고하거나 이에 관한 상담을 요청한 사람과 그 가족에 대한 상담
② 가정폭력으로 정상적인 가정생활과 사회생활이 어렵거나 그 밖에 긴급히 보호를 필요로 하는 피해자 등을 임시로 보호하거나 의료기관 또는 제7조제1항에 따른 가정폭력피해자 보호시설로 인도(引渡)하는 일
③ 행위자에 대한 고발 등 법률적 사항에 관하여 자문하기 위한 대한변호사협회 또는 지방 변호사회 및 「법률구조법」에 따른 법률 구조법인(이하 "법률구조법인"이라 한다.) 등에 대한 필요한 협조와 지원의 요청
④ 경찰관서 등으로부터 인도받은 피해자등의 임시 보호
⑤ 가정폭력의 예방과 방지에 관한 교육 및 홍보
⑥ 그 밖에 가정폭력과 그 피해에 관한 조사·연구

비밀보장은 지켜지는가?

법 제16조에 의거, 긴급전화센터, 상담소 또는 보호시설의 장이나 이를 보조하는 자 또는 그 직에 있었던 자는 그 직무상 알게 된 비밀을 누설하여서는 아니된다고 명시되어 있다.

5 가정폭력상담원은 어떤 교육을 받나요?

법 제4~12조

가정폭력 상담원 교육훈련시설은?

국가나 지방자치단체는 상담원(상담원이 되려는 자를 포함한다.)에 대한 교육·훈련을 실시하기 위하여 가정폭력 관련 상담원 교육훈련시설(이하 "교육훈련시설"이라 한다.)을 설치·운영할 수 있다. 「고등교육법」에 따른 학교를 설립·운영하는 학교법인, 법률구조법인, 사회복지법인, 그 밖의 비영리법인 교육훈련시설을 설치하려는 자는 시장·군수·구청장에게 신고하여야 한다. 교육훈련시설의 설치

기준, 교육훈련시설에 두는 강사의 자격과 수, 상담원 교육훈련과정의 운영기준 및 신고절차 등에 필요한 사항은 여성가족부령으로 정한다.

가정폭력 상담원 보수교육은?

여성가족부장관 또는 시·도지사는 긴급전화센터·상담소 및 보호시설 종사자의 자질을 향상시키기 위하여 보수교육을 실시하여야 한다. 여성가족부장관 또는 시·도지사는 제1항에 따른 교육에 관한 업무를 「고등교육법」 제2조에 따른 대학, 전문대학 또는 대통령령으로 정하는 전문기관에 위탁할 수 있으며, 보수교육의 기간·방법 및 내용 등에 필요한 세부사항은 여성가족부령으로 정한다.

6 가정폭력상담소 · 시설 폐지 및 인가 취소는?

법 제10~12조

상담소·시설을 중단하거나 폐지하려면?

상담소·보호시설 또는 교육훈련시설의 장이 그 시설의 운영을 일시적으로 중단하거나 폐지(廢止)하려면 여성가족부령으로 정하는 바에 따라 시장·군수·구청장에게 신고하여야 한다. 상담소의 장, 보호시설의 장 또는 교육훈련시설의 장은 해당 시설을 일시적으로 중단 또는 폐지하는 경우에는 여성가족부령으로 정하는 바에 따라 해당 시설을 이용하는 사람이 다른 시설로 옮길 수 있도록 하는 등 시설 이용자의 권익을 보호하기 위한 조치를 하여야 한다.

시장·군수·구청장은 제1항에 따른 상담소·보호시설 또는 교육훈련시설의 일시적 중단 또는 폐지의 신고를 받은 경우 해당 시설의 장이 제2항에 따른 시설 이용자의 권익을 보호하기 위한 조치를 하였는지 여부를 확인하는 등 여성가족부령으로 정하는 조치를 하여야 한다.

상담소·시설 인가 취소 방법은?

시장·군수·구청장은 상담소·보호시설 또는 교육훈련시설이 다음 각 호의 어느 하나에 해당하면 시설의 폐쇄, 업무의 폐지 또는 6개월의 범위에서 업무의 정지를 명하거나 인가를 취소할 수 있다. 시장·군수·구청장은 상담소·보호시설 또는 교육훈련시설이 제1항에 따라 시설의 폐쇄, 업무의 정지·폐지 또는 인가가 취소되는 경우에는 해당 시설을 이용하는 사람이 다른 시설로 옮길 수 있도록 하는 등 여성가족부령으로 정하는 바에 따라 시설 이용자의 권익을 보호하기 위하여 필요한 조치를 하여야 한다. 업무의 정지·폐지 또는 시설의 폐쇄명령이나 인가취소에 관한 세부 기준은 여성가족부령으로 정한다.

7 가정폭력을 신고하면 어떻게 처리되나요?

서비스는 어떤 순서로 진행되는가?

1단계 : 가정폭력사건 발생

2단계 : 고소 또는 신고

(경찰 현장 출입 및 조사, 응급조치, 긴급 임시조치, 임시조치 신청)

3단계 : 검찰 임시조치 청구

4단계 : 조사 후 송치

(불기소 처분, 가정보호 사건, 형사처리)

5단계 : 가정보호 사건

(임시조치 결정, 법원, 보호처분 또는 불처분)

6단계 : 형사처리

(공소제기, 법원, 판결)

그림2 가정폭력 사건처리 절차

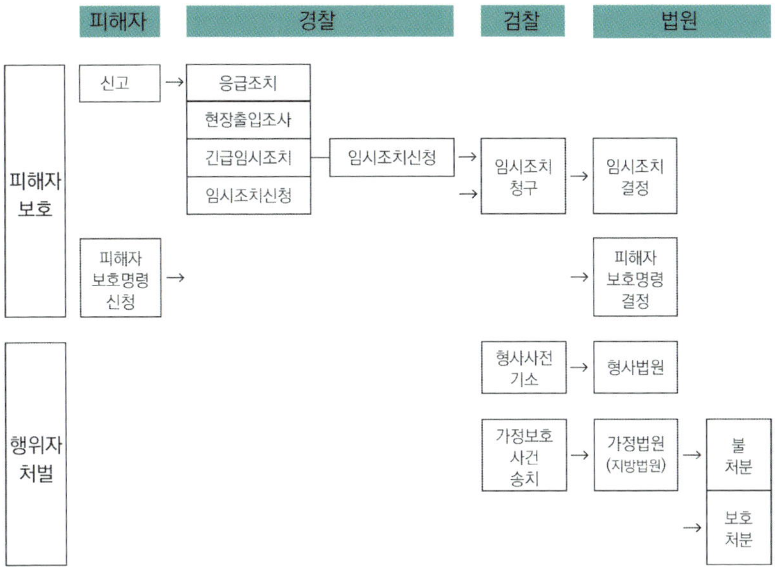

8 가정폭력상담소는 어떤 도움을 주나요?

어떤 지원이 이루어지는가?

가정폭력 피해자가 발생하면 상담지원, 긴급지원, 의료지원, 무료 법률지원, 보호시설 지원, 주거지원이 이루어지며, 이러한 지원은 이주여성 가정폭력 피해자에게도 동일하게 지원된다.

표 3

상담지원	전화와 면접을 통한 피해상담을 받을 수 있도록 국번 없는 특수전화 '1366'을 365일 24시간 운영
긴급지원	가정폭력 피해자와 생계 및 주거를 함께하는 가족구성원의 생계유지가 어렵게 된 경우 긴급지원 가능
의료지원	지자체, 1366센터, 보호시설, 상담소, 해바라기센터 등에서 의료비 지원
무료 법률지원	가정폭력 피해자(국내거주 이주여성 포함)에 한하여 가정폭력에 관련된 민사, 가사 사건에 대한 무료 법률 상담 및 무료 법률 구조 신청가능 ※ 대한법률구조공단 대표번호 : 국번 없이 132, http://www.klac.or.kr ※ 한국가정법률상담소 대표번호 : 1644-7077, http://lawhome.or.kr

보호시설 지원	가정폭력 피해자 중 보호시설 입소 희망자에 한하여 각 기관과 면접 상담 후 입소가능. 특히 10세 이상 남아를 동반한 가정폭력 피해자를 위한 보호시설 별도로 운영 ※ 단기보호시설 : 6개월, 장기보호시설 : 2년 이내, 긴급피난처 : 최대 7일까지 - 보호시설 퇴소 후 또는 가정복귀가 어려운 경우 자립 지원을 위하여 심사를 거쳐 주거공간(그룹홈) 지원
주거지원	가정폭력 피해자와 자녀가 안정적이고 장기적인 거주지를 원할 경우 입주 심사를 거쳐 임대주택 거주 가능

출처 : 여성가족부

심리지원에는 어떤 것들이 있는가?

가정폭력 피해자를 위한 심리지원 프로그램으로는 마음나누기, 미술심리치료, 사이코드라마, 감정표현, 의사소통 기술훈련, 집단 심리상담 프로그램 등이 있다.

9 가정폭력을 당할 경우 어떻게 대처해야 할까요?

가정폭력 피해 시 대처요령

- 안전을 위하여 일단 가해자로부터 피한다.
- 112에 신고하여 경찰의 도움을 요청한다.
- 여성긴급전화 1366센터, 가정폭력 상담소 등에 전화하여 상담하고, 긴급구호(격리 등 피해자보호, 병원후송)를 받은 다음, 법적대응(형사고소, 민사 손해배상청구)을 준비한다.
- 즉시 치료를 받는다.
- 증거자료를 확보하여 보존한다(진료기록, 피해부위 사진촬영 등).

나 성폭력피해문제를 상담받고 싶어요

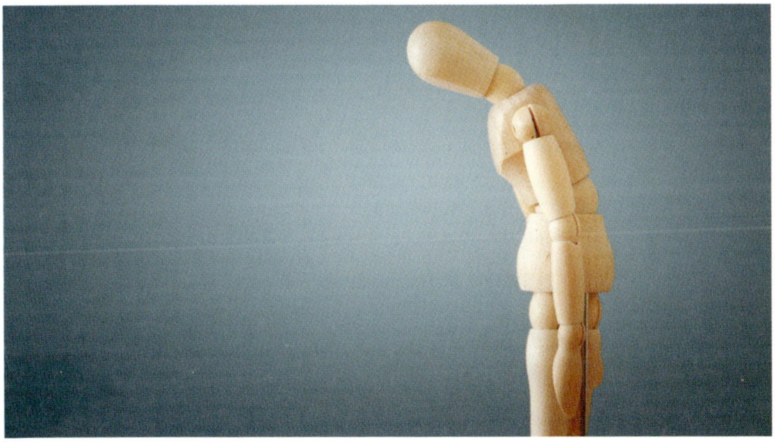

성폭력 사례

• 피해 여성 A씨는 2016년 3월 정○○의 팬 사인회를 계기로 정 씨와 버닝썬직원 김 모 씨, 허 모 씨, 사업가 박 모 씨와 함께 술을 마신 뒤 기억을 잃었다.

A씨는 다음 날 아침 정신을 차렸을 때 옷이 모두 벗겨져 있는 호텔침대에 누워 있었고, 옆에는 최 씨가 있었다고 밝혔다. 또 이들은 A씨에 "속옷 찾아 봐라", "성관계를 갖자" 등의 발언을 한 것으로 전해졌다. 같은 날 서울경찰청 광역수사대는 정씨 등이 참여한 카톡 대화방에서 성폭력 사건이 발생한 의혹과 관련해 사진 및 음성 파일을 확보했다고 밝혔다.

출처: 파이낸셜뉴스 2019-04-22 기사내용

• 초등학생을 성폭행한 혐의로 학원 여강사 30살 이 모 씨가 구속 상태로 검찰에 넘겨진 가운데 성폭행한 제자들에게 협박까지 한 것으로 알려져 충격을 주고 있다. 경기북부 지방경찰청에 따르면 이씨는 지난 2016년과 2017년에 학원에서 자신의 수업을 듣던 초등학교

고학년인 남학생 두 명을 각각 성폭행한 혐의를 받고 있다. 이 모 씨는 성폭행한 제자들에게 성관계 사실을 누설하면 "남편에게 이야기해 죽이겠다"는 협박까지 한 것으로 전해졌다. 이 같은 혐의 사실은 피해 학생들이 중학교에 진학해 학교 상담을 받던 중에 털어놓으면서 드러났고 학교 측은 경찰에 이 사실을 알렸다.

경찰은 신고를 접수한 후 이 씨와 피해학생에 대한 조사를 진행, 사건현장과 주변인 탐문조사 끝에 이 씨를 구속했다.

출처 : 아이뉴스24 2018-06-16 기사내용

- 2016년 5월 21일 오후 6시께 A교사는 전남 섬마을 선착장 주변에 위치한 B씨(49)의 식당을 찾았다. A교사는 육지에 나갔다가 관사에 들어가기 전 식사를 하기 위해 B씨의 가게를 찾았고, B씨는 A교사를 반갑게 맞이했다. 당시 B씨는 지인들과 식사를 하고 있었던 중이었지만 A교사가 자신의 식당에서 종종 식사를 했고, 학부모 모임에서 얼굴을 봤기 때문에 친근감을 표시하면서 A교사에게 식사와 함께 술을 권했다. A교사는 다음날 여행 계획때문에 술을 거절했지만 B씨와 함께 있던 C씨(35) 등 다른 일행도 A교사에게 술을 권하면서 어쩔 수 없이 술을 마셨다. 이렇게 A교사는 알코올 도수가 높은 인삼주를 10잔 넘게 마시고 술에 취해 정신을 잃었다. 오후 11시가 넘어 B씨는 A교사를 2㎞ 정도 떨어진 초등학교 관사로 데려다 주겠다며 차에 A교사를 태웠다. 당시 관사는 A교사와 함께 거주하던 다른 교사들이 육지로 나가 텅 비어 있었다. A교사를 방에다 눕히던 B씨는 A교사를 성폭행했다. 이어 "선생님이 휴대전화를 놓고 갔다"며 뒤따라온 C씨가 관사 부근에 도착했다. 그는 B씨의 차가 관사를 떠나는 것을 보고 관사로 들어 갔다. C씨가 관사로 들어가는 것을 본 B씨는 마침 D씨(38)로부터 전화가 오자 " 관사로 좀 가보라"고 한 뒤 자신의 식당으로 갔다. B씨의 전화에 관사를 찾은 D씨는 방에서 C씨를 쫓아 낸 뒤 자신이 범행을 저질렀다. 범행은 여기서 그치지 않았다. C씨는 D씨가 관사를 떠나자 다시 관사로 들어가 A교사를 성폭행했다. A교사는 정신이 들자마자 경찰에 112로 신고했다. 이때가 22일 새벽 2시 20분께. 경찰에 신고한 A교사는 아침에 병원으로 가 체내에 있는 DNA를 채취해 증거를 확보했다. 경찰은 성범죄 전담 수사 인력을 섬에 급파해 피해자 진술과 식당·관사 인근 거리 CCTV 화면 등을 통해 피의자 3명을 입건했다.

출처 : NEWS1뉴스 2016-06-07 기사내용

1 성폭력피해 관련 법률

성폭력은 피해자의 인격을 파탄시키고 장기간에 걸쳐 씻을 수 없는 상처를 남긴다는 점에서, 가해자에게는 엄중한 처벌이 요구된다. 또한 피해자에는 특별한 배려와 치료가 필요하다. 최근 아동·장애인 등 사회적 약자에 대한 성폭력 범죄가 증가하며, 재범률이 어느 범죄보다도 높기 때문에 근본적인 대책이 요구되고, 수사·재판절차에서 성폭력 피해자가 이중의 피해를 보는 것을 방지하기 위한 노력이 강조되고 있다. 「성폭력방지 및 피해자보호 등에 관한 법률」은 성폭력을 예방하고 성폭력피해자를 보호 · 지원함으로써 인권증진에 이바지함을 목적으로 한다. 국가 또는 지방자치단체는 성폭력을 방지하고 성폭력 피해자를 보호·지원하기 위하여 성폭력피해상담소를 설치·운영할 수 있도록 하고 있다. 또한 보호시설을 설치하여 성폭력 피해자의 일시 보호와 성폭력 피해자의 신체적·정신적 안정 회복과 사회복귀를 돕도록 하고 있다.

2 성폭력피해자에 대해 알아보기

법 제2조

성폭력이란?

성폭력이란 성적 자기결정권을 침해하는 행위로 강간, 강제추행, 언어적 성희롱, 몰래카메라 등 상대방의 의사에 반하여 가해지는 모든 신체적, 언어적, 정신적 폭력을 말한다.

성폭력 행위자란?

「성폭력범죄의 처벌 등에 관한 특례법」 제2조제1항에 해당하는 죄를 범한 사람을 말한다.

성폭력 피해자란?

성폭력으로 인하여 직접적으로 피해를 입은 사람을 말한다.

구체적으로 어떤 것이 성폭력인가요?

성폭력은 피해자의 연령, 가해자의 행위, 가해자와의 관계, 성폭력이 일어난 공간에 따라 다양하게 분류된다.

그림3 성폭력 유형

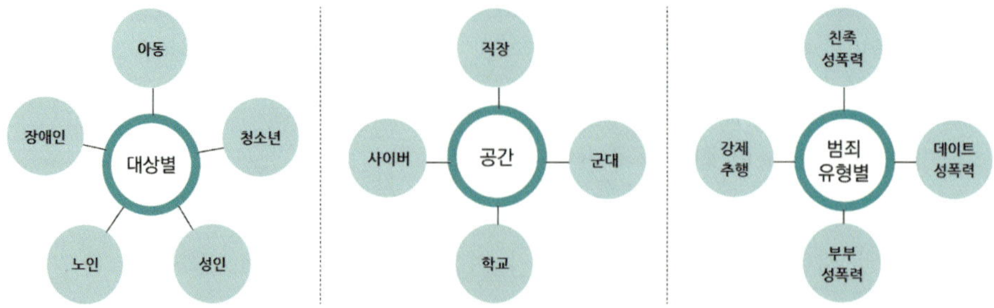

3 성폭력피해자가 도움받을 수 있는 방법은?

법 제3조

국가와 지방자치단체는?

국가와 지방자치단체는 성폭력을 방지하고 성폭력피해자를 보호·지원하기 위하여 다음 각 호의 조치를 취하여야 한다.

① 성폭력 신고체계의 구축 및 운영
② 성폭력 예방을 위한 조사·연구·교육 및 홍보
③ 피해자를 보호·지원하기 위한 시설의 설치·운영
④ 피해자에 대한 주거지원, 직업훈련 및 법률구조 등 사회복귀 지원
⑤ 피해자에 대한 보호·지원을 원활히 하기 위한 관련 기관 간 협력체계의 구축·운영
⑥ 성폭력 예방을 위한 유해환경 개선
⑦ 피해자 보호·지원을 위한 관계 법령의 정비와 각종 정책의 수립·시행 및 평가

국가와 지방자치단체는 책무를 다하기 위하여 이에 따른 예산상의 조치를 하여야 한다.

4 성폭력피해자 시설 운영은 어떻게 하나요?

법 제4~11조

국가나 지방자치단체는?

국가 또는 지방자치단체는 성폭력피해상담소(이하 "상담소"라 한다.)를 설치·운영할 수 있다. 국가 또는 지방자치단체 외의 자가 상담소를 설치·운영하려면 특별자치시장·특별자치도지사 또는 시장·군수·구청장(자치구의 구청장을 말한다. 이하 같다.)에게 신고하여야 한다. 신고한 사항 중 여성가족부령으로 정하는 중요사항을 변경하려는 경우에도 또한 같다. 특별자치시장·특별자치도지사 또는 시장·군수·구청장은 제2항에 따른 신고를 받은 날부터 10일 이내(변경신고의 경우 5일 이내)에 신고수리 여부 또는 민원처리 관련 법령에 따른 처리기간의 연장을 신고인에게 통지하여야 한다. 상담소의 설치·운영 기준, 상담소에 두는 상담원 등 종사자의 수 및 신고 등에 필요한 사항은 여성가족부령으로 정한다. 상담소의 설치·운영기준 및 종사자 수는 가정폭력방지 및 피해자보호 등에 관한 법률 시행규칙 별표 내용과 동일하다.

성폭력 예방교육 지원기관 운영 및 업무는?

여성가족부장관 또는 시·도지사는 성교육 및 성폭력 예방교육의 실시, 생애주기별 교육 프로그램 개발·보급, 장애인 등 대상별 특성을 고려한 교육프로그램 개발·보급, 전문 강사양성 등의 업무를 수행하고 지원하기 위한 기관(이하 "지원기관"이라 한다.)을 설치·운영할 수 있다. 여성가족부장관 또는 시·도지사는 지원기관의 운영을 대통령령으로 정하는 기관이나 단체에 위탁할 수 있으며, 지원기관의 업무 및 운영 등에 필요한 사항은 여성가족부령으로 정한다. 또한 지원기관의 장은 매년 사업계획을 수립하고, 조직, 인사운영, 예산 및 회계 등 지원기관의 운영에 필요한 기준을 마련하며 이를 준수하여야 한다.

성교육 및 성폭력 예방교육 지원기관 업무

① 지원기관별 성교육 및 성폭력 예방교육 운영계획의 수립
② 성교육 및 성폭력 예방교육 전문 강사의 양성을 위한 교육과정의 운영
③ 성교육 및 성폭력 예방교육 결과의 유지 · 관리
④ 그 밖에 성교육 및 성폭력 예방교육 관련 교육 자료의 연구 · 개발 등 성교육 및 성폭력 예방교육의 지원에 필요한 사항

성폭력 상담소 설치 · 운영은?

국가 또는 지방자치단체는 성폭력피해상담소(이하 "상담소"라 한다.)를 설치 · 운영할 수 있다. 국가 또는 지방자치단체 외의 자가 상담소를 설치 · 운영하려면 특별자치시장 · 특별자치도지사 또는 시장 · 군수 · 구청장(자치구의 구청장을 말한다. 이하 같다.)에게 신고하여야 한다. 신고한 사항 중 여성가족부령으로 정하는 중요 사항을 변경하려는 경우에도 또한 같다. 특별자치시장 · 특별자치도지사 또는 시장 · 군수 · 구청장은 제2항에 따른 신고를 받은 날부터 10일 이내(변경신고의 경우 5일 이내)에 신고수리 여부 또는 민원 처리 관련 법령에 따른 처리기간의 연장을 신고인에게 통지하여야 한다.

상담소의 설치 · 운영 기준, 상담소에 두는 상담원 등 종사자의 수 및 신고 등에 필요한 사항은 여성가족부령으로 정한다. 상담소의 설치 · 운영기준 및 종사자 수는 가정폭력방지 및 피해자보호 등에 관한 법률의 시행규칙 별표 내용과 동일하다.

성폭력 상담소에서 하는 일은?

성폭력 관련 상담소에서는 다음과 같은 업무를 한다.

① 성폭력피해의 신고접수와 이에 관한 상담
② 성폭력피해로 인하여 정상적인 가정생활 또는 사회생활이 곤란하거나 그 밖의 사정으로 긴급히 보호할 필요가 있는 사람과 제12조에 따른 성폭력피해자보호시설 등의 연계
③ 피해자등의 질병치료와 건강관리를 위하여 의료기관에 인도하는 등 의료 지원
④ 피해자에 대한 수사기관의 조사와 법원의 증인신문(證人訊問) 등에의 동행
⑤ 성폭력행위자에 대한 고소와 피해배상청구 등 사법처리 절차에 관하여 「법률구조법」 제8조에 따른 대한법률구조공단 등 관계 기관에 필요한 협조 및 지원 요청
⑥ 성폭력 예방을 위한 홍보 및 교육
⑦ 그 밖에 성폭력 및 성폭력피해에 관한 조사·연구

성폭력 피해자 보호시설은 어떻게 구분되나요?

표 4

구분	업무
일반보호시설	1. 성폭력 피해자나 성폭력 피해자의 가족구성원(이하 "피해자 등"이라 함)의 보호 및 숙식 제공 2. 피해자 등의 심리적 안정과 사회 적응을 위한 상담 및 치료 3. 자립·자활 교육의 실시와 취업정보의 제공 4. 피해자 등의 질병치료와 건강관리를 위하여 의료기관에 인도하는 등 의료 지원 5. 피해자에 대한 수사기관의 조사와 법원의 증인신문 등의 동행 6. 성폭력행위자에 대한 고소와 피해배상 청구 등 사법처리 절차에 관하여 대한법률구조공단 등 관계 기관에 필요한 협조 및 지원 요청 7. 다른 법률에 따라 성폭력 피해자보호시설에 위탁된 업무 8. 그 밖에 피해자 등을 보호하기 위하여 필요한 업무
장애인보호시설	
가족피해보호시설	
자립지원 공동생활시설	
장애인 자립지원 공동생활시설	1. 자립·자활 교육의 실시와 취업정보의 제공 2. 그 밖에 피해자 등을 보호하기 위하여 필요한 업무

5 성폭력을 신고하면 어떻게 처리되나요?

진행 순서는?

1단계 : 성폭력사건 발생

2단계 : 전문기관에 상담 및 신고

(상담 1366, 신고 112, 성폭력피해상담소)

⇨ 피해자를 위한 변호사 지정 및 상담, 무료법률구조, 의료비 지원 등

3단계 : 경찰수사

(피해자 진술조사 증거확보)

⇨ 해바라기센터를 통한 수사지원(피해자 진술조사, 영상진술 녹화, 증거채취 등)

4단계 : 검찰조사

(피해자 및 피의자 조사 기소여부 판단)

⇨ 영상진술 녹화, 신뢰관계인 동석

5단계 : 법원재판

(가해자 처벌 피해자 보호 조치)

⇨ 법정 동행, 신변보호 위해 비공개 심리재판 청구

성폭력의 다양한 해결방법

그림4

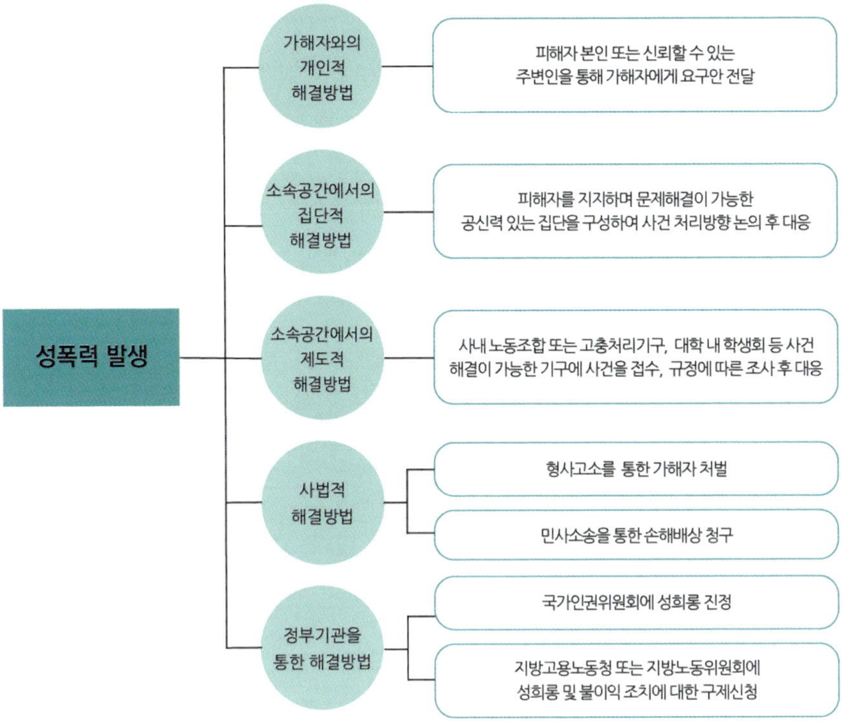

6 비밀유지 VS 신고의무?

비밀은 유지되는가?

비밀유지법 제30조에 의거, 상담소, 보호시설 또는 통합지원센터의 장이나 그 밖의 종사자 또는 그 직에 있었던 사람은 그 직무상 알게 된 비밀을 누설하여서는 아니된다.

「성폭력범죄의 처벌 등에 관한 특례법」 제23조(피해자, 신고인 등에 대한 보호조치)에 의하면 법원 또는 수사기관이 성폭력범죄의 피해자, 성폭력범죄를 신고(고소 · 고발을 포함한다)한 사람을 증인으로 신문하거나 조사하는 경우에는 「특정범죄신고자 등 보호법」의 규정을 준용한다. 제24조(피해자의 신원과 사생활 비밀 누설 금지)에 의하면 성폭력범죄의 수사 또는 재판을 담당하거나 이에 관여하는 공무원 또는 그 직에 있었던 사람은 피해자의 주소, 성명, 나이, 직업, 학교, 용모, 그 밖에 피해자를 특정하여 파악할 수 있게 하는 인적사항과 사진 등 또는 그 피해자의 사생활에 관한 비밀을 공개하거나 다른 사람에게 누설하여서는 아니된다. 누구든지 피해자의 주소, 성명, 나이, 직업, 학교, 용모, 그 밖에 피해자를 특정하여 파악할 수 있는 인적사항이나 사진 등을 피해자의 동의를 받지 아니하고 신문 등 인쇄물에 싣거나 「방송법」에 따른 방송 또는 정보통신망을 통하여 공개하여서는 아니된다.

제25조(피의자의 얼굴 등 공개)에서는 검사와 사법경찰관은 성폭력범죄의 피의자가 죄를 범하였다고 믿을만한 충분한 증거가 있고, 국민의 알권리 보장, 피의자의 재범 방지 및 범죄예방 등 오로지 공공의 이익을 위하여 필요할 때에는 얼굴, 성명 및 나이 등 피의자의 신상에 관한 정보를 공개할 수 있다. 다만, 피의자가 「청소년 보호법」에 해당하는 경우에는 공개하지 아니한다. 만약 공개를 할 때에는 피의자의 인권을 고려하여 신중하게 결정하고 이를 남용하여서는 아니된다.

어떤 상황에 신고해야 하는가?

법 제9조에 의거, 「아동청소년의 성보호에 관한 법률」은 아동·청소년 대상 성범죄의 처벌과 절차에 관한 특례를 규정하고 피해아동·청소년을 위한 구제 및 지원 절차를 마련하며 아동·청소년대상 성범죄자를 체계적으로 관리함으로써, 아동·청소년을 성범죄로부터 보호하고 건강한 사회구성원으로 성장할 수 있도록 함을 목적으로 한다.

아동·청소년이란 19세 미만의 미성년자(19세에 도달하는 해의 1월 1일을 맞이한 미성년자는 제외한다.)를 말하며, 이들이 성범죄의 발생 사실을 알게 된 때에는 누구든지 수사기관에 신고할 수 있다. 또한 아동·청소년을 보호하거나 교육 또는 치료하는 시설의 장 및 관련 종사자는 자기의 보호 · 지원을 받는 자가 「성폭력범죄의 처벌 등에 관한 특례법」의 특수 강도강간, 특수강간, 친족관계에 의한 강간, 장애인에 대한 강간 · 강제추행, 13세 미만의 미성년자에 대한 강간, 강제추행, 상해 · 치상, 강간 등 살인 · 치사 등의 피해자인 사실을 알게 된 때에는 즉시 수사기관에 신고하여야 한다.

7 아동 · 청소년 성보호는 어떻게 하나요?

법 제23조~28조

아동 · 청소년 대상 성범죄 사건을 수사하는 검사는 그 사건의 가해자가 피해아동 · 청소년의 친권자나 후견인인 경우에 법원에 친권상실 선고 또는 후견인 변경 결정을 청구하여야 한다. 다만, 친권상실 선고 또는 후견인 변경 결정을 하여서는 아니 될 특별한 사정이 있는 경우에는 그러하지 아니한다. 또한 법원은 아동 · 청소년대상 성범죄 사건의 가해자에게 친권상실 선고를 하는 경우에는 피해아동 · 청소년을 다른 친권자 또는 친족에게 인도하거나 기관과 시설 단체에 인도하는 등의 보호조치를 결정할 수 있다. 이 경우 그 아동 · 청소년의 의견을 존중하여야 한다. 법원은 아동 · 청소년대상 성범죄의 피해자를 증인으로 신문하는 경우에 검사, 피해자 또는 법정대리인이 신청하는 경우에는 재판에 지장을 줄 우려가 있는 등 부득이한 경우가 아니면 피해자와 신뢰관계에 있는 사람을 동석하게 하여야 한다. 법원과 수사기관은 피해자와 신뢰관계에 있는 사람이 피해자에게 불리하거나 피해자가 원하지 아니하는 경우에는 동석하게 하여서는 아니된다.

8 성폭력피해자는 어떻게 도움을 줄 수 있나요?

법 제19조

성폭력피해 상담원 자격기준은?

상담소, 보호시설 및 통합지원센터에서 종사하려는 사람은 전문 지식이나 경력 등 대통령령으로 정하는 자격기준을 갖추어야 한다. 다만, 미성년자, 피성년후견인 또는 피한정후견인, 금고 이상의 형을 선고받고 그 집행이 종료(집행이 종료된 것으로 보는 경우를 포함한다.)되지 아니하였거나 그 집행을 받지 아니하기로 확정되지 아니한 사람, 「성폭력범죄의 처벌 등에 관한 특례법」 제2조의 죄 또는 「아동·청소년의 성보호에 관한 법률」 제2조제2호의 죄를 범하여 형 또는 치료감호를 선고받고 그 형 또는 치료감호의 전부 또는 일부의 집행이 종료되거나 집행이 유예·면제된 날부터 10년이 지나지 아니한 사람으로 어느 하나에 해당하는 사람은 상담소, 보호시설 및 통합지원센터의 장, 상담원 또는 그 밖의 종사자가 될 수 없다.

9 상담소 인가를 취소하는 방법은?

법 제23조

상담소·시설 인가 취소 방법은?

특별자치시장·특별자치도지사 또는 시장·군수·구청장은 상담소, 보호시설 또는 교육훈련시설이 시정 명령을 위반한 경우, 규정을 위반하여 영리를 목적으로 상담소, 보호시설 또는 교육훈련시설을 설치·운영한 경우, 정당한 사유 없이 제32조제1항에 따른 보고를 하지 아니하거나 거짓으로 보고한 경우 또는 조사·검사를 거부하거나 기피한 경우 중 어느 하나에 해당하는 경우에는 그 업무의 폐지 또는 정지를 명하거나 인가를 취소할 수 있다.

특별자치시장·특별자치도지사 또는 시장·군수·구청장은 상담소, 보호시설 또는 교육훈련시설이 업무 폐지 또는 정지되거나 인가가 취소되는 경우에는 해당 시설을 이용하는 사람이 다른 시설로 옮길 수 있도록 하는 등 여성가족부령으로 정하는 바에 따라 시설 이용자의 권익을 보호하기 위하여 필요한 조치를 하여야 한다. 업무의 폐지·정지 또는 인가의 취소에 관한 세부 기준은 여성가족부령으로 정한다.

10 성폭력과 관련된 기관은 어떻게 운영되나요?

(1) 1366 여성 긴급전화에서 하는 일은?

어떻게 구성되는가?

그림5

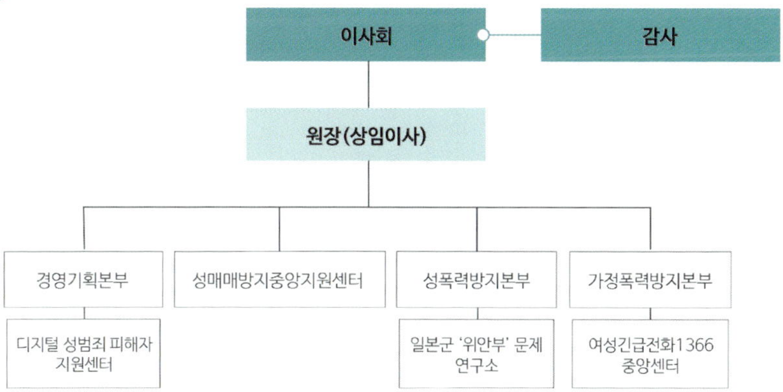

어떻게 운영되는가?

여성긴급전화 1366은 가정폭력 · 성폭력 · 성매매 · 데이트폭력 · 성희롱 등으로 긴급한 구조 · 보호 또는 상담을 필요로 하는 여성들이 언제라도 전화를 통해 피해상담을 받을 수 있도록, 전국적으로 통일된 국번 없는 특수전화 '1366'을 365일 24시간 운영하여 여성인권을 보호하는 단체이다. 여성긴급전화는 중앙센터 및 광역자치단체(시 · 도)단위로 전국 16개 시 · 도에 18개소를 운영하고 있다(단, 경기도의 경우 인구 및 지역적 특성을 고려하여 1개소 추가 설치).

여성긴급전화 1366 지역별 네트워크 운영체계는?

그림6

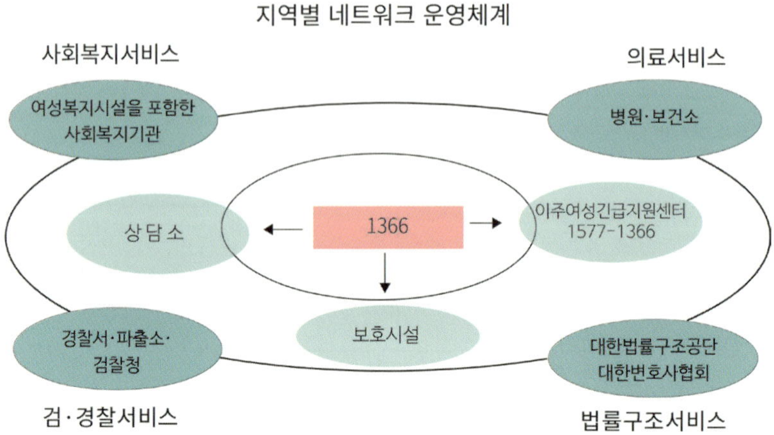

출처 : 여성가족부, 2014년 여성 · 아동권익증진사업 운영지침, 2014.

(2) 해바라기센터에서 하는 일은?

어떻게 구성되는가?

그림7

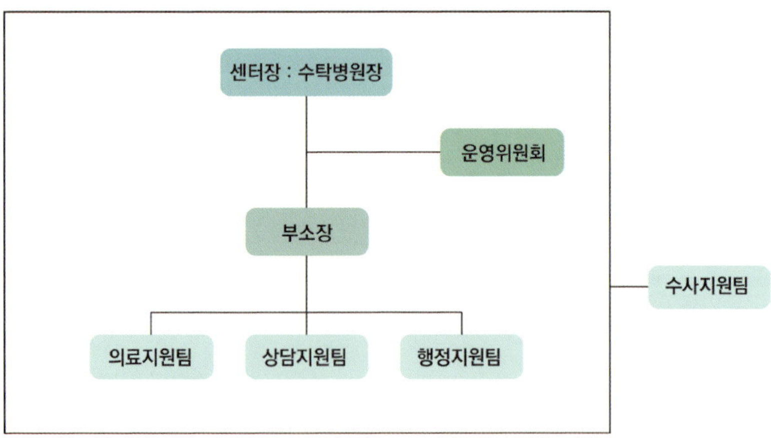

어떻게 운영되는가?

해바라기센터는 가정폭력, 성폭력, 성매매 피해자와 가족이 심리치료, 의료, 수사, 법률지원을 받을 수 있는 곳으로 전국 38개(2018년 5월 기준) 센터로 운영되고 있다. (통합형 14개, 위기지원형 16개, 아동형 8개) 또한 피해자 발생 시 피해자 유형에 맞는 전문상담을 언제라도 지원 가능하도록 24시간 전문상담원이 센터에 상주하고 있으며, NGO와 네트워크를 구축하여 적절한 시설 연계 지원이 이루어질 수 있도록 조치하고 있다.

(3) 그 밖의 여성폭력 피해자를 지원하는 곳은?

성폭력피해상담소는 성폭력 상담, 교육, 쉼터연계, 법률지원 등을 받을 수 있는 곳으로 168개소, 성매매피해상담소는 전국 29개소(2018년 5월 기준)가 설치 · 운영되고 있다.

(4) 성폭력피해자 통합지원체계는 어떻게 이루어지는가?

그림8

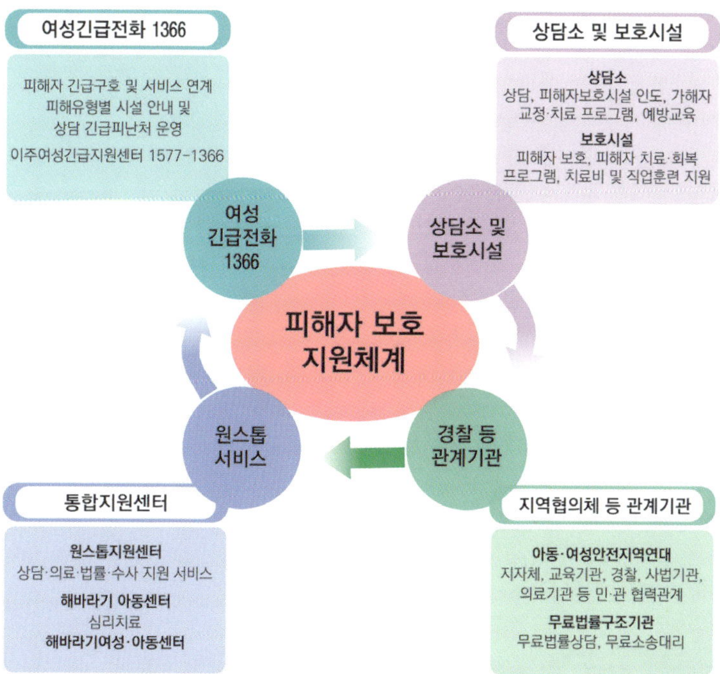

출처 : 여성가족부 복지지원과, 가정폭력 예방과 피해자 지원에 관한 안내서.

11 성폭력을 당할 경우 어떻게 대처해야 할까요?

성폭력 피해 시 대처요령

- 성폭력 피해를 입었다면 성폭력상담소, 해바라기센터, 여성긴급전화 1366센터 등으로 전화하여 경찰에 신고해야 할지, 다른 도움 받을 곳이 있는지에 대하여 상담한다.
- 신체 및 정신적으로 피해를 입은 상태이므로 진료를 받으러 병원으로 간다.
- 성폭력이 발생한 자리는 그대로를 보존한다.
- 성폭력 피해 당시 입었던 옷이나 다른 증거물은 모아 습기가 차지 않도록 코팅되지 않은 종이봉투에 보관한다.
- 몸에 멍이나 상처가 있을 경우 사진을 찍어 놓는다.
- 주위사람이나 지인에게 도움을 요청한다.

다 범죄피해문제를 상담받고 싶어요

범죄피해 사례

• 2019년 4월 17일 오전 4시 32분께 진주시 가좌동 한 아파트에서 방화로 추정되는 화재가 발생했다. 불이 나자 아파트 주민들은 긴급히 대피했으나 1층 입구에서 아파트 주민 안 모 (42)씨가 휘두른 흉기에 찔려 숨지거나 다쳤다. 흉기 난동으로 숨진 아파트 주민은 금 모 (12)양, 김 모 (65·여)씨, 성명불상 30대 여성, 성명불상 60대 여성, 황 모 (74)씨 등 5명이며, 차 모 (40대·여)씨 등 5명이 중경상을 입었다. 또 화재로 인해 발생한 연기를 흡입한 주민이 8명으로 파악돼 흉기난동과 화재로 인한 사상자는 18명으로 늘어났다.

출처 : NEWSIS 2019-04-17 기사내용

• 2018년 10월 14일 서울특별시 강서구 내발산동의 PC방을 찾은 김○○(29세)는 손님이 남긴 음식물을 치워달라고 요구하며 직원 신 씨(20세)에게 폭언과 살해 협박을 하였다. 김○○가 PC방 계산대 앞에서 아르바이트 직원 신 씨에게 환불해 달라고 항의하며 손가락질을 하였고, 동생 김 씨(27세)도 옆에서 거들더니 신 씨를 보고 웃었다. 신고를 받고 경찰이 출동했지만 15분쯤 뒤 돌아갔다. 경찰이 돌아가는 것을 확인하고 동생 김 씨는 PC방 입구 앞에서

여기저기를 살펴보았다. 몇 분 뒤 아르바이트 직원 신 씨가 쓰레기봉투를 들고 나오자 동생 김 씨는 형이 향한 곳으로 급하게 뛰어갔다. 오전 8시 10분경에 쓰레기를 버린 신 씨가 다시 PC방으로 향하자 김○○가 신 씨를 흉기로 덮쳤다. 김○○가 PC방 입구 앞 에스컬레이터에서 PC방 직원 신 씨의 안면부에 30여 차례 흉기를 휘둘렀다. 김○○가 흉기를 휘두르는 동안 동생 김 씨는 신 씨를 양쪽 팔로 잡고 있었다. PC방에 있던 사람들이 다시 경찰에 신고했지만 동생 김씨는 현장을 빠져 나가고 김○○만 테이저건을 맞고 체포됐다. 경찰은 김○○(29세)를 살인 혐의로 구속 수사하고 CCTV를 확보한 뒤 집에 있던 동생 김 씨를 불러 참고인 조사를 진행하고 풀어줬다. 현장에서 쓰러진 신 씨는 병원으로 이송됐지만 3시간 만인 이날 오전 11시쯤 사망했다.

출처 : 다음 TIP 남남수 2018-10-22 기사내용

- 익산 약촌 오거리 택시기사 피살사건은 2000년 8월에 익산시 약촌 오거리에서 택시기사가 흉기에 여러 차례 찔려 사망한 사건이다. 처음에는 남성 청소년 최 모 씨가 범인으로 지목되었고 1심에서 범행을 부인해 징역 15년이 선고되었으며, 2심에서 범행을 시인해 징역 10년을 선고받고 항소를 포기해 형이 확정됐다. 그러나 2003년 6월 진범으로 지목된 인물 김 모 씨가 잡혔다. 김 모 씨의 진술이 최 모 씨의 진술보다 더 범행정황에 가까웠는데도 검찰은 김 모 씨에 대한 수사를 반대하였다. 2016년 11월 17일 광주고법 제1형사부(노○○ 부장판사)가 살인 혐의로 기소된 최 모 씨에 대한 재심에서 무죄를 선고했고 박○○ 변호사가 재심을 맡았다. 같은 날 전주지검 군산지청은 진범으로 지목된 김 씨를 체포, 구속 기소하였다. 2018년 3월 27일 김 모 씨의 징역 15년형이 확정되었다.

출처 : 다음 TIP 2018-02-27 기사내용

1 범죄피해 관련 법률

범죄피해자는 범죄피해 상황에서 조속히 벗어나 인간의 존엄성을 보장받을 권리가 있다. 또한 명예와 사생활의 평온은 보호되어야 하며, 당해 사건과 관련하여 각종 법적 절차에 참여할 권리가 있다. 「범죄피해자보호법」은 범죄피해자 보호·지원의 기본시책 등을 정하고 범죄피해자에 대하여 국가 및 지방자치단체의 보호·지원과 국민의 범죄피해자 지원활동을 촉진함으로써 범죄피해자의 손실 복구, 정당한 권리 행사 및 복지증진에 기여함을 목적으로 제정되었다.

2 범죄피해자에 대해 알아보기

법 제3조

현행법상 피해자의 개념은 헌법, 형사소송법, 범죄피해자보호법, 성폭력방지 및 피해자 보호 등에 관한 법률, 성폭력범죄의 처벌 및 피해자보호 등에 관한 법률, 가정폭력범죄의 처벌 등에 관한 특례법 등 많은 법률에서 사용되고 있다. 하지만 이들 규정에는 피해자 개념 및 범위는 명백히 정의되어 있지 않으며 보호대상 또는 적용대상이 되는 범죄피해자의 범위가 명확하지 않다는 문제점을 가지고 있다. 따라서 좀 더 구체적으로 용어에 대해 알아보고자 한다.

범죄피해란?

범죄피해는 범죄로 인해 물질적 · 신체적으로 피해를 입는 것을 말한다.

범죄피해자란?

타인의 범죄행위로 피해를 당한 사람과 그 배우자(사실상의 혼인관계를 포함한다.), 직계 친족 및 형제자매를 말한다.

범죄피해자 보호 · 지원은?

범죄피해자의 손실 복구, 정당한 권리 행사 및 복지 증진에 기여하는 행위를 말하는 것으로 다만, 수사 · 변호 또는 재판에 부당한 영향을 미치는 행위는 포함되지 아니한다.

범죄피해자 지원법인은?

범죄피해자 보호 · 지원을 주된 목적으로 설립된 비영리법인이다. 이중 구조대상 범죄피해는 대한민국의 영역 안에서 또는 대한민국의 영역 밖에 있는 대한민국의 선박이나 항공기 안에서 행하여진 사람의 생명 또는 신체를 해치는 죄에 해당하는 행위로 사망하거나 장해 또는 중 상해를 입은 것을 말한다. 단, 형법 및 법률 조항에 따른 처벌되지 아니하는 행위 및 과실에 의한 행위는 제외한다.

장해의 범위는?

범죄행위로 입은 부상이나 질병이 치료(그 증상이 고정된 때를 포함한다.)된 후에 남은 신체의 장해로서 대통령령으로 정하는 경우이며, 중상해란 범죄행위로 인하여 신체나 그 생리적 기능에 손상을 입은 것으로서 대통령령으로 정하는 경우를 말한다. 또한 제1항제1호에 해당하는 사람 외에 범죄피해 방지 및 범죄피해자 구조 활동으로 피해를 당한 사람도 범죄피해자로 본다.

3 범죄피해자가 도움받을 수 있는 방법은?

법 제4~6조

국가는?

범죄피해자 보호·지원을 위하여 범죄피해자 보호·지원 체제의 구축 및 운영, 범죄피해자 보호·지원을 위한 실태조사, 연구, 교육, 홍보, 범죄피해자 보호·지원을 위한 관계 법령의 정비 및 각종 정책의 수립·시행 등의 조치를 취하고 이에 필요한 재원을 조달할 책무를 진다.

지방자치단체는?

범죄피해자 보호·지원을 위하여 적극적으로 노력하고, 국가의 범죄피해자 보호·지원 시책이 원활하게 시행되도록 협력하여야 하고, 책무를 다하기 위하여 필요한 재원을 조달하여야 한다.

국민은?

범죄피해자의 명예와 사생활의 평온을 해치지 아니하도록 유의하여야 하고, 국가 및 지방자치단체가 실시하는 범죄피해자를 위한 정책의 수립과 추진에 최대한 협력하여야 한다.

4 범죄피해자는 어떤 지원을 받나요?

법 제7조 및 시행령 제9조

국가 및 지방자치단체는?

국가와 지방자치단체는 범죄피해자와 그 가족에게 피해정도 및 보호 · 지원의 필요성 등에 따라 상담, 의료제공(치료비 지원을 포함한다.), 구조금 지급, 법률구조, 취업 관련 지원, 주거지원, 그밖에 범죄피해자의 보호에 필요한 대책을 마련하여야 한다. 또한 신체적 · 정신적 안정을 제공하고 사회복귀를 돕기 위하여 일시적 보호시설(이하 "보호시설"이라 한다.)을 설치 · 운영하여야 한다. 국가는 보호시설의 운영을 범죄피해자 지원법인, 「의료법」에 따른 종합병원, 「고등교육법」에 따른 학교를 설립 · 운영하는 학교법인, 그 밖에 대통령령으로 정하는 기관 또는 단체에 위탁할 수 있고 범죄피해자와 그 가족의 정신적 회복을 위한 상담 및 치료 프로그램을 운영하여야 한다.

보호시설의 장은 입소자의 심신의 안정을 위하여 입소자의 특성 등을 고려한 상담 및 치료 계획을 수립 · 실시하고 그 내용을 기록 · 유지하여야 한다.

지방자치단체는 범죄피해자 보호와 지원을 위해 조례를 제정하거나, 민간단체인 범죄피해자 지원단체에 보조금을 제공하는 방법으로 지원하고 있다. 조례 제정을 통해 지방자치단체에서도 범죄피해자에 대해 지속적이고 체계적인 정책 수립과 추진이 가능하게 되었고, 지역 주민의 다양한 의견 수렴을 통해 지역 특색에 맞는 범죄피해자지원을 할 수 있게 되어 피해자들의 인권보호와 일상으로의 빠른 복귀를 돕고 있다. 범죄피해자 지원단체에 대한 보조금지원은 범죄피해자보호법에 근거를 두고 조례나 보조금 관리 조례에 따라 지급하고 있으나 보조금 지급 액수를 결정하는 기준이 따로 있지 않고 지자체의 자율에 맡긴다.

경찰단계에서 도움받는 방법은?

표 5

피해자 전담경찰관	- 2015년부터 피해자전담경찰관을 전국 각 경찰서에 배치, 피해자에 대한 종합적인 보호 · 지원을 담당하면서 대상자별로 피해상황에 맞는 맞춤형 보호지원 서비스를 제공하고 있다. - 트라우마 척도(VTS)를 개발하여 범죄발생 초기 피해자전담경찰관이 피해자를 상담하면서 VTS검사를 실시하고, 전문심리요원을 연계하여 심리적 지원을 받을 수 있도록 도와주고 있다. - 조사를 받고 귀가하는 피해자에게 여비를 지원해주고, 범죄로 인해 주거지로 돌아갈 수 없는 피해자에게 임시숙소를 제공하여 머무를 수 있도록 하고 있으며, 가해자로부터 위해 위험이 있는 피해자에게는 신변보호를 해 준다. 또한 피해자와 가족에 대한 무료 건강검진실시, 피해현장정리, 법률 모니터링, 경제지원 연계, 신뢰관계인 동석, 범죄 피해평가제도 등 다양한 역할을 수행하고 있다.
피해자 심리전문요원 (CARE요원)	- 2006년 8월 범죄로 인한 직접적인 피해 이외에 정신적인 스트레스에 대한 심리적 지원을 위하여 심리학 전공자를 CARE요원으로 채용하여 사건 초기에 개입함으로써 피해자의 정신적 · 심리적 지원을 제공하고 있다. - 강력범죄 피해자에 대한 신변안전조치, 상담이나 지원제도 안내, 범죄피해자지원기관과의 연계 등을 하고 있다. - 초기에는 살인, 강도, 강간, 방화, 조직폭력 등의 강력범죄 피해자를 대상으로 강력범죄 발생 시 현장에 출동하여 초기에 피해자에 대한 심리적 안정을 유도하고 2차 피해방지를 주요업무로 하였다. 그 후 청문감사관실로 이동하면서 피의자, 경찰직원, 민원인 등으로 확대하여 심리지원 활동을 하고 있다.
피해자 위기개입상담관	- 2018년 4월 범죄발생시 초기에 위기개입을 통한 심리적 응급처치 및 범죄피해자의 심리평가 · 상담을 실시하고자 심리학을 전공한 상담전문가 중 1년 이상 상담경력을 가진 대상자를 일반임기제공무원으로 채용하였다. - 범죄피해자 위기개입상담관은 각 지방청 청문감사관실 피해자 보호계 소속으로서 범죄발생 시 피해자전담경찰관 및 피해자 심리전문요원이 심리지원 요청을 해오면 각 해당 경찰서에 파견되어 심리적 응급처치 및 심리평가와 상담을 실시한다. 또한 필요 시 상담기관인 스마일센터, 한국피해자지원협회(코바), 정신건강증진센터 등에 연계시켜주는 활동을 하고 있다.
해바라기센터 (원스톱지원센터)	- 2000년 성폭력피해자가 병원진료와 수사지원 지연으로 3일간 병원과 경찰을 전전하는 사건이 발생, 이에 대한 연계지원시스템의 필요성이 제기되어 2005년 서울 경찰병원에서 성폭력피해자를 위한 지원센터로 시작되었다. 이후 여성가족부와 경찰청 간의 센터 설치에 대한 협의를 통하여 현재 여성 · 학교폭력 피해자 원스톱지원센터로 전국 30개의 센터 설치, 특별시 및 광역시 · 도, 지방경찰청, 수탁기관(병원) 3자 협약, 수탁기관 내 설치를 원칙으로 성폭력 · 가정폭력 · 학교폭력 · 성매매피해자에 대하여 365일 24시간 상담, 의료, 법률, 수사 지원을 원스톱으로 제공한다. 이로써 피해자가 폭력 피해로 인한 위기상황에 대처하고 있다. - 병원 진료 후 피해자가 진술과 조서 작성을 위하여 센터 내에 진술녹화실을 설치하였고 피해자 치료 및 증거 채취를 위해 의료장비를 갖춘 영상진료실이 설치되어 있다. 피해자의 안정을 위한 상담실과 침대 · 소파를 갖춘 피해자 안정실을 구비하였으며, 법률조력인을 배치하여 고소 및 손해 배상 청구 등 민 · 형사 소송지원과 범죄피해자 구조에 관한 무료법률 상담을 실시하고 있다.

법무부 · 검찰에서 도움받는 방법은?

표 6

스마일센터	- 2010년 7월 전국범죄피해자지원연합회에 위탁, 범죄피해자복지센터인 스마일센터를 운영하기 시작하였으며, 강력범죄피해로 인한 심리적 후유증의 치료, 연구, 교육 등을 수행하고 있다. - 범죄피해자를 위해 특성화된 전문 인력들이 상주하면서 피해자별로 맞춤 서비스를 제공하고 있는데, 이를 위해 정신과 전문의, 임상심리 전문가, 간호사, 사회복지사, 행정요원, 다양한 영역의 전문가로 구성된 자문단이 긴밀하게 협력하고 있다. - 심리지원에는 정신과 진료, 심리학적 평가, 심리치료 상담, 법률지원, 사례관리, 사후관리 등이 있으며, 모든 서비스는 정기적 혹은 비정기적인 센터방문이나 센터 내에 설치되어 있는 임시주거시설 입소를 통하여 제공받을 수 있다. - 스마일센터는 법무부에서 위탁하여 심리상담 및 치료를 전문적으로 하는 기관으로 범죄피해자지원센터와 연계되어 전문상담과 임시주거 제공의 활동을 하고 있다. 현재 서울을 비롯한 전국 11곳에 설치 · 운영되고 있다.
형사조정제도	- 형사조정제도는 대검 예규인 「형사조정 실무운용 지침」에 따라 2006년 4월 시범 실시된 이후 2007년 1월부터 전국 33개 검찰청에서 실시, 2007년 8월부터는 전국 모든 검찰청에서 실시하고 있다. - 2009년부터 형사조정제도는 형사사건 처리의 전문성과 조정 이행력을 강화하고 피해자에게 치우치지 않도록 공정하게 사건을 처리하고, 범죄피해자 지원센터가 본연의 업무에 집중할 수 있도록 형사조정업무를 범죄 피해자지원센터로부터 분리하여 검찰청 내에 형사조정위원회를 설치 · 운영하고 있다.

민간단체에서 도움받는 방법은?

표 7

한국피해자지원협회 (KOVA)	- 2011년 3월 법무부의 허가를 받아 공식으로 출범한 민간조직으로, '피해자지원을 통한 건전한 사회 만들기'를 목표로 3개 위원회와 7개 본부, 18개 지부로 구성되어 있다. - 주요 지원 사업은 상담센터를 운영하여 의료안내, 상담지원, 법률지원 등을 수행, 산하 기관으로 자격관리 위원회를 두어 피해상담사 1급 300명, 2급 309명, 3급 147명이 교육을 이수한 후 활동하고 있다.
성폭력 · 가정폭력 관련 상담소	- 1991년에 설립된 성폭력상담소는 성폭력피해여성들과의 심리적, 법적, 의료적 상담을 통하여 피해를 극복하고 건강한 삶을 살 수 있도록 하며, 성폭력의 원인 및 예방대책에 대한 연구를 토대로 인간중심적인 성문화를 정착시키고 여성의 인권을 회복시켜 보다 평등하고 자유로운 사회를 만들어 가는 활동을 하기 위하여 설립되었다. - 성폭력 · 가정폭력 상담소는 민간 여성단체를 중심으로 성장해오다가 1990년대 말 대한가족계획협회에서 성폭력상담에 참여하게 되었고, 보건복지부 재정지원을 받는 상담소와 그렇지 않은 순수 민간상담소로 나누어지면서 성폭력상담소의 운영 및 성격이 변화하기 시작하였다. - 2001년 아동복지법의 개정으로 인하여 아동보호전문기관이 증가하였고 아동 성폭력피해자를 위한 해바라기아동센터가 만들어졌다. 2004년 노인복지법의 개정으로 노인 학대 방지센터 등이 만들어졌다.
해바라기 여성 · 아동센터	- 해바라기센터는 성폭력 · 가정폭력 · 성매매의 피해 아동과 여성을 보호하기 위한 여성가족부의 피해자지원기관으로, 2004년 여성가족부에서 아동 성폭력 피해 아동과 가족을 위한 연계 지원서비스를 갖추기 위하여 서울 연세의료원에 처음 설립하였다. - 센터는 성폭력 · 가정폭력 · 성매매의 피해자 및 그 가족을 대상으로 365일 24시간 상담지원, 의료지원, 법률 · 수사지원, 심리치료지원 등의 서비스를 통합적으로 제공함으로써 피해자가 폭력 피해로 인한 위기 상황에 대처하고 2차 피해를 방지할 수 있도록 지원하고 있다. - 통합형 해바라기센터는 14개소, 아동형 해바라기센터는 8개소, 위기 지원형 해바라기센터는 16개소가 병원에 설립되어 운영되고 있다. - 최근 '성폭력방지 및 피해자보호 등에 관한 법률' 제 18조를 근거로 원스톱지원센터와 해바라기 아동센터, 해바라기 여성 · 아동센터를 연계하여 '성폭력피해자 통합지원센터'로 개편, 2015년 성폭력피해자 연계지원센터 명칭을 '해바라기센터'로 일원화하였다.

5 피해자보호시설은 어떻게 운영되나요?

법 제7조4항, 시행령 제5조

보호시설의 규모 및 시설 기준은?

보호시설은 3명 이상이 동시에 거주할 수 있고, 2명 이상이 동시에 상담하거나 치료할 수 있는 규모 및 시설을 갖추어야 한다. 임시거주시설 및 상담 · 치료시설은 지상에 있어야 하며, 목욕, 세면설비 및 수세식 화장실과 별도의 조리실을 갖추어야 한다.

시설종사자는 어떠한 자격이 필요한가?

「사회복지사업법」에 따른 사회복지사나 「의료법」에 따른 의사, 한의사, 간호사, 또는 임상심리사(한국산업인력공단), 정신보건 임상심리사(보건복지부), 임상심리전문가(한국임상심리학회), 그 밖에 전문 상담사 교육을 이수하거나 사회복지 관련 분야 석사학위를 취득한 후 1년 이상 상담원 또는 생활지도사로 근무한 경력이 있는 사람으로 이 중 어느 하나에 해당하는 자격을 갖추어야 한다. 다만, 일반 행정종사자의 경우에는 그러하지 아니한다.

6 등록요건 및 절차는?

시행령 제41조

지원법인의 운영 목적은 무엇인가?

범죄피해자에 대한 법률 · 심리상담 등 각종 상담, 범죄피해로 인하여 정상적인 가정 · 사회생활이 어려운 사람들에 대한 경제적 지원, 수사기관 및 법정에 범죄피해자와 동행, 범죄피해자의 병원후송 · 응급진료 및 치료, 이법 및 이영에 따른 구조금 신청과 「법률구조법」에 따른 법률구조법인의 구조 신청에 대한 안내 등 법률구조 지원, 범죄피해자 보호 · 지원을 위한 조사 · 연구 및 교육 · 홍보, 범죄피해자를 위한 대피시설 또는 보호시설 등의 운영, 그 밖에 범죄피해자 보호 · 지원과 관련된 활동 중 세 종류 이상의 활동을 법인의 목적으로 하여야 한다.

지원법인은 어떤 사람들로 이루어지는가?

법인의 임원·직원은 10명 이상으로 변호사·의사 등의 자격 또는 면허가 있는 사람으로서 법률·의료 등 해당 전문분야에서 범죄피해자 보호·지원과 관련한 활동이 가능한 사람, 「법률구조법」에 따른 법률구조법인 등 범죄피해자 보호·지원 관련 기관에서 5년 이상 근무한 사람, 정부·지방자치단체 또는 공공단체 등에서 범죄피해자 보호·지원과 관련된 업무에 5년 이상 종사한 사람 중 어느 하나에 해당하는 사람이어야 한다.

지원법인의 시설기준은?

범죄피해자 보호·지원업무를 위한 목적사업을 수행하는 데에 필요한 사무실과 시설 등 자산을 보유하고 있어야 한다.

7 범죄피해자 입소와 퇴소 기준은?

시행령 제6조

보호시설의 입소 기준은?

범죄피해자 중 집중적인 심리치료나 임시 거처가 필요하다고 판단되어 검사, 경찰관서의 장, 범죄피해자 지원법인 또는 보호시설의 장이 추천한 사람은 보호시설에 입소할 수 있다.

보호시설의 퇴소 기준은?

보호시설에 입소한 사람은 본인의 의사에 따라 퇴소할 수 있으며, 보호시설의 장은 다음과 같은 경우 입소자에게 퇴소를 명할 수 있다.

① 보호의 목적이 달성된 경우
② 입소자가 거짓이나 그 밖의 부정한 방법으로 입소한 경우
③ 보호시설 안에서 중대한 질서 문란행위를 한 경우
④ 그 밖에 법무부장관이 정한 보호시설 운영규칙을 현저히 위반한 경우에는 퇴소를 명할 수 있다.

8 상담 및 치료 프로그램의 운영은?

법 제7조3항, 시행령 제9조

보호시설의 장은 입소자의 심신의 안정을 위하여 입소자의 특성 등을 고려한 상담 및 치료 계획을 수립 · 실시하고 그 내용을 기록 · 유지하여야 한다.

(1) 스마일센터가 하는 일은 어떤 것이 있을까?

조직은 어떻게 구성되는가?

그림9

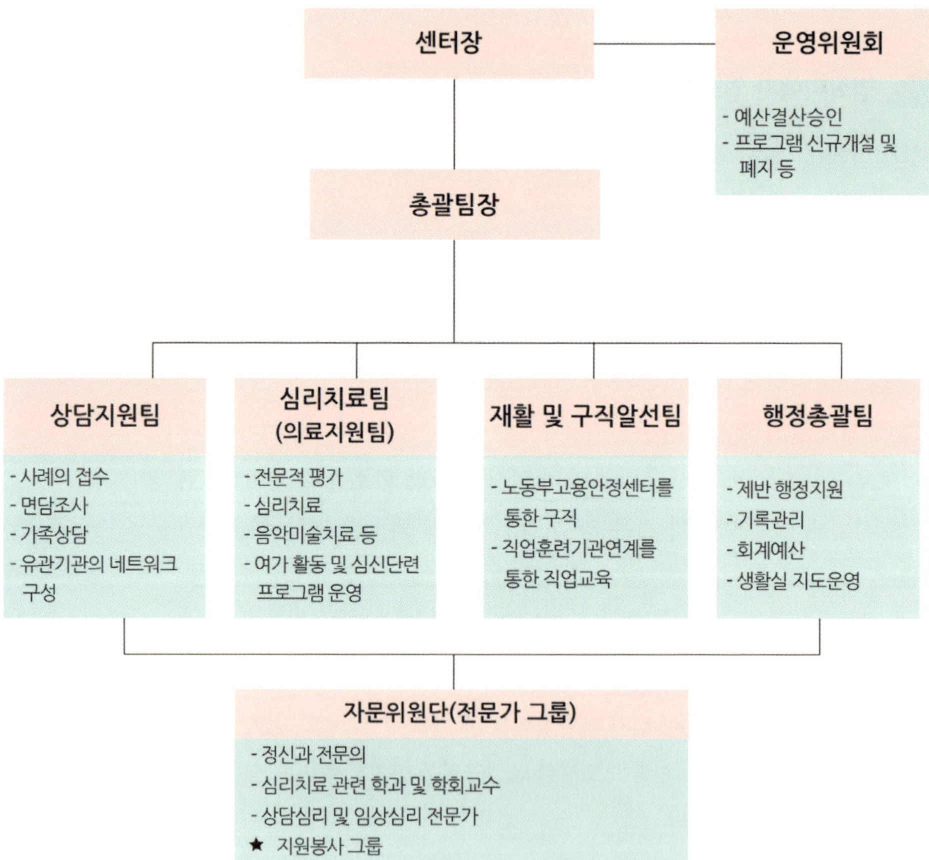

어떤 사업이 진행되는가?

스마일센터는 총괄지원단을 중심으로 전국에 총 14개소를 설치 · 운영하고 있으며, 사업내용으로는 정신건강의학과 전문의와 임상심리 전문가들이 범죄피해자들에게 전문적인 심리지원 서비스, 사례지원 서비스, 네크워크 구축을 통한 통합서비스를 제공하고 있다.

생활관에 입소한 피해자들에게는 어떤 프로그램이 진행되는가?

방화로 인해 거주지가 소실되었거나, 범죄피해로 인한 충격을 잊기 위하여 피해 장소에서 벗어나 안정된 곳에서 심리적 안정을 취할 필요가 있는 경우, 또는 주거지에 범죄의 흔적이 남아있어 현장 정리를 위해 일시적으로 별도의 주거공간이 필요한 경우 등 범죄피해로 인해 거주지에서 생활하기 곤란한 사람들을 위하여 임시 거주지 및 입소 프로그램을 제공하고 있다.

개별 입소자에 맞추어 상담, 심리치료, 회복 프로그램 등 입소자 프로그램이 운영되며, 생활관 입소는 '1개월 이내의 단기입소'를 원칙으로 하고 있다.

강력사건 범죄피해자와 가족에 대한 상담, 치료 및 교육 등 서비스 제공 프로그램으로는 외상 후 스트레스 장애 심리치료, 외부기관 강사 초빙 및 관련기관 교육훈련 알선, 여가활동 및 심신단련 프로그램, 피해자 자조 모임 프로그램 등이 있다.

또한, 유사한 고통을 겪는 피해자들이 함께 모여 이야기를 나누고 서로 격려하며 다양한 활동에 참여하는 것을 통해 회복에 도움을 줄 수 있는 회복프로그램으로 원예치유, 난타, 명상요가, 숲 체험, DIY 활동, 사이코드라마, 문화예술체험 등의 프로그램이 운영되고 있다.

어떤 순서로 진행되는가?

1단계 : 범죄발생

2단계 : 접수

(범죄피해자 지원법인, 검찰, 경찰, 법원, 기타 기관 및 개인)

3단계 : 접수사례회의

종합사례회의

(심리평가, 심리치료 · 상담, 정신과 진료, 법률지원, 입소 · 입소프로그램)

4단계 : 종결사례회의

5단계 : 사후관리

(2) 범죄피해자지원센터가 하는 일은?

조직은 어떻게 구성되는가?

그림10

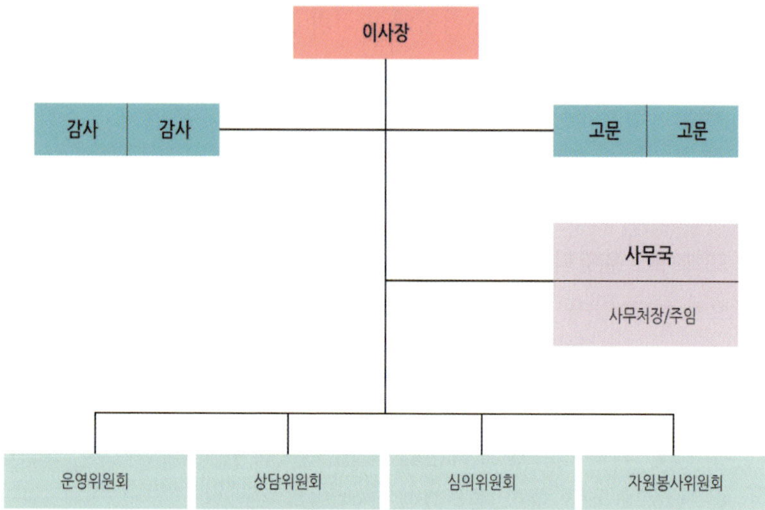

어떤 사업이 진행되는가?

범죄피해자지원센터는 한국 범죄피해자지원 중앙센터를 중심으로 전국에 총 59개소를 설치 · 운영하고 있으며, 지원 사업내용으로는 경제적 지원, 심리적 지원, 법률 지원, 주거 지원, 기타 59개 전국지역 센터의 특성에 맞는 사업 및 프로그램을 진행하여 범죄피해자와 가족의 회복을 돕고 있다.

심리지원 프로그램으로는 어떤 것들이 있는가?

불의의 범죄피해로 인하여 정신적 충격을 받고 일상적인 생활이 어려운 범죄피해자와 가족에게 심리상담, 개별 · 집단 치유프로그램(자조모임), 프로그램 지원을 통하여 일상생활 복귀를 지원하고 있다. 또한, 심리지원 프로그램으로 원예치료, 떡 케이크 만들기, 멘토와 멘티가 함께하는 힐링 캠프 등의 프로그램이 운영되고 있다.

어떤 순서로 진행되는가?

1단계 : 범죄발생
2단계 : 지역관할센터 신청
3단계 : 센터심의위원회 심의
4단계 : 관할검찰청요건 확인
5단계 : 각 사업별 지원비 지원
6단계 : 지속관리
7단계 : 종결

통합지원네트워크 지원체계는 어떻게 이루어지는가?

그림11

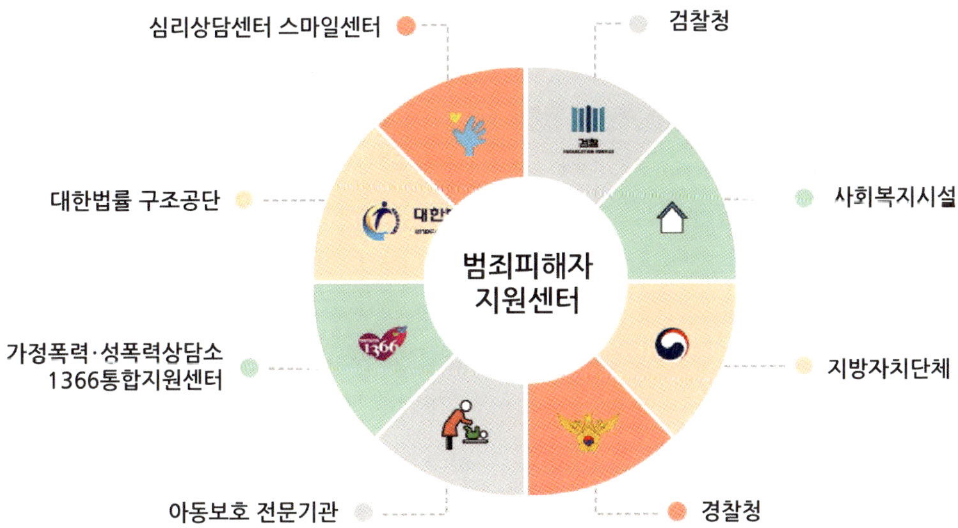

(3) 한국피해자지원협회(KOVA)가 하는 일은

조직은 어떻게 구성되는가?

그림12

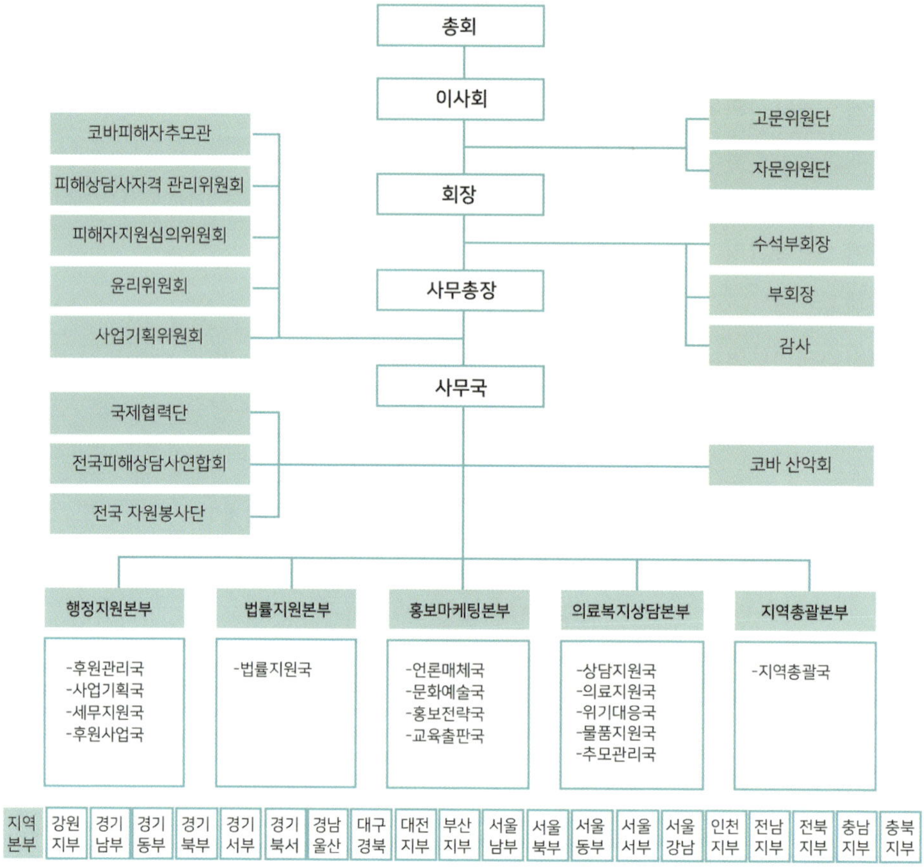

어떤 사업이 진행되는가?

한국피해자지원협회는 한국피해자지원협회 지역본부를 중심으로 전국에 총 21개 지부를 설치 · 운영하고 있으며, 지원 사업내용으로는 심리지원, 경제적 지원, 의료지원, 법률지원을 진행하여 범죄피해자와 가족의 회복을 돕고 있다.

심리지원에는 어떤 것들이 있는가?

피해자에 대한 전화, 면담, 방문 등을 통한 전문 피해상담을 비롯하여 피해자 및 피해자 가족에게 심리 상담을 진행하고 있으며, 정신과 및 심리치료 전문기관과의 연계를 통하여 심리회복에 도움을 주고 있다. 또한 출장, 상담지원, 직접 방문을 통하여 위로와 피해상황 파악, 지원방식 등의 상담을 진행한 후 피해자가 일상생활에 복귀할 수 있도록 지원하고 있다.

또한, 심리지원 프로그램으로 스포츠 힐링 & 나눔 프로그램, 미술치료 집단상담 프로그램, 명상 및 인지치료 프로그램, 영화 예술치유 프로그램 등이 운영되고 있다.

9 범죄피해를 당할 경우 어떻게 대처해야 할까요?

강력범죄 피해 시 대처요령

- 신체의 안전을 위하여 일단 가해자로부터 피한다.
- 112에 신고하여 경찰의 도움을 요청한다.
- 긴급구호(임시숙소, 병원후송)를 받은 다음 법적대응(형사고소, 민사 손해배상 청구)을 준비한다.
- 피해자전담경찰관과 피해 회복 및 지원에 대하여 상담한다.
- 신체 피해에 대하여 즉시 치료를 받는다.
- 증거자료를 확보하여 보존한다(진료기록, 피해부위 사진촬영 등).
- 피해자 조사 시 증거자료 제출 및 범죄사실 · 범인특정을 위하여 피해상황을 지세히 진술한다.

라 군 생활 문제를 상담받고 싶어요

군 생활 문제 사례

- 강원도 고성 군부대 총기 난사 사건은 2014년 6월 21일 20시 15분경 강원도 고성군에 있는 대한민국 육군 22사단 55연대 13소초에서 발생한 사건이다. 총기를 난사한 병사는 22보병사단의 임○○이었으며, K-2 소총과 실탄 60여 발을 소지하고 무장 탈영했다. 국방부는 상황 발생 직후 사고 대책본부를 설치해 후속 조치를 취하는 한편 강원도 고성지역에 '진돗개 하나'를 발령했다. 6월 22일 오후 추적 하던 군과 임○○ 사이에 고성군 현내면 명파초등학교 부근에서 교전이 벌어졌고, 임○○은 6월 22일 밤 11시 다시 도주하였다. 국방부는 6월 23일 오후 2시 44분경에 소총으로 자신의 옆구리를 쏴 자살을 시도하려던 임○○을 생포했다고 밝혔다. 임병장은 본래 A급 관심병사였으나, 2013년 11월 B급으로 등급이 조정된 뒤 22보병사단에 전입했다. 이를 두고 군의 인사 체계가 제대로 이루어지지 않는다는 비판이 나왔다. 또한 임병장은 부대 내에서 상하 계급 모두에게 따돌림을 받는 '계급열외'를 당한 것으로 알려져 범행 동기 중 하나로 지적되었다. 임 병장은 범행 동기에 대해 함구하고 있으며 국방부 또한 계급열외 동기설을 공식 부인했다.

출처 : 다음 TIP 위키백과 2015-12-05 기사내용

• 김 씨는 2014년 4월부터 10월까지 자신이 근무하는 중대 사무실에서 A 중사의 가슴을 손가락으로 찌르고 목덜미를 깨무는 등 수차례에 걸쳐 A 중사를 성추행했다. 또 독신자 숙소에서 함께 지내던 B 소위의 엉덩이를 만지고 귀에 바람을 불어넣기도 했다. 계속된 김 씨의 성추행에 A 중사 등은 이 같은 사실을 지휘관에게 보고, 김 씨는 정직 1월의 징계를 받았다. 김 씨는 "A 중사 등에게 한 행동이 친밀감을 나타낸 것일 뿐 성적인 의도는 없었다."며 상급 부대에 항고했지만 받아들여지지 않자 법원에 소송을 제기했다. 그러나 법원 또한 김 씨의 주장을 받아들이지 않았다. 재판부는 판결문에서 "원고는 군인사법의 품위유지의무를 어긴 사실이 인정되므로 피고가 원고에 내린 징계는 정당하다"며 "피해자들이 불쾌함을 느껴 거부 의사를 확실히 드러낸 점 등을 종합하면 원고의 행위는 강제추행에 해당한다."고 판시했다.

출처 : MIMINT뉴스 2016-07-03 기사내용

• 육군 8군단은 2014년 09월 06일 오후 속초시 모 부대에 발생한 송 일병 사망사건의 직접적인 사인은 목을 맨 데 따른 것으로 판정됐다고 9일 밝혔다. 하지만, 검시과정에서 발견되지 않았던 피하 출혈이 부검 과정에서 발견돼 군 당국이 이에 대한 조사를 벌이고 있다. 군 당국에 따르면 송 일병 시신에서 발견된 피하출혈은 머리와 어깨, 무릎 등 7곳이다. 군 당국은 이 출혈이 보급병 직무 수행 중 발생한 것인지, 축구경기와 야외훈련 등 부대활동 과정에서 발생한 것인지, 그렇지 않다면 다른 원인에 의한 것인지 확인 중이다. 아울러 송 일병이 여자 친구와 부모에게 남긴 메모를 바탕으로 사망 원인을 조사하고 있다. 군 당국은 "송 일병이 남긴 메모에는 구타와 가혹행위, 내부 부조리 등 군 내부에 관한 언급은 전혀 없다"며 "유가족 요청 시에는 외부기관이 참여하는 조사도 벌일 계획"이라고 밝혔다. 속초시 육군 모 부대에 근무 중이던 송 일병은 지난 6일 오후 10시 30분쯤 부대 내 창고에서 목매 숨진 채 발견됐다.

출처 : 서울신문 2014-09-29 기사내용

1 군 생활 관련 법률

「군인사법」은 군인의 책임 및 직무의 중요성과 신분 및 근무조건의 특수성을 고려하여 그 임용, 복무, 교육훈련, 사기 및 신분보장 등에 관하여 국가공무원법에 대한 특례를 규정함을 목적으로 한다. 군인은 이 법을 적용할 때에 평등하게 대우받아야 하며 합리적인 사유 없이 차별받지 아니한다.

2 군인사법에 대해 알아보기

심신장애인 전역의 적용 범위는?

국방부령 시행규칙 제46조

심신장애로 인하여 현역 복무가 적합하지 아니하다는 사유로 전역시킬 수 있는 사람의 범위는 현역의 장교·준사관·부사관 및 군 간부후보생으로 한다.

3 전상과 공상은 어떻게 구분하나요?

국방부령 시행규칙 제47조

전상이란?

적과의 교전이나 무장폭동 또는 반란을 진압하기 위한 행위로 인하여 생긴 심신장애이다.

공상이란?

교육·훈련 또는 그 밖의 공무로 인하여 생긴 심신장애이다.

비전공상이란?

전상과 공상에 해당되지 아니한 행위로 인하여 생긴 심신장애이다.

전상 및 공상의 심사기준은?

심신 장애인이 전상·공상 또는 비전공상에 해당하는지를 심사하기 위하여 각 본부와 참모총장이 지정하는 부대 및 기관에 전상·공상 심사위원회를 둔다. 또한 전상·공상 심사위원회의 조직 및 운영에 필요한 사항은 참모총장이 정한다.

4 심신 장애인이 도움받을 수 있는 방법은?

심신장애인의 진료는?

국방부령 시행규칙 제48조

소속 부대의 장은 심신 장애인이 발생하였을 때에는 지체 없이 군병원이나 그 밖의 군 의료기관 또는 요양기관(민간요양기관)에서 진료를 받을 수 있도록 하여야 한다.

심신장애 정도의 조사와 판정기준은?

국방부령 시행규칙 제50~51조

의무조사위원회가 심신장애의 정도를 조사할 때에는 조사 대상자의 임상기록 · 진찰 · 검사 · 진술 또는 그 밖에 필요한 기록에 의하여 조사하여야 한다. 이 경우에 군병원장은 입원 전 소속 부대의 장에게 필요한 기록의 송부를 요청할 수 있다. 또한 군병원장은 심신장애인이 군병원, 민간요양기관에 입원한 날부터 3개월 이내에 의무조사위원회로 하여금 의무조사를 하게 하여야 한다. 다만, 의무조사위원회에서 의학적으로 필요하다고 판단할 때에는 본인의 동의를 받아 1년의 범위에서 그 조사를 보류하게 할 수 있다.

이같이 의무조사위원회가 조사를 마쳤을 때에는 아래 심신장애 평가기준에 따라 심신장애의 장애 정도를 판정하여야 한다.

표 8 제51조 및 제53조 제1항 관련

심신장애의 정도 및 평가 기준–정신과
77. 기질성 정신장애 가. 알츠하이머병의 치매, 혈관성 치매, 그 밖의 치매로 증상이 있고 인지검사 도구나 뇌 영상 의학적 검사로 확인된 경우 1) 고도 : 일상적인 개인위생을 스스로 할 수 없으며 다른 사람의 보호가 필요한 경우 (2급) 2) 중등도 : 간단한 개인위생은 스스로 가능하나 사회생활 및 직업유지가 어려운 경우 3) 경도 : 스스로 개인위생을 챙기는 데 어려움이 없고 단순한 사회생활이 가능한 경우 나. 알코올 또는 그 밖의 정신활성 물질로 유발되지 않는 기질성 기억상실증후군 다. 알코올 또는 그 밖의 정신활성 물질로 유발되지 않는 섬망 라. 뇌의 질병, 손상 및 기능 장애로 인한 인격 및 행동 장애
78. 정신활성 물질(알코올, 아편계, 흥분제, 환각제, 휘발성 용매)로 인한 정신 및 행동장애 가. 급성 중독증상과 의존증상으로 개인위생을 할 수 없는 정도의 상태이며, 금단증상 및 정신병적 증상이 공존하는 경우 (7급) 나. 급성 중독증상과 의존증상이 있으나 개인위생 및 단순 업무는 가능한 경우 (9급)
79. 조현병, 망상장애 및 그 밖의 정신병적 장애 가. 고도 : 현재 증상이 있고, 약물요법 등 적극적인 치료를 했는데도 증상이 호전되지 않으며 인격변화가 있는 경우 (2급) 나. 중등도 : 현재 증상이 있고 치료에 반응을 보이지만 사회적 기능이 저하되어 단순 업무만 가능한 경우 (5급) 다. 경도 : 현재 증상이 있으나, 과거력이 없고 치료에 잘 반응하는 경우(급성 및 일과성 정신병적 장애를 포함한다) (7급)
80. 양극성 장애 가. 고도 : 현재 조증 등의 증상이 있고 약물치료 등의 적극적인 치료를 했는데도 증상이 호전되지 않고 인격의 변화가 있거나 재발한 경우 (5급) 나. 중등도 : 현재 조증 증상이 있고 치료에 반응을 보이지만 사회적 기능이 저하되어 있는 경우 (7급) 다. 경도 : 현재 증상이 호전되어 사회적 기능이 회복된 경우 (9급)

81. 주요 우울장애 및 그 밖의 기분장애 가. 고도 : 현재 증상이 있고 반복성 우울장애로 1개월 이상의 입원 치료 또는 1년 이상의 약물치료 등의 적극적인 치료를 했는데도 호전되지 않는 경우 (7급) 나. 중등도 : 현재 증상이 있고 치료에 반응을 보이지만 사회적인 기능이 저하되어 있는 경우 (9급) 다. 경도 : 현재 증상이 호전되어 사회생활에 지장이 없는 경우 (10급)
82. 신경증적 장애(불안장애, 심한 스트레스에 의한 반응 및 적응장애, 해리장애, 신체형 장애, 그 밖의 신경증적 장애) 가. 고도 : 1개월 이상 입원치료 또는 1년 이상의 약물치료를 했는데도 증상이 지속되며 회복이 지연되고 단순 업무도 불가능한 경우 (7급) 나. 중등도 : 치료 효과를 보이나 사회적응에 문제가 있으며, 단순 업무는 가능한 경우 (9급) 다. 경도 : 현재 증상이 호전되어 사회생활에 지장이 없는 경우 (11점)
83. 수면장애 및 기면병 가. 고도 : 임상적인 증상이나 수면다원검사에서 진단기준을 만족하고, 1년 이상 치료를 했는데도 증상의 호전이 없으며 사회적인 기능이 저하되어 있는 경우 (7급) 나. 중등도 : 임상적인 증상이나 수면다원검사에서 진단기준에 해당하고 6개월 이상의 치료에 호전은 있으나 사회적 기능이 일부 저하되어 있는 경우 (9급) 다. 경도 : 불면증상으로 치료 후 증상의 호전이 있고 사회적 기능에 저하가 없는 경우 (11급)
84. 성인 인격장애 및 성인 행동장애 가. 고도 : 1년 이상의 치료 경력 또는 1개월 이상의 입원 치료력이 확인되고, 일부 심각한 증상으로 사회생활에 상당한 지장을 주는 경우 (7급) 나. 중등도 : 고도와 경도 사이의 정도를 보이는 경우 (9급) 다. 경도 : 일부 증상은 있으나 사회생활에 지장은 없는 경우 (11급)
85. 지적장애 및 지능저하 가. 고도 : 지적장애인 가운데 일상생활과 사회생활이 곤란하여 다른 사람의 보호가 필요한 경우 (7급) 나. 중등도 : 경계선지능자 및 지적장애인 가운데 사회생활에 지장이 있으나 일상생활이 가능하여 다른 사람의 보호가 필요 없는 경우 (9급) 다. 경도 : 경계선지능자 가운데 일상생활뿐만 아니라 단순한 사회생활은 가능한 경우 (11급)
86. 특정 불능의 정신장애(달리 특정할 수 없는 정신장애를 말한다) : 제 82호에 준하여 판정한다.

5 군 상담이란?

군 상담의 특징은?

군 상담은 군 생산성을 극대화하고 군 전투화를 강화하는 과정이다. 이를 통하여 상담교육을 받은 간부나 군전문가가 장병, 군인가족 및 군 전체 조직을 대상으로 개인차원의 문제 해결, 업무능력 향상, 잠재력 개발을 촉진하여 미래를 대비하게 하고 조직차원에서 군에 상담문화를 정착시켜 병영 문화개선 실현이 가능하게 하는 것이다.

군 상담은 어떻게 운영되고 누가 도와주는가?

육군에서는 기존의 '병영생활 고충상담관' 대신 '장병기본권 전문상담실'을 설치하고 중대는 행정보급관이나 소대장 및 중대장, 대대는 주임원사와 군의관, 연대는 군종장교가 담당하고 있다. 이들의 상담은 단순히 부하의 고민을 들어주거나, 정보를 제공하거나, 자신의 경험담을 들려주거나, 자신의 경험에 입각하여 조언이나 충고를 해주는 등의 수준이다. 다만, 정신질환자, 심한 복무 부적응자는 중대장 및 대대장에 의한 상담 후 사안에 따라 기본권 전문상담관, 정신과 군의관 및 군종장교가 상담을 실시한다. 여기서 기본권 전문상담관은 장병들이 당면하는 심리적 갈등을 해소하고, 정신건강의 증진을 도와서 빈발하는 군내사고를 예방하려는 목적으로 10년 이상의 군 경력자와 민간 상담전문가를 군부대에 배치하여 장병들의 상담 여건을 보장하고자 시험운용하고 있는 제도이다.

군 상담 프로그램은 어떤 것들이 있는가?

기본권 전문상담관인 군 경력자와 민간 상담전문가는 병사의 인권 및 기본권에 관련한 갈등을 관리하고, 군 인성검사 및 육군 표준인성검사 결과에 대한 후속조치를 조언하고, 각종 집단상담 프로그램(갈등관리, 초급간부교육)을 지도하고 시행하며, 비전캠프 운영, 집체교육 시 상담교육을 실시하고 있다.

군 상담은 어떤 형태로 이루어지는가?

군 상담은 대부분 1:1 개인 상담으로 이루어지지만, 두 명 이상의 내담자와 동시에 상담을 실시하여 구성원간의 상호작용 과정과 집단역동을 일으키게 하는 집단상담의 형태가 있다.

군 상담에서 상담자는 어떻게 구성되며 어떠한 일을 하는가?

병영생활 전문상담관은 상담활동을 통하여 복무 부적응 용사 식별 · 관리 및 관련사항 지휘보좌, 보호 · 관심 용사 현장위주 상담 및 관리, 용사기본권 제한사항 식별 및 시정 지휘 조언, 간부 및 상담병 상담능력 향상 교육, 용사 · 군인가족에 대한 사회복지 관련 상담, 다문화가족 구성원인 용사 관리 및 고충처리 관련 지휘관 보좌 등이 있다. 병영생활 상담관은 군종장교, 군의관, 주임원사, 행정보급관, 상담 및 심리학을 전공한 용사나 군종병을 임명하고 있다. 병영생활 상담관은 병력관리 및 각종 부대관리를 병행하고 있으며, 전문적인 상담교육을 지속적으로 받기가 제한된다. 따라서 전문적인 상담을 하기보다는 내담자의 고민을 들어주고 경험담을 공유하는 등의 면담위주로 하고 있는 실정이다.

6 군 장병들은 어떻게 도움받을 수 있나요?

병영생활 고충은 어디서 누가 해결해주는가?

전문상담관이 국방 헬프콜인 1303 신고전화를 직접 수신하여 복무 부적응자, 인권침해, 자살예방을 위한 위기상담 등을 비밀리에 진행한다.

군 범죄 · 성폭력은 어디에 신고하고 상담을 받아야 하는가?

전문상담관이 국방 헬프콜인 1303 신고전화를 직접 수신하여 군인과 군무원이 관련된 각종 범죄, 군과 관련된 민간인 범죄, 병영 내 악폐습과 인권침해, 군기문란 행위, 각종 사고우려요인에 대하여 군대 성 관련 인권침해 신고 및 피해자를 대상으로 상담을 진행한다. 또한 기타 군과 관련된 부정부패 및 사건 사고 처리에 대한 문의도 가능하다.

방위사업 비리는 어디에 신고하고 상담을 받아야 하는가?

전문상담관이 국방 헬프콜인 1303 신고전화를 직접 수신하여 방위사업, 군납, 부정군수품 거래 및 유통관련 범죄를 비밀리에 상담한다.

7 국가인권위원회에서는 군 장병들을 어떻게 도와주나요?

국가인권위원회법은 어떤 것일까?

법 제1조

이 법은 국가인권위원회를 설립하여 모든 개인이 가지는 불가침의 기본적 인권을 보호하고 그 수준을 향상시키고자 한다. 이로써 인간으로서의 존엄과 가치를 실현하고 민주적 기본질서 확립에 이바지함을 목적으로 한다. 국가인권위원회는 국가인권위원회 업무와 관련된 사항에 대하여 전화상담, 대면상담 등으로 권리 구제 방안을 안내한다. 또한 장애, 성별, 나이, 병력 등을 빌미로 차별행위를 받았다고 생각되는 경우 국가기관, 공공기관, 지방자치단체에 의하여 인권침해를 받았다고 생각되는 경우 국가인권위원회 인권상담조정센터에 상의하면 된다.

국가인권위원회는 어떤 사람들로 이루어지는가?

그림13

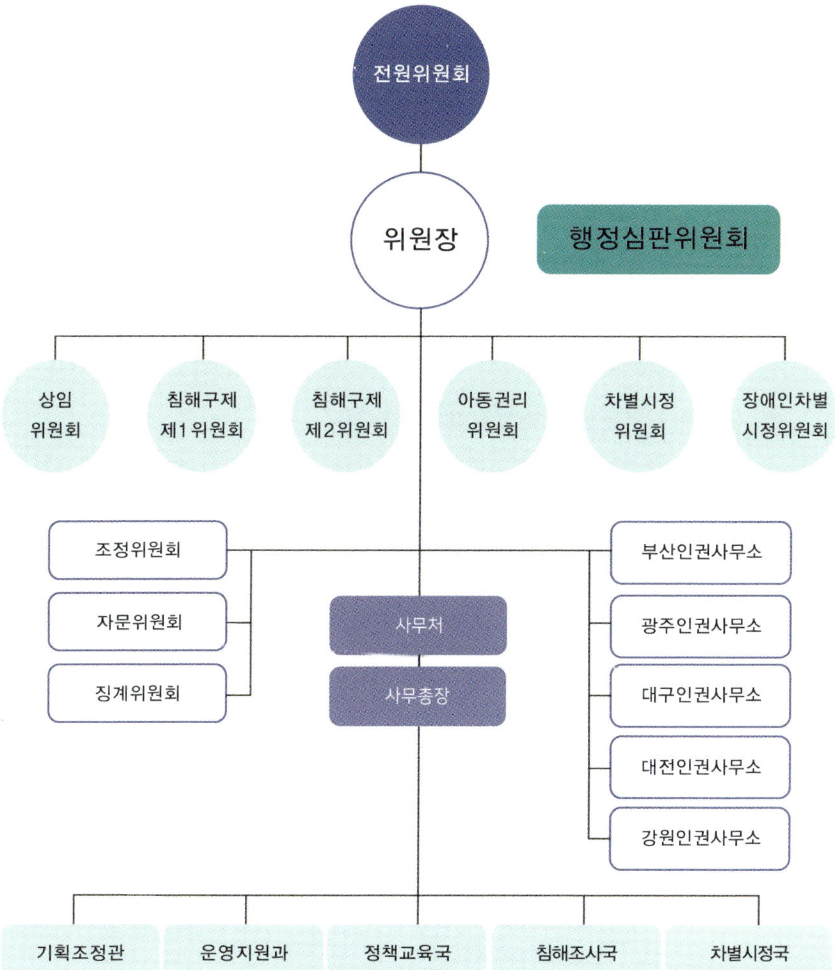

국가인권위원회는 어떻게 운영되나요?

그림14

국가인권위원회는 군 장병들에게 어떤 도움을 주나요?

국가인권위원회에서는 군부대 내 37,341 곳에 설치된 공중전화에서 가혹행위를 당하였거나 인권침해 소지가 있는 사건이 발생하였을 때, 병영생활에 큰 어려움을 느낄 만큼 힘든 사안이 생겼을 때 국번없이 인권상담 전화번호인 1331을 누르고 고통을 접수할 수 있다.

국가인권위원회의 진정처리 절차는?

그림15

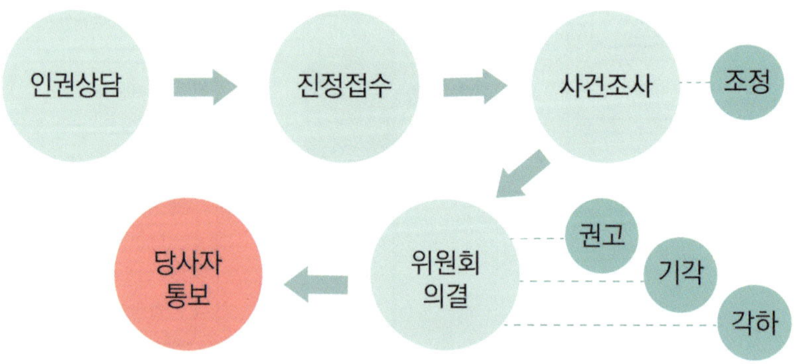

국가인권위원회의 상담은 어떻게 이루어지는가?

국가인권위원회에서는 장애인인권, 노동인권, 여성인권, 노인인권, 이주인권, 성희롱, 다수인보호시설인권, 군인권 등의 분야로 상담이 이루어진다.

8 병영생활전문상담관 운영방법은?

국방부 훈령 제2166호

병영생활전문상담관 운영에 관한 훈령은 장병들의 복무부적응 해소와 사고예방들을 위한 병영생활 전문상담관의 채용, 복무관리, 임금, 교육 등의 운영에 필요한 사항을 규정함을 목적으로 한다.

운영부대장이란?

각 군 참모 총장과 국방부 직할 부대장이 임명한 상담관을 운영하는 장성급 지휘관을 말한다.

직접운영부대장이란?

장성급지휘관으로부터 상담관의 상담활동 책임부대로 지정받은 대령급 이상의 부대지휘관을 말한다. 상담관이 배치된 부대의 지휘관이 대령급 이상이거나, 또는 상담관이 단수로 운영되는 장성급지휘관 부대의 경우는 운영부대장과 직접운영부대장을 겸임할 수 있다.

특수근무지와 일반근무지란?

근무환경이 열악하거나 업무 강도 등이 강하여 상담관들이 근무를 기피하는 지역을 말하며, 일반근무지는 특수근무지 이외의 지역을 말한다.

병영생활전문상담관 운영위원회의 설치 및 기능은?

상담관 운영에 관한 사항을 심의하기 위하여 국방부에 위원회를 두며, 위원회는 상담관의 채용, 배정 등 인사운영에 관한 전반적인 사항과 상담관의 운영 지원에 관한 사항, 상담관의 고충처리에 관한 사항, 그 밖에 상담관의 운영과 관련하여 위원장이 정하는 사항을 심의한다.

병영생활전문상담관 선발방법은?

① 국방부장관(인사기획관)은 서류전형(50%) 및 면접시험(50%)을 실시하여 성적순으로 상담관을 선발하되, 면접위원의 2/3이상의 의결로 전문성 및 상담관 자질 부족 판정시 서류전형 획득점수에 관계없이 최종선발명단에서 제외한다.

② 각 군 참모총장 및 직할부대장은 서류전형을 통하여 채용 예정인원의 150%에 해당하는 인원을 국방부장관(인사기획관)에게 선발 추천하며, 동일 지역에서 동점자 발생 등 우수자원의 추천이 필요한 경우에는 추가로 추천할 수 있다. 다만, 국방부장관(인사기획관)은 직할부대의 채용소요 발생 시 각 군 채용 예정인원에 포함하여 추천하도록 할 수 있다.

③ 국방부장관(인사기획관)은 각 군 참모총장 및 직할부대장이 선발추천한 자를 대상으로 면접시험을 실시하여 최종 합격자를 선발한다. 다만, 최종 합격자는 위원회의 심의 의결을 통하여 결정하되, 계약해지 등의 사유로 발생할 수 있는 결원을 보충하기 위하여 자격요건 충족 범위 내에서 채용 예정인원의 20%에 해당하는 예비합격자를 선발할 수 있다

④ 국방부장관(인사기획관)은 계약해지 등의 사유로 각 군내 결원이 발생한 때에는 예비합격자 중에서 면접시험 및 서류전형 점수가 높은 순으로 우선 채용하되, 각 군별 예비합격자가 결원인 경우에는 각 군 구분 없이 예비합격자의 의사를 확인 후 면접시험 및 서류전형 점수가 높은 지원자 순으로 채용한다.

⑤ 「군인의 지위 및 복무에 관한 기본법 시행령」제33조 제3항에 따라 휴직자등의 결원을 보충할 경우에는 제3항에 따라 선발된 예비합격자를 6개월 이내의 기간 동안 채용할 수 있다.

병영생활전문상담관의 지원 자격 기준은?

국방부 공고 제2019-251호

아래 자격증 중 하나와 학력 · 경력 중 하나를 충족하는 사람이어야 한다.

표 9

구 분	내용
자격증	· 국가자격증 –임상심리사(한국산업인력공단), 직업상담사(한국산업인력공단), 사회복지사(보건복지부), 정신보건임상심리사(보건복지부), 정신보건사회복지사(보건복지부), 전문상담교사(교육부), 청소년상담사(여성가족부) · 민간자격 중 국방부장관이 인정하여 고시하는 자격증 –임상심리전문가(한국임상심리학회), 상담심리사 1·2급(한국상담심리학회), 전문상담사 1·2급(한국상담학회), 군상담수련전문가(대한군상담학회), 군상담심리사1·2·3급(대한군상담학회), 한국상담수련전문가(한국상담학회), 한국상담전문가 1·2급(한국상담학회), 가족상담전문가 수련감독전문가(한국가족문화상담협회), 가족상담전문가 1·2급(한국가족 문화상담협회), 사티어가족상담전문가 지도감독(한국사티어변형체계치료학회), 사티어 가족상담전문가 1급(한국사티어변형체계치료학회) ※ 국가기관(한국직업능력개발원)에 등록된 자격증에 대하여 '17년 전문가 평가'를 통하여 선정된 결과이다. 향후 신규 등록 자격증 및 기존 자격증의 변경사항을 지속 평가하여 재고시 및 변경 적용 가능하다.
학력 / 경력	· 아래 요건 중 하나를 충족하는 자 ① 5년 이상의 상담경험이 있는 사람 ② 심리상담 또는 사회복지 분야와 관련된 학사학위 소지자로서 3년 이상의 상담경험이 있는 사람 ③ 심리상담 또는 사회복지 분야와 관련된 석사 이상의 학위 소지자로서 2년 이상의 상담경험이 있는 사람

10년 이상 군 경력자(군종병과 장교 1년 이상)는 아래요건 중 하나를 충족하여야 한다.

① 심리상담, 사회복지분야와 관련된 자격증을 소지한 사람 (단, 자격증은 위의 자격증과 동일)
② 심리상담 또는 사회복지분야와 관련된 학사이상 학위를 소지한 사람

병영생활전문상담관의 근무조건은?

① 상담활동을 통한 복무부적응 장병 식별 · 관리 및 지휘보좌
② 사고 우려자 및 복무부적응장병 등에 대한 현장위주 전문 심리상담 및 관리
③ 장병 기본권 제한사항 식별 및 시정을 위한 지휘조언
④ 심리검사 시행, 간부 및 상담병 대상 상담능력 향상 교육
⑤ 장병 · 군인가족에 대한 사회복지 관련 상담 등
⑥ 전화 및 사이버 상담지원(국방 헬프콜)
⑦ 군 범죄, 성범죄와 관련된 상담 및 신고 접수(국방 헬프콜)
⑧ 기타 운영부대장 등이 부여한 업무

상담내용의 비밀보장은 가능한가요?

상담관은 상담내용의 비밀을 보장함을 원칙으로 한다. 다만, 상담 중 자해, 자살의도, 탈영, 상습구타, 성추행 등 복무 부적응에 의한 사고 및 기본권 침해 사례를 인지 시에는 대대(대)장급 이상 지휘관에게 보고하여야 한다.

마 청소년문제를 상담받고 싶어요

학교 밖 청소년 사례

한창 제 인생에 있어 가장 행복했던 시기를 보냈던 2017년, 저는 그 마지막 피날레로 앞으로의 꿈으로 한 발짝 다가갈 진학 고등학교를 선택합니다. 그를 위해서 학기 초부터 이어진 수차례의 진로상담을 통해 마침내 진학 고등학교를 선택, 진학준비를 합니다. 이 학교라면 제 꿈을 이룰 수 있도록 이끌어 줄 것이라고 생각했고, 그 생각은 학교 진학까지 변하지 않았습니다. 하지만 진학한 고등학교에서 받은 차별 등으로 인해 저는 다른 학교로 전학을 결심합니다. 그러나 다른 학교로 전학을 가는 과정에서 저는 학교선생님과 주변 사람들의 말로 많은 상처를 입게 됩니다. 저는 이로 인하여 말과 몸을 움직이는 것을 못하게 되었고, 그런 상태에서 지낸 몇 개월은 아주 고통스러운 시간이 되었습니다. 여러 병원을 거치며 치료를 시도해보았지만 저는 치료를 받을 수 없었고, 대신 여러 번 상담을 거치며 몸 상태의 호전을 기대할 수밖에 없었습니다. 그리고 이때에는 알지 못 했습니다. 그 때 상담을 받은 곳이 훗날 제가 다니게 될 꿈드림이었다는 것을요. 상담을 통해 이때에 이미 자퇴를 생각해 보기는 했지만 다행히 몸 상태가 호전되어 전학 간 학교에서 병원을 다니며 학교생활을 계속하였습니다.

하지만 1학년을 끝내고 2학년이 된 2019년이 되어서 저는 많은 면에서 예전보다 약해져 있었고 때문에 학교의 과제, 수업 등이 저에게 있어 너무나 힘들게 느껴졌습니다. 결국 자퇴를 위한 학업중단 숙려제를 하게 되고, 이를 통해 저는 혹여나 잘못된 판단을 한 것은 아닌가 하여 자퇴에 관한 여러 가지 정보를 찾아보고 고민도 많이 해보았지만 사실 숙려제가 끝날 때까지는 명확한 결정을 하지 못했습니다. 하지만 저는 선택을 해야 했고, 시간도 한정되어 있었습니다. 저는 결국 자퇴를 하기로 하고 그 과정에서 어머니의 반대와 아버지의 바쁜 일정으로 인해 시간이 지체되기도 했지만 어머니의 찬성과 함께 저는 마침내 자퇴를 합니다.

청소년 상담센터를 통해 받은 학업숙려제와 꿈드림을 알게 되었고 꿈드림과 검정고시에 대한 정보가 자퇴를 결정하는데 많은 영향을 주었습니다. 〈꿈드림 우수사례 중 일부 발췌〉

출처 : http://www.kdream.or.kr

1 청소년 관련 법률

청소년문제 상담관련 주요 법에는 「청소년기본법」, 「청소년보호법」, 「청소년복지지원법」, 「학교밖 청소년지원에 관한 법률」(이하 학교밖청소년법) 등이 있다.

청소년기본법은 청소년의 권리 및 책임과 가정 · 사회 · 국가 · 지방자치단체의 청소년에 대한 책임을 정하고 청소년정책에 관한 기본적인 사항을 규정함을 목적으로 한다. 이 법은 청소년이 사회구성원으로서 정당한 대우와 권익을 보장받음과 아울러 스스로 생각하고 자유롭게 활동할 수 있도록 하며, 보다 나은 삶을 누리고 유해한 환경으로부터 보호될 수 있도록 한다. 따라서 국가와 사회가 필요로 하는 건전한 민주시민으로 자랄 수 있도록 하는 것을 기본이념으로 한다. 학교밖청소년법은 「청소년 기본법」 제49조제4항에 따라 학교 밖청소년 지원에 관한 사항을 규정함으로 학교 밖 청소년이 건강한 사회구성원으로 성장할 수 있도록 함이 목적이다. 청소년복지지원법은 「청소년기본법」 제49조제4항에 따라 청소년복지 향상에 관한 사항을 규정함을 목적으로 한다. 청소년보호법은 청소년에게 유해한 매체 물과 약물 등이 청소년에게 유통되는 것과 청소년이 유해한 업소에 출입하는 것 등을 규제하고 청소년을 유해한 환경으로부터 보호 · 구제함으로써 청소년이 건전한 인격체로 성장할 수 있도록 함을 목적으로 한다.

2 청소년문제에 대해 알아보기

청소년 기본법 제3조

청소년이란?

9세 이상 24세 이하인 사람을 말한다. 다만, 다른 법률에서 청소년에 대한 적용을 다르게 할 필요가 있는 경우에는 따로 정할 수 있다.

① 청소년보호법 2조에서는 "만 19세 미만인 사람으로, 만 19세가 되는 해의 1월 1일을 맞이한 사람은 제외한다."로 정의한다.
② 아동복지법에는 아동을 18세 미만인 사람으로 정의한다.
③ 청년복지법에는 청년이란 19세 이상 35세 미만으로 정의한다.

청소년복지란?

청소년이 정상적인 삶을 누릴 수 있는 기본적인 여건을 조성하고 조화롭게 성장·발달할 수 있도록 제공되는 사회적·경제적 지원을 말한다.

청소년보호란?

청소년의 건전한 성장에 유해한 물질·물건·장소·행위 등 각종 청소년 유해 환경을 규제하거나 청소년의 접촉 또는 접근을 제한하는 것을 말한다.

위기청소년이란?

"위기청소년"이란 가정 문제가 있거나 학업수행 또는 사회적응에 어려움을 겪는 등 조화롭고 건강한 성장과 생활에 필요한 여건을 갖추지 못한 청소년을 말한다(청소년복지지원법 2조).

학교 밖 청소년이란?

"학교 밖 청소년"이란 「초 · 중등교육법」 제2조의 초등학교 · 중학교 또는 이와 동일한 과정을 교육하는 학교에 입학한 후 3개월 이상 결석하거나 같은 법 제14조제1항에 따라 취학의무를 유예한 청소년이나, 「초 · 중등교육법」 제2조의 고등학교 또는 이와 동일한 과정을 교육하는 학교에서 같은 법 제18조에 따른 제적 · 퇴학처분을 받거나 자퇴한 청소년, 「초 · 중등교육법」 제2조의 고등학교 또는 이와 동일한 과정을 교육하는 학교에 진학하지 아니한 청소년을 말한다(학교밖청소년법 제2조).

학교 밖 청소년 지원 프로그램이란?

"학교 밖 청소년 지원 프로그램"이란 학교 밖 청소년의 개인적 특성과 수요를 고려한 상담지원, 교육지원, 직업체험 및 취업지원, 자립지원 등의 프로그램을 말한다(학교밖청소년법 제2조).

3 청소년문제를 도움받을 수 있는 방법은?

법 제4~6조

국가와 지방자치단체는?

청소년기본법에 관하여는 국가 및 지방자치단체가 청소년육성에 필요한 법적 · 제도적 장치를 마련·시행하여야 한다. 또한 근로 청소년을 특별히 보호하고 근로가 청소년의 균형 있는 성장과 발전에 도움이 되도록 필요한 시책을 마련, 청소년에 대한 가정과 사회의 책임 수행에 필요한 여건을 조성하여야 한다. 국가 및 지방자치단체는 이 법에 따른 업무 수행에 필요한 재원을 안정적으로 확보할 수 있는 시책을 수립 · 실시하여야 한다.

학교밖청소년법에 관하여는 국가와 지방자치단체가 학교 밖 청소년에 대한 사회적 차별 및 편견을 예방하고 학교 밖 청소년을 존중하고 이해할 수 있도록 조사 · 연구 · 교육 및 홍보 등 필요한 조치를 하여야 한다. 국가와 지방자치단체는 학교밖 청소년 지원 프로그램을 마련하기 위하여 필요한 시책을 수립 · 시행하여야 한다. 국가와 지방자치단체는 제1항 및 제2항에 따른 책무를 다하기 위하여 학교 밖 청소년 지원에 필요한 행정적 · 재정적 지원방안을 마련하여야 한다.

청소년보호법에서 국가가 청소년 보호를 위하여 청소년유해환경의 개선에 필요한 시책을 마련하고 시행하여야 하며, 지방자치단체는 해당 지역의 청소년유해환경으로부터 청소년을 보호하기 위하여 필요한 노력을 하여야 한다. 국가와 지방자치단체는 전자 · 통신기술 및 의약품 등의 발달에 따라 등장하는 새로운 형태의 매체물과 약물 등이 청소년의 정신적 · 신체적 건강을 해칠 우려가 있음을 인식하고, 이들 매체물과 약물 등으로부터 청소년을 보호하기 위하여 필요한 기술개발과 연구사업의 지원, 국가 간의 협력체제 구축 등 필요한 노력을 하여야 한다. 국가와 지방자치단체는 청소년 관련 단체 등 민간의 자율적인 유해환경 감시 · 고발 활동을 장려하고 이에 필요한 지원을 할 수 있으며 민간의 건의사항을 관련 시책에 반영할 수 있다. 국가와 지방자치단체는 청소년을 보호하기 위하여 청소년유해환경을 규제할 때 그 의무를 충실히 수행하여야 한다.

사회는?

청소년기본법에 관하여는 모든 국민은 청소년이 일상생활에서 즐겁게 활동하고 더불어 사는 기쁨을 누리도록 도와주어야 한다. 모든 국민은 청소년의 사고와 행동양식의 특성을 인식하고 사랑과 대화로써 청소년을 이해하고 지도하여야 하며, 청소년의 비행을 바로잡는 등 그 선도에 최선을 다하여야 한다. 모든 국민은 청소년을 대상으로 하거나 청소년이 쉽게 접할 수 있는 장소에서 청소년의 정신적 · 신체적 건강에 해를 끼치는 행위를 하여서는 아니 되며, 청소년에게 유해한 환경을 정화하고 유익한 환경이 조성되도록 노력하여야 한다. 모든 국민은 경제적 · 사회적 · 문화적 · 정신적으로 어려운 상태에 있는 청소년들에게 특별한 관심을 가지고 이들이 보다 나은 삶을 누릴 수 있도록 노력하여야 한다.

또한 청소년보호법에 관하여는 누구든지 청소년 보호를 위하여 다음 각 호의 조치 등 노력이 필요하다. 청소년이 청소년유해환경에 접할 수 없도록 하거나 출입을 하지 못하도록 할 것, 청소년이 유해한 매체물 또는 유해한 약물 등을 이용하고 있거나 청소년폭력 · 학대 등을 하고 있음을 알게 되었을 때에는 이를 제지하고 선도하여야 한다. 청소년에게 유해한 매체물과 유해한 약물 등이 유통되고 있거나, 청소년 유해업소에 청소년이 고용되어 있거나 출입하고 있음을 알게 되었을 때 또는 청소년이 청소년폭력 · 학대 등의 피해를 입고 있음을 알았을 때에는 제21조제3항에 따른 관계기관 등에 신고 · 고발하는 등의 조치가 필요하다. 더불어 매체물과 약물 등의 유통이나 청소년유해업소의 경영을 업으로 하는 자와 이들로 구성된 단체 및 협회 등은 청소년 유해 매체물과 유해 약물 등이 청소년에게 유통되지 아니하도록 하고 청소년유해업소에 청소년을 고용하거나 청소년이 출입하지 못하도록 하는 등 청소년을 보호하기 위하여 자율적인 노력을 다하여야 한다.

가정은?

청소년보호법에 관하여는 청소년에 대하여 친권을 행사하는 사람 또는 친권자를 대신하여 청소년을 보호하는 사람(이하 "친권자 등"이라 한다)은 청소년이 청소년유해환경에 접촉하거나 출입하지 못하도록 필요한 노력을 하여야 하며, 청소년이 유해한 매체물 또는 유해한 약물 등을 이용하고 있거나 유해한 업소에 출입하려고 하면 즉시 제지하여야 한다. 친권자등은 제1항에 따른 노력이나 제지를 할 때 필요한 경우에는 청소년 보호와 관련된 상담기관과 단체 등에 상담하여야 하고, 해당 청소년이 가출하거나 비행 등을 할 우려가 있다고 인정되면 청소년 보호와 관련된 지도 · 단속 기관에 협조를 요청하여야 한다.

4 청소년은 어떤 지원을 받나요?

학교밖청소년법 8-32조

국가 및 지방자치단체는?

학교 밖 청소년의 경우, 다음과 같이 상담지원(8조), 교육지원(9조), 직업체험 및 취업지원(10조), 자립지원(11조)을 할 수 있다.

① 상담지원 : 학교 밖 청소년에 대하여 효율적이고 적합한 지원을 할 수 있도록 심리상담, 진로상담, 가족상담 등 상담을 제공할 수 있다.

② 교육지원 : 학교 밖 청소년이 학업에 복귀하고 자립할 수 있도록 다음 각 호의 사항을 지원할 수 있다. 또한, 제1항에 따른 교육지원의 방법 및 절차 등에 필요한 사항은 여성가족부령으로 정한다.

- 「초 · 중등교육법」 제2조의 초등학교 · 중학교로의 재취학 또는 고등학교로의 재입학
- 「초 · 중등교육법」 제60조의3의 대안학교로의 진학
- 「초 · 중등교육법」 제27조의2에 따라 초등학교 · 중학교 또는 고등학교를 졸업한 사람과 동등한 학력이 인정되는 시험의 준비
- 그 밖에 학교 밖 청소년의 교육지원을 위하여 필요한 사항

③ 직업체험 및 취업지원: 국가와 지방자치단체는 학교 밖 청소년이 자신의 적성과 능력에 맞는 직업의 체험과 훈련을 할 수 있도록 다음 각 호의 사항을 지원할 수 있다. 또한, 학교 밖 청소년을 대상으로 취업 및 직무수행에 필요한 지식 · 기술 및 태도를 습득 · 향상시키기 위하여 직업교육훈련을 실시할 수 있다. 제1항에 따른 지원과 제2항의 직업교육 훈련 내용 및 방법에 필요한 사항은 여성가족부령으로 정한다.

- 직업적성 검사 및 진로상담프로그램
- 직업체험 및 훈련프로그램
- 직업소개 및 관리
- 그 밖에 학교 밖 청소년의 직업체험 및 훈련에 필요한 사항

④ 자립지원 : 국가와 지방자치단체는 대통령령으로 정하는 바에 따라 학교 밖 청소년의 자립에 필요한 생활지원, 문화공간지원, 의료지원, 정서지원 등을 제공할 수 있다. 국가와 지방자치단체는 경제교육, 법률교육, 문화교육 등 학교 밖 청소년의 자립에 필요한 교육을 지원할 수 있다. 또한, 국가와 지방자치단체는 제1항에 따른 지원이 필요한 학교 밖 청소년에게 「청소년복지지원법」 제14조에 따른 위기청소년 특별지원을 우선적으로 제공할 수 있다.

위기청소년의 경우, 국가와 지방자치단체는 상담 및 교육(13조), 특별지원(사회적·경제적 지원)(14조), 가출예방 및 지원(15조), 이주배경 청소년에 대한 지원(16조) 등을 할 수 있다.

① 상담 및 교육지원
- 위기청소년에게 효율적이고 적합한 지원을 하기 위하여 위기청소년의 가족 및 보호자에 대한 상담 및 교육을 실시할 수 있다.
- 위기청소년의 가족 및 보호자는 국가 및 지방자치단체가 상담 및 교육을 권고하는 경우에는 이에 협조하여 성실히 상담 및 교육을 받아야 한다.
- 국가 및 지방자치단체는 여성가족부령으로 정하는 일정 소득 이하의 가족 및 보호자가 제1항의 상담 및 교육을 받은 경우 예산의 범위에서 여비 등 실비(實費)를 지급할 수 있다.

② 특별지원
- 국가 및 지방자치단체는 대통령령으로 정하는 바에 따라 위기청소년에게 필요한 사회적 · 경제적 지원(이하 "특별지원"이라 한다.)을 할 수 있다.
- 특별지원은 생활지원, 학업지원, 의료지원, 직업훈련지원, 청소년활동지원 등 대통령령으로 정하는 내용에 따라 물품 또는 서비스의 형태로 제공한다. 다만, 위기청소년의 지원에 반드시 필요하다고 인정되는 경우에는 금전의 형태로 제공할 수 있다.
- 특별지원 대상 청소년의 선정 기준, 범위 및 기간과 그 밖에 필요한 사항은 대통령령으로 정한다.

③ 청소년 가출 예방 및 보호 · 지원

- 여성가족부장관 또는 지방자치단체의 장은 청소년의 가출을 예방하고 가출한 청소년의 가정 · 사회 복귀를 돕기 위하여 상담, 제31조제1호에 따른 청소년쉼터의 설치 · 운영, 청소년쉼터 퇴소 청소년에 대한 사후지원 등 필요한 지원을 하여야 한다.
- 보호자는 청소년의 가출을 예방하기 위하여 노력하여야 하며, 가출한 청소년의 가정 · 사회 복귀를 위한 국가 및 지방자치단체 등의 노력에 적극 협조하여야 한다.
- 여성가족부장관 또는 지방자치단체의 장은 제1항에 따른 청소년 가출 예방 및 보호 · 지원에 관한 업무를 「청소년기본법」 제3조제8호에 따른 청소년단체(이하 "청소년단체"라 한다.)에 위탁할 수 있다.

④ 이주배경 청소년은 다음 각 호의 어느 하나에 해당하는 청소년의 사회 적응 및 학습능력 향상을 위하여 상담 및 교육 등 필요한 시책을 마련하고 시행하여야 한다.

- 「다문화가족지원법」 제2조제1호에 따른 다문화가족의 청소년
- 그 밖에 국내로 이주하여 사회 적응 및 학업 수행에 어려움을 겪는 청소년

위기청소년들이 도움받는 방법은?

청소년복지지원법 9조

정부는 국가청소년위원회 발족(2005.4.27.) 시 "위기청소년 사회안전망 구축"을 정책비전으로 제시하고, 그 첫걸음으로 "지역사회 청소년통합지원체계" 구축을 추진하였다. "지역사회 청소년통합지원체계"(CYS-Net, Community Youth Safety-Net)는 위기청소년에게 상담, 정서적 지지, 의식주, 학업, 진로취업 등 맞춤형, 원스톱 서비스가 가능하도록 청소년상담지원센터의 기능 및 인력을 확대하고, 지역 청소년관련기관(시설)과 서비스를 통합하는 정책이다. ① 지방자치단체의 장은 관할구역의 위기청소년을 조기에 발견하여 보호하고, 청소년복지 및 「청소년기본법」 제3조제5호에 따른 청소년보호를 효율적으로 수행하기 위하여 지방자치단체, 공공기관, 「청소년기본법」 제3

조제8호에 따른 청소년단체 등이 협력하여 업무를 수행하는 지역사회 청소년통합지원체계(이하 "통합지원체계"라 한다)를 구축 · 운영하여야 한다. ② 국가는 통합지원체계의 구축 · 운영을 지원하여야 한다. ③ 통합지원체계에 반드시 포함되어야 하는 기관 또는 단체 등 통합지원체계의 구성 등에 필요한 사항은 대통령령으로 정한다.

지역사회청소년통합지원체계(CYS-Net)란?

지역사회 내 청소년 자원을 연계하여 학업중단, 가출, 인터넷 중독 등 위기청소년에 대한 상담 · 보호 · 교육 · 자립 등 맞춤형 서비스를 제공하는 사업이다(상세내용은 59~61쪽 참조).

지역사회청소년통합지원체계(CYS-Net)를 통하여 어떤 도움을 받을 수 있는가?

청소년 및 그 부모 등 가족이 겪고 있는 위기상황에 대한 상담을 실시하고, 필요한 경우 더욱 심화된 보호 · 교육 · 자립 등 맞춤형 서비스를 지원한다.

그림16 CYS-Net서비스 지원절차 체계도

출처: 여성가족부 공식 블로그

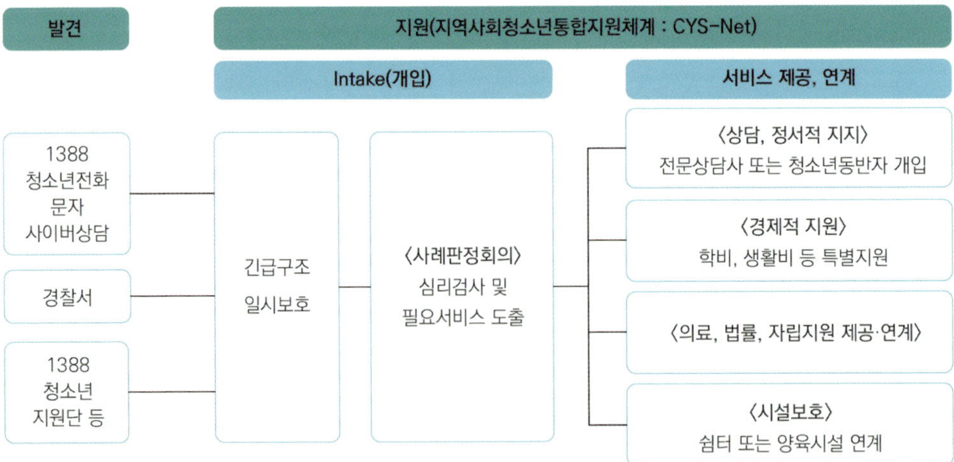

전국 청소년상담복지센터 현황은?

그림17

출처: 한국청소년상담복지 개발원

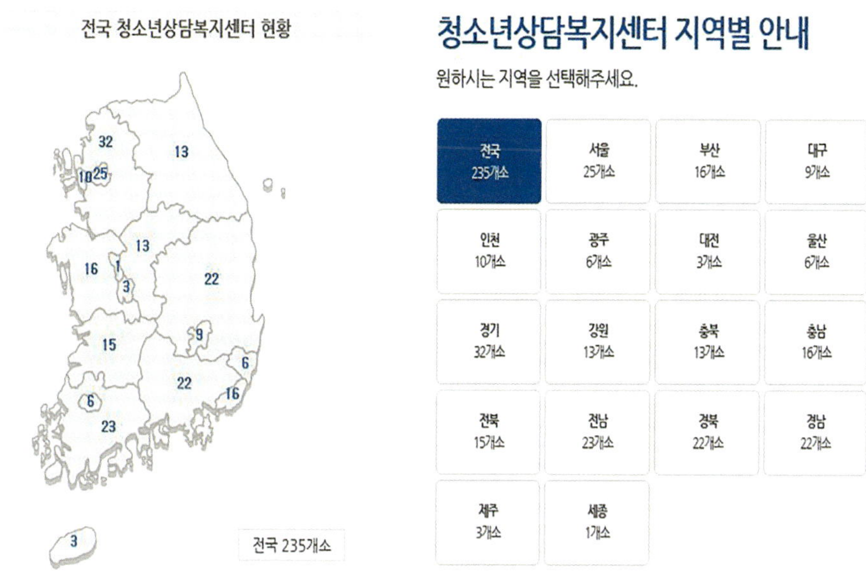

청소년상담복지센터는 어떤 지원을 하는가?

표 10

지원종류	지원내용
상담지원	초기상담 및 욕구파악, 심리·진로·가족관계 등 문제 상담
교육지원	복학, 상급학교 및 대안학교 진학, 검정고시, 학업중단 예방, 대입 설명회 등
취업지원	직업체험, 진로교육 활동, 경제활동 체험, 취업 연계 등
자립지원	생활 지원, 문화공간 지원, 의료·정서 지원, 경제·법률교육 등
건강증진	건강검진, 건강생활 실천 및 체력관리, 예방접종 지원 등
특성화 프로그램	재능개발, 자원봉사 활동, 지역사회참여 활동 등
멘토링 프로그램	학습 지원, 특기적성지도, 진로상담, 심리·정서지도 등

출처 : 여성가족부 공식 블로그

청소년지원센터 꿈드림에서 특별지원을 받기 위한 절차는?

그림18

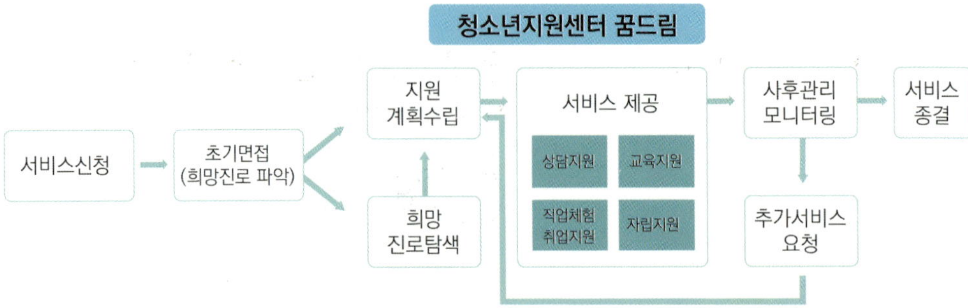

출처 : 여성가족부 공식 블로그

5 청소년 시설 설치 · 운영은 어떻게 되나요?

법 제18조, 32조, 35조

국가나 지방자치단체는?

국가나 지방자치단체는 청소년시설을 설치 · 운영하여야 한다. 국가 및 지방자치 단체 외에 해당하는 사람은 따로 법률에서 정하는 바에 따라 청소년시설을 설치 · 운영할 수 있다. 국가 및 지방자치단체는 제1항에 따라 설치한 청소년시설을 청소년단체에 위탁하여 운영할 수 있다. 청소년보호 · 재활센터의 설치 · 운영에서 여성가족부장관은 청소년유해환경으로부터 청소년을 보호하고 피해 청소년의 치료와 재활을 지원하기 위하여 청소년 보호 · 재활센터를 설치 · 운영할 수 있다. 또한 청소년 보호 · 재활센터의 설치 · 운영을 청소년 보호를 목적으로 하는 법인 또는 단체에 위탁할 수 있다. 이 경우 청소년 보호 · 재활센터의 설치 · 운영에 필요한 경비의 전부 또는 일부를 지원할 수 있다. 청소년 보호 · 재활센터의 설치 · 운영에 필요한 세부사항은 대통령령으로 정한다.

청소년복지시설 종류와 운영은 어떻게 하는가?

청소년복지지원법 제31조

청소년복지시설의 설치방법과 기준은?

국가 또는 지방자치단체는 「청소년기본법」제18조제1항에 따라 청소년복지시설을 설치 · 운영하여야 한다. 이 외의 사람은 청소년복지시설을 설치 · 운영하려면 해당 시설이 있는 지역을 관할하는 특별자치시장 · 특별자치도지사 또는 시장 · 군수 · 구청장에게 신고하여야 한다. 청소년복지시설을 설치 · 운영하는 자는 대통령령으로 정하는 바에 따라 청소년복지시설을 이용하는 청소년의 생명 · 신체에 손해가 발생하는 경우 이를 배상하기 위한 보험에 가입하여야 한다.

표 11 청소년복지지원센터 설치기준

입지기준	지원센터는 일조·채광·환기 등이 원활하고 급수 및 교통수단 등이 갖추어져 있어 종사자와 이용자의 건강 유지 및 재해 방지가 가능하고 종사자와 이용자가 일상생활을 하기에 적합한 위치에 있어야 한다.
규모	지원센터는 연 면적 150m^2 이상의 공간을 갖추어야 한다.
구조 및 설비	① 사무를 위한 적절한 설비를 갖춘 1개 이상의 사무실 ② 원활한 상담과 개인 비밀보호를 위해 분리된 공간 또는 방음 장치를 갖춘 1개 이상의 상담실 ③ 1개 이상의 상담대기실 ④ 1개 이상의 휴게실. 다만, 다목에 따른 상담대기실과 공동으로 사용할 수 있다. ⑤ 1개 이상의 교육실

가출청소년의 청소년쉼터 이용은?

청소년쉼터를 설치 · 운영하는 자는 해당 청소년쉼터에 입소한 가출청소년이 가정폭력, 친족에 의한 성폭력, 그 밖에 가정으로 복귀하여 생활하기 어려운 사유로서 대통령령이 정하는 사유가 원인이 되어 가출한 경우에는 그 가출청소년 본인의 의사에 반하여 퇴소시켜서는 아니된다. 다만, 해당 가출청소년이 다음 각 호의 어느 하나에 해당하는 경우에는 그러하지 아니한다.

① 거짓 또는 부정한 방법으로 청소년쉼터에 입소한 경우
② 청소년 쉼터 안에서 현저한 질서문란 행위를 한 경우

청소년복지시설의 종사자는?

청소년복지시설에는 각 시설의 사업 수행 및 운영에 필요한 종사자를 두어야 한다. 여성가족부장관 또는 지방자치단체의 장은 청소년복지시설 종사자를 양성하고 전문성을 높이기 위한 교육 · 훈련을 실시하여야 한다. 청소년복지시설 종사자의 자격 및 배치기준, 교육 · 훈련 등에 필요한 사항은 여성가족부령으로 정한다.

청소년복지시설의 종류

표 12

청소년 쉼터	가출청소년이 가정 · 학교 · 사회로 복귀하여 생활할 수 있도록 일정 기간 보호하면서 상담 · 주거 · 학업 · 자립 등을 지원하는 시설
청소년 자립지원관	일정 기간 청소년쉼터 또는 청소년회복지원시설의 지원을 받았는데도 가정 · 학교 · 사회로 복귀하여 생활할 수 없는 청소년에게 자립하여 생활할 수 있는 능력과 여건을 갖추도록 지원하는 시설
청소년 치료재활센터	학습 · 정서 · 행동상의 장애를 가진 청소년을 대상으로 정상적인 성장과 생활을 할 수 있도록 해당 청소년에게 적합한 치료 · 교육 및 재활을 종합적으로 지원하는 거주형 시설
청소년 회복지원시설	「소년법」에 따른 감호위탁처분을 받은 청소년을 보호자를 대신하여 보호할 수 있는 자가 상담 · 주거 · 학업 · 자립 등 서비스를 제공하는 시설

청소년활동시설 종류와 운영은 어떻게 하는가?

청소년활동진흥법 제10조

청소년복지시설의 설치방법은?

국가 및 지방자치단체는 「청소년기본법」 제18조제1항에 따라 국가는 둘 이상의 시·도 또는 전국의 청소년이 이용할 수 있는 국립청소년수련시설을 설치·운영하여야 한다. 특별시장·광역시장·특별자치시장·도지사·특별자치도지사 및 시장·군수·구청장은 청소년수련관을 1개소 이상 설치·운영하여야 한다. 시·도지사 및 시장·군수·구청장은 읍·면·동에 청소년문화의 집을 1개소 이상 설치·운영하여야 한다. 또한, 청소년특화시설·청소년야영장 및 유스호스텔을 설치·운영할 수 있다. 국가는 수련시설의 설치·운영 경비의 전부 또는 일부를 예산의 범위에서 보조할 수 있다. 수련시설을 설치·운영 및 대

규모 부지 변경, 건축연면적의 증감 등 변경하려는 개인·법인 또는 단체는 특별자치시장·특별자치도지사·시장·군수·구청장의 허가를 받아야 한다. 국가 또는 지방자치단체는 허가를 받아 수련시설을 설치·운영하는 자에게 예산의 범위에서 그 설치 및 운영에 필요한 경비의 일부를 보조할 수 있다.

수련시설의 허가를 받으려면?

① 시설기준·안전기준 및 운영기준에 적합할 것(제17~19조)
② 해당 시설의 설치·운영에 필요한 자금을 조달할 능력이 있을 것
③ 해당 시설의 설치에 필요한 부동산을 소유하거나 사용할 수 있는 권한이 있을 것
④ 그 밖에 여성가족부령으로 정하는 기준에 적합할 것

청소년활동시설의 종사자는?

수련시설 설치·운영자 또는 위탁운영단체는 대통령령으로 정하는 자격을 갖춘 사람을 그 수련시설의 운영대표자로 선임하여야 한다. 다만, 대통령령으로 정하는 수련시설에 대해서는 운영대표자를 선임하지 아니할 수 있다. 여성가족부장관은 수련시설의 운영대표자 및 종사자의 안전관리 역량을 강화하고 수련시설에서의 안전사고를 예방하기 위하여 수련시설의 운영대표자와 그 종사자를 대상으로 안전교육을 실시할 수 있다. 수련시설의 운영대표자는 그 종사자에 대하여 연 1회 이상 수련시설의 운영·안전·위생 등에 관한 교육을 실시하여야 한다. 수련시설의 운영대표자는 교육을 실시한 후 그 결과를 여성가족부장관 및 특별자치시장·특별자치도지사·시장·군수·구청장에게 제출하여야 한다. 수련시설의 청소년수련거리 운영, 생활지도, 시설의 관리 및 운영, 종사자교육 등 운영기준은 수련시설 종류별로 여성가족부령으로 정한다.

청소년활동시설에는 무엇이 있나요?

청소년활동시설로 청소년수련시설과 청소년이용시설이 있으며, 여기서 청소년이용시설이라함은 수련시설이 아닌 시설로서 그 설치 목적의 범위에서 청소년활동의 실시와 청소년의 건전한 이용 등에 제공할 수 있는 시설이다. 청소년수련시설은 다음 각 호와 같다.

표 13

구분	내용
청소년수련관	다양한 청소년수련거리를 실시할 수 있는 각종 시설 및 설비를 갖춘 종합수련시설
청소년수련원	숙박기능을 갖춘 생활관과 다양한 청소년수련거리를 실시할 수 있는 각종 시설과 설비를 갖춘 종합수련시설
청소년문화의 집	간단한 청소년수련활동을 실시할 수 있는 시설 및 설비를 갖춘 정보 · 문화 · 예술 중심의 수련시설
청소년특화시설	청소년의 직업체험, 문화예술, 과학정보, 환경 등 특정 목적의 청소년활동을 전문적으로 실시할 수 있는 시설과 설비를 갖춘 수련시설
청소년야영장	야영에 적합한 시설 및 설비를 갖추고, 청소년수련거리 또는 야영편의를 제공하는 수련시설
유스호스텔	청소년의 숙박 및 체류에 적합한 시설 · 설비와 부대 · 편익시설을 갖추고, 숙식편의 제공, 여행청소년의 활동지원을 기능으로 하는 시설

청소년들에게 도움을 주는 청소년지도자들은 누구일까?

국가 및 지방자치단체는 청소년지도자의 양성과 자질 향상을 위하여 청소년업무를 담당하는 소속공무원이 청소년업무에 관한 자질을 갖추도록 하여야 한다. 여성가족부장관은 청소년지도자의 자질과 전문성을 향상시키기 위하여 청소년 관련 단체·기관 및 대학 등에서 운영하는 청소년지도자 연수과정의 경비 일부를 지원할 수 있다. 경비의 지원은 연수시간이 40시간 이상인 연수과정을 대상으로 하며 경비의 지원에 필요한 사항은 여성가족부령으로 정한다.

표 14

청소년지도사	- 자격기준 : 여성가족부장관은 청소년지도사 자격검정에 합격하고 청소년지도사 연수기관에서 실시하는 연수과정을 마친 사람에게 청소년지도사의 자격을 부여한다. - 배치기준 ① 청소년수련관 : 1급 또는 2급 청소년지도사 각각 1명 이상을 포함하여 4명 이상의 청소년지도사를 두되, 수용인원이 500명을 초과하는 경우에는 250명당 1급, 2급 또는 3급 청소년지도사 중 1명 이상을 추가로 둔다. ② 청소년수련원 : 1급 또는 2급 청소년지도사 1명 이상을 포함하여 2명 이상의 청소년지도사를 두되, 수용인원이 500명을 초과하는 경우 250명당 1급, 2급 또는 3급 청소년지도사 중 1명 이상을 추가로 둔다. 지방자치단체에서 폐교시설을 이용하여 특정계절에만 운영하는 시설의 경우에는 청소년지도사를 두지 않을 수 있다. ③ 유스호스텔 : 청소년지도사를 1명 이상 두되, 숙박정원이 500명을 초과하는 경우 1급 또는 2급 청소년지도사 1명 이상을 추가로 둔다. ④ 청소년야영장 : 청소년지도사를 1명 이상 둔다. 다만, 설치·운영자가 동일한 시·도 안에 다른 수련시설을 운영하면서 청소년야영장을 운영하는 경우로서 다른 수련시설에 청소년지도사를 둔 경우에는 청소년야영장에 청소년지도사를 별도로 두지 않을 수 있다. 국가, 지방자치단체, 그 밖에 공공법인이 설치·운영하는 청소년야영장으로서 청소년수련거리의 실시 없이 이용 편의만 제공하는 경우에는 청소년지도사를 두지 않을 수 있다. ⑤ 청소년문화의 집 : 청소년지도사를 1명 이상 둔다. ⑥ 청소년특화시설 : 1급 또는 2급 청소년지도사 1명 이상을 포함하여 2명 이상의 청소년지도사를 둔다. ⑦ 청소년단체 : 청소년회원 수가 2천 명 이하인 경우에는 1급 청소년지도사 또는 2급 청소년지도사 1명 이상을 두되, 청소년회원 수가 2천 명을 초과하는 경우에는 그 초과하는 2천 명마다 1급 청소년지도사 또는 2급 청소년지도사 1명 이상을 추가로 두며, 청소년회원 수가 1만 명 이상인 경우에는 청소년지도사의 5분의 1 이상은 1급 청소년지도사로 두어야 한다.
청소년상담사	- 자격기준 : 여성가족부장관은 청소년상담사 자격검정에 합격하고 연수기관의 연수과정을 마친 사람에게 청소년상담사의 자격을 부여한다. - 배치기준 ① 특별시·광역시·도 및 특별자치도의 청소년상담복지센터 : 청소년상담사 3명 이상을 둔다. ② 시·군·구의 청소년상담복지센터 : 청소년상담사 1명 이상을 둔다. ③ 청소년복지지설 : 청소년상담사 1명 이상을 둔다.
청소년육성 전담공무원	- 자격기준 : 시험공고일 기준 관할 지역에 3년 이상 거주하고 있는 사람, 청소년지도사 또는 청소년상담사의 자격을 소지한 사람, 자격을 취득한 후 청소년육성 업무에 5년 이상 종사한 사람, 경력은 건강보험자격득실확인서 또는 4대 보험의 납입증명서로 경력사실을 증명할 수 있어야 한다. - 전담공무원 배치 : 구청장은 청소년육성 전담공무원을 전담기구에 배치할 수 있고 소속 공무원을 전담기구에 배치할 때, 청소년 육성업무의 연속성을 위하여 3년 이상의 기간을 정하여 배치할 수 있으며, 필요에 따라 그 기한을 2년 단위로 연장할 수 있다. - 역할 및 임무 : 청소년활동의 지원, 청소년의 복지 증진, 근로 청소년의 보호, 청소년의 유익한경 조성, 청소년이 유해환경 규제, 청소년의 가출 및 비행예방, 학교 등과의 연계를 통한 청소년 교육의 보완을 해야 한다.
청소년지도위원	특별자치시장·특별자치도지사·시장·군수·구청장은 청소년육성을 담당하게 하기 위하여 청소년지도위원을 위촉하여야 한다.

표 15 청소년상담사 자격검정 및 연수과목

<table>
<tr><th>등급</th><th colspan="2">검정과목</th><th>연수과목</th></tr>
<tr><td rowspan="2">1급
청소년상담사</td><td>필수</td><td>· 상담자 교육 및 사례지도
· 청소년 관련법과 행정
· 상담연구방법론의 실제</td><td rowspan="2">· 청소년상담슈퍼비전
· 청소년상담프로그램개발
· 청소년위기개입 II
· 청소년문제세미나
· 청소년관련법과 정책</td></tr>
<tr><td colspan="2">비행·성·약물·위기상담 중 2과목 선택</td></tr>
<tr><td rowspan="2">2급
청소년상담사</td><td>필수</td><td>· 청소년 상담의 이론과 실제
· 상담연구방법론의 기초
· 심리측정 평가의 활용
· 이상심리</td><td rowspan="2">· 청소년 상담과정과 기법
· 청소년 진로·학업상담
· 청소년 위기개입 I
· 지역사회상담
· 부모상담</td></tr>
<tr><td colspan="2">진로·집단·가족·학업상담 중 2과목 선택</td></tr>
<tr><td rowspan="2">3급
청소년상담사</td><td>필수</td><td>· 발달심리
· 집단상담의 기초
· 심리측정 및 평가
· 상담이론
· 학습이론</td><td rowspan="2">· 청소년 개인상담
· 청소년 집단상담
· 청소년 발달문제
· 청소년 상담현장론
· 청소년 매체상담</td></tr>
<tr><td colspan="2">청소년이해·청소년수련활동론 중 1과목 선택</td></tr>
</table>

바 학교생활문제를 상담받고 싶어요

사진출처: seagull@sbs.co.kr

학교생활문제 상담사례

사례1 지속적인 따돌림으로 인한 자살 호소

고등학교 1학년학생으로 가해자는 같은 반 남학생이었다. 반에서 4~5명 되는 아이들이 신체적인 폭행을 하였다. 설문지를 무기명으로 반에서 실시하였는데 반 아이 전체를 선동하여 왕따를 당하는 다른 아이로 지목하였고, 미리 사건상황에 대해서도 입을 맞춘 상태라서 일치된 설문 결과를 받았다. 피해자는 지속적으로 담임선생님에게 그 아이가 아니라고 이야기하였지만 학교에서는 무관심하게 아이들이 모두가 인정을 하는데 피해 학생이 잘못 본 것이 아니냐고 이야기하였다. 사건의 가해자로 몰린 따돌림 당하는 아이의 경우는 만성적인 학교폭력으로 인하여 "내가 그냥 했던 것으로 하고 넘어가자"라고 하며 문제상황을 회피하였다. 더 이상 해볼 필요가 없다며, 무기력감과 살고 싶지 않은 마음을 표현하였다. 가해자로 몰린 아이의 어머니에게 아이의 피해사실에 대하여 이야기하도록 하고, 학교에서의 접근과 억울한 심정을 함께 이야기 나누고 학교 측에 건의할 것을 권유하였다. 가해자로 몰린 아이의 부모님에게 앞으로의 생활이 지속적으로 반복될 것과 아이의 피해사실로 인한 심리적인 부담감 및 분노감 등에 대해 우려하는 마음에 대한 공감으로써 함께 학교의 적극적인 태도를 가질 수 있도록 권유하였다.

사례2 사이버폭력으로 인한 자살 호소

6학년 남학생들과 어울리던 친구들 6명이 게임을 하였다. 게임의 내용은 진 사람이 술을 마시고 담배를 피우는 것이 벌칙이었다. 피해학생은 거절을 했고 게임에만 참석을 하였다. 그 후에 학교에 아이들이 술을 마시고 담배를 폈다는 소문이 돌게 되었고 그 소문의 진원이 피해학생이라고 지목이 되어 따돌림이 시작되었다. 개인 홈페이지에 아이들이 피해아이를 욕하는 글이 올라왔고, '학교에 안 나왔으면 좋겠다. 이 세상에서 없어졌으면 좋겠다.'라는 글들이 계속 올라왔다. 부모에게도 말을 못하고 3개월이 지난 지금 알려지게 되었다. 피해 아이는 술과 담배가 걸려 있기 때문에 가해 아이 부모님들이나 선생님께 알리는 것을 두려워하고 있었다. 계속 혼자서 고민하며 괴로워하고, 친구들 때문에 죽고 싶은 마음이 든다고 호소하였다. 피해자 어머니도 어떻게 하여야 할지 어려워하고 있었다. 피해자 어머니는 어떻게 하여야 할지 몰라 불안해하는 마음과 아이가 여태까지 이 사실을 숨기고 고통스러워하고 있었는데 자신이 그것을 알아채지 못한 것에 대한 죄책감을 가지고 있었다. 그 감정의 마음을 충분히 공감하고, 실제로 아이를 위해서 할 수 있는 방안에 대해서 이야기 나누었다. 그리고 피해자 아이가 현재까지 대처한 방법을 살펴보고, 친구들이 자신이 하지 않은 것에 대하여 어떻게 대처했는지, 자신의 의견을 전달했는지 어머니가 아이와 충분히 이야기 나눠 볼 수 있도록 권유하였다. 또한, 학교의 도움을 원치 않는 아이의 마음을 공감해주면서 함께 이 상황을 어떻게 할 것인지 논의해보도록 하였다. (상담 사례 편집함)

출처 : 동대문가정폭력상담소

1 학교생활문제상담 관련 법률

학교상담관련 법으로는 「학교폭력예방 및 대책에 관한 법률」(약칭 학폭력 예방법), 「위(Wee) 프로젝트 사업 관리·운영에 관한 규정」, 「진로교육법」 등이 있다. 학폭예방법은 학교폭력의 예방과 대책에 필요한 사항을 규정함으로써 피해학생의 보호, 가해학생의 선도 · 교육 및 피해학생과 가해학생 간의 분쟁조정을 통하여 학생의 인권을 보호하고 학생을 건전한 사회구성원으로 육성함을 목적으로 한다. 위(Wee) 프로젝트 사업 관리·운영에 관한 규정은 초·중등교육법 시행령」 제54조 제3항 제2호 및 제4항에 따른 지원 사업에 관하여 필요한 세부사항을 정함을 목적으로 한다. 진로교육법은 학생에게 다양한 진로교육 기회를 제공함으로써 변화하는 직업세계에 능동적으로 대처하고 학생의 소질과 적성을 최대한 실현하여 국민의 행복한 삶과 경제 사회 발전에 기여함을 목적으로 한다.

2 학교생활문제에 대해 알아보기

법 제2조

학교란?

「초 · 중등교육법」제2조에 따른 초등학교 · 중학교 · 고등학교 · 특수학교 및 각종학교와 같은 법 제61조에 따라 운영하는 학교를 말한다.

학교폭력이란?

학교 내외에서 학생을 대상으로 발생한 상해, 폭행, 감금, 협박, 약취 · 유인, 명예훼손 · 모욕, 공갈, 강요 · 강제적인 심부름 및 성폭력, 따돌림, 사이버 따돌림, 정보통신망을 이용한 음란 · 폭력 정보 등에 의하여 신체 · 정신 또는 재산상의 피해를 수반하는 행위를 말한다. "따돌림"이란 학교 내외에서 2명 이상의 학생들이 특정인이나 특정집단의 학생들을 대상으로 지속적이거나 반복적으로 신체적 또는 심리적 공격을 가하여 상대방이 고통을 느끼도록 하는 일체의 행위를 말한다. "사이버 따돌림"이란 인터넷, 휴대전화 등 정보통신기기를 이용하여 학생들이 특정 학생들을 대상으로 지속적, 반복적으로 심리적 공격을 가하거나, 특정 학생과 관련된 개인정보 또는 허위사실을 유포하여 상대방이 고통을 느끼도록 하는 일체의 행위를 말한다.

가해학생이란?

가해자 중에서 학교폭력을 행사하거나 그 행위에 가담한 학생을 말한다.

피해학생이란?

학교폭력으로 인하여 피해를 입은 학생을 말한다.

장애학생이란?

신체적 · 정신적 · 지적 장애 등으로 「장애인 등에 대한 특수교육법」 제15조에서 규정하는 특수교육을 필요로 하는 학생을 말한다.

진로상담이란?

학생에게 진로정보를 제공하고 진로에 관한 조언과 지도 등을 하는 활동(온라인으로 하는 활동을 포함한다.)을 말한다.

3 학교생활문제를 상담받을 수 있는 방법은?

국가와 지방자치단체는?

학교폭력예방법 제4조, 진로교육법 5조

학교폭력예방에서 국가 및 지방자치단체는 학교폭력을 예방하고 근절하기 위하여 조사 · 연구 · 교육 · 계도 등 필요한 법적 · 제도적 장치를 마련하여야 한다. 국가 및 지방자치단체는 청소년 관련 단체 등 민간의 자율적인 학교폭력 예방활동과 피해학생의 보호 및 가해학생의 선도 · 교육활동을 장려하여야 한다. 국가 및 지방자치단체는 제2항에 따른 청소년 관련 단체 등 민간이 건의한 사항에 대하여는 관련 시책에 반영하도록 노력하여야 한다.

진로 영역에서 국가 및 지방자치단체는 학생의 발달단계 및 소질과 적성에 맞는 진로교육을 활성화하는 데 필요한 시책을 마련하여야 한다. 국가 및 지방자치단체는 장애인, 북한이탈주민, 저소득층 가정의 학생 및 학교 밖 청소년 등 사회적 배려대상자를 위한 진로교육 시책을 마련하여야 한다. 중앙행정기관, 지방자치단체, 「공공기관의 운영에 관한 법률」에 따른 공공기관(이하 "공공기관"이라 한다) 및 「지방공기업법」에 따른 지방공기업은 교육부장관이 정하는 바에 따라 진로체험의 기회를 제공하여야 한다.

4 학교폭력을 당하면 어떤 지원을 받나요?

법 제7~13조

학교폭력 관련 기관의 구성 및 운영은 어떠한가?

학교폭력예방 및 대책에 관한 법과 시행령에 따라 학교폭력의 예방 및 대책에 관한 사항을 심의하기 위하여 국무총리 소속으로 학교폭력대책위원회를 두며, 지역의 학교폭력 문제를 해결하기 위하여 시·도에 학교폭력대책지역위원회를 둔다. 또한, 학교폭력예방 대책을 수립하고 기관별 추진계획 및 상호 협력·지원 방안 등을 협의하기 위하여 시·군·구에 학교폭력대책지역협의회를 두며, 학교폭력의 예방 및 대책에 관련된 사항을 심의하기 위하여 학교폭력대책심의위원회를 둔다. 심의위원회의 위원장은 심의위원회 재적위원 4분의 1 이상이 요청하는 경우, 학교의 장이 요청하는 경우, 피해학생 또는 보호자가 요청하는 경우, 학교폭력이 발생한 사실을 신고받거나 보고받은 경우, 가해학생이 협박 또는 보복한 사실을 신고받거나 보고받은 경우, 그 밖에 위원장이 필요하다고 인정하는 경우 회의를 소집하여야 한다. 이때 회의의 일시, 장소, 출석위원, 토의내용 및 의결사항 등이 기록된 회의록을 작성·보존하여야 한다. 심의위원회에서는 학교폭력의 예방 및 대책, 피해학생의 보호, 가해학생에 대한 교육, 선도 및 징계, 피해학생과 가해학생 간의 분쟁을 조정한다.

학교폭력 전담기구 배치 및 역할은?

국가 및 지방자치단체와 전담기구, 학교장, 전문상담교사, 전담기구, 피해학생 또는 피해학생의 보호자는 다음과 같이 배치되고 구성된다.

표 16

국가 및 지방자치단체	· 학교폭력 실태조사에 관한 예산을 지원하고, 관계 행정기관은 실태조사에 협조하여야 한다.
전담기구	· 학교폭력에 대한 실태조사와 학교폭력 예방 프로그램을 구성·실시하며, 학교의 장 및 심의위원회의 요구가 있을 때에는 학교폭력에 관련된 조사결과 등 활동결과를 보고하여야 한다. · 성폭력 등 특수한 학교폭력사건에 대한 실태조사의 전문성을 확보하기 위하여 필요한 경우 전문기관에 그 실태조사를 의뢰할 수 있다. 이 경우 그 의뢰는 심의위원회 위원장의 심의를 거쳐 학교의 장 명의로 하여야 한다.
학교의 장	· 전담기구에 행정적·재정적 지원을 할 수 있다. · 학교에 대통령령으로 정하는 바에 따라 상담실을 설치하고 「초·중등교육법」 제19조의2에 따라 전문상담교사를 둔다. ① 인터넷 이용시설, 전화 등 상담에 필요한 시설 및 장비 ② 상담 받는 사람의 사생활 노출 방지를 위한 칸막이 및 방음시설 · 교감, 전문상담교사, 보건교사 및 책임교사, 학부모 등으로 학교폭력문제를 담당하는 전담기구를 구성한다. 이 경우 학부모는 전담기구 구성원의 3분의 1 이상이어야 한다. · 학교폭력 사태를 인지한 경우 지체 없이 전담기구 또는 소속 교원으로 하여금 가해 및 피해 사실 여부를 확인하도록 하고, 전단기구로 하여금 학교의 장의 자체해결 부의 여부를 심의하도록 한다.
전문상담교사	· 학교의 장 및 심의위원회의 요구가 있는 때에는 학교폭력에 관련된 피해학생 및 가해학생과의 상담결과를 보고하여야 한다. · 필요한 경우에는 가해학생과 피해학생에 대한 심리검사와 상담을 실시해서 학생의 상태에 대한 소견을 밝힌다.
보건교사	· 피해학생의 신체적인 피해상태를 파악하고 필요한 경우에는 진단서 및 소견서를 확보한다.
책임교사	· 사건의 진상을 조사하고 증인 및 증거자료를 확보한다. 필요한 경우에는 가해학생과 피해학생의 담임교사 및 학부모에게 협조를 요청한다.
피해학생 및 피해학생 보호자	· 피해사실 확인을 위하여 전담기구에 실태조사를 요구할 수 있다.

학교폭력 예방교육은?

학교의 장은 학생의 육체적·정신적 보호와 학교폭력의 예방을 위한 학생들에 대한 교육(학교폭력의 개념·실태 및 대처방안 등을 포함하여야 한다.)을 학기별로 1회 이상 실시하여야 한다. 또한 학교장은 학교폭력의 예방 및 대책 등을 위한 교직원 및 학부모에 대한 교육을 학기별로 1회 이상 실시하여야 하며, 학교폭력 프로그램의 구성 및 그 운용 등을 전담기구와 협의하여 전문단체 또는 전문가에게 위탁할 수 있다. 교육장은 제1항부터 제3항까지의 규정에 따른 학교폭력 예방교육 프로그램의 구성과 운용계획을 학부모가 쉽게 확인할 수 있도록 인터넷 홈페이지에 개시하고, 그 밖에 다양한 방법으로 학부모에게 알릴 수 있도록 노력하여야 한다. 그 밖에 학교폭력 예방교육의 실시와 관련한 사항은 대통령령으로 정한다.

학교폭력 피해학생은 어떻게 보호해 주는가?

심의위원회는 피해학생의 보호를 위하여 필요하다고 인정하는 때에는 피해학생에 대하여 다음 각 호의 어느 하나에 해당하는 조치를 할 것을 교육장에게 요청할 수 있다. 다만, 학교의 장은 피해학생의 보호를 위하여 긴급하다고 인정하거나 피해학생이 긴급보호의 요청을 하는 경우에는 조치를 취하고 학교의 장은 심의위원회에 즉시 보고하여야 한다.

① 학내외 전문가에 의한 심리상담 및 조언
② 일시보호
③ 치료 및 치료를 위한 요양
④ 학급교체
⑤ 그 밖에 피해학생의 보호를 위하여 필요한 조치

- 심의위원회는 제1항에 따른 조치를 요청하기 전에 피해학생 및 그 보호자에게 의견진술의 기회를 부여하는 등 적정한 절차를 거쳐야 한다.
- 제1항의 조치 등 보호가 필요한 학생에 대하여 학교의 장이 인정하는 경우 그 조치에 필요한 결석을 출석일수에 산입할 수 있다.
- 학교의 장은 성적 등을 평가함에 있어서 제3항에 따른 조치로 인하여 학생에게 불이익을 주지 아니하도록 노력하여야 한다.
- 피해학생이 전문단체나 전문가로부터 제1항제1호부터 제3호까지의 규정에 따른 상담 등을 받는 데에 사용되는 비용은 가해학생의 보호자가 부담하여야 한다. 다만, 피해학생의 신속한 치료를 위하여 학교의 장 또는 피해학생의 보호자가 원하는 경우에는 학교안전공제회 또는 시·도교육청이 부담하고 이에 대한 구상권을 행사할 수 있다.
- 학교의 장 또는 피해학생의 보호자는 필요한 경우 공제급여를 학교안전공제회에 직접 청구할 수 있다.
- 피해학생의 보호 및 제6항에 따른 지원범위, 구상범위, 지급절차 등에 필요한 사항은 대통령령으로 정한다.

학교폭력 가해학생에 대한 조치는?

심의위원회는 피해학생의 보호와 가해학생의 선도·교육을 위하여 가해학생에게 다음 각 호의 어느 하나에 해당하는 조치를 할 것을 교육장에게 요청하여야 하며, 각 조치별 적용기준은 대통령령으로 정한다. 다만, 퇴학처분은 의무교육과정에 있는 가해학생에 대하여는 적용하지 아니한다.

① 피해학생에 대한 서면사과
② 피해학생 및 신고·고발 학생에 대한 접촉, 협박 및 보복행위의 금지
③ 학교에서의 봉사
④ 사회봉사
⑤ 학내외 전문가에 의한 특별 교육이수 또는 심리치료
⑥ 출석정지
⑦ 학급교체
⑧ 전학
⑨ 퇴학처분

학교폭력 신고의무 VS 비밀누설금지?

학교폭력에서는 학교폭력 발생 시 학교 장의 의무와 학교폭력 신고의 의무가 있다.

표 17

학교 장의 의무	① 제16조, 제16조의2, 제17조에 따른 조치이행에 협조하여야 한다. ② 학교폭력을 축소 또는 은폐해서는 아니된다. ③ 교육감에게 학교폭력이 발생한 사실과 제13조의2에 따라 학교 장의 자체해결로 처리된 사건, 제16조, 제16조의2, 제17조 및 제18조에 따른 조치 및 그 결과를 보고, 관계 기관과 협력하여 교내 학교폭력 단체의 결성예방 및 해체에 노력하여야 한다.
학교폭력의 신고의무	① 학교폭력 현장을 보거나 그 사실을 알게 된 자는 학교 등 관계기관에 이를 즉시 신고하여야 한다. ② 제1항에 따라 신고를 받은 기관은 이를 가해학생 및 피해학생의 보호자와 소속 학교의 장에게 통보하여야 한다. ③ 제2항에 따라 통보받은 소속 학교의 장은 이를 심의위원회에 지체 없이 통보하여야 한다. ④ 누구라도 학교폭력의 예비 · 음모 등을 알게 된 자는 이를 학교의 장 또는 심의위원회에 고발할 수 있다. 다만, 교원이 이를 알게 되었을 경우에는 학교의 장에게 보고하고 해당 학부모에게 알려야 한다. ⑤ 누구든지 제1항부터 제4항까지에 따라 학교폭력을 신고한 사람에게 그 신고행위를 이유로 불이익을 주어서는 아니된다.

비밀누설금지	① 학교폭력의 예방 및 대책과 관련된 업무를 수행하거나 수행하였던 자는 그 직무로 인하여 알게 된 비밀 또는 가해학생 · 피해학생 및 신고자 · 고발자와 관련된 자료를 누설하여서는 아니된다. ② 제1항에 따른 비밀의 구체적인 범위는 대통령령으로 정한다. ③ 제16조, 제16조의2, 제17조, 제17조의2, 제18조에 따른 심의위원회의 회의는 공개하지 아니한다. 다만, 피해학생 · 가해학생 또는 그 보호자가 회의록의 열람 · 복사 등 회의록 공개를 신청한 때에는 학생과 그 가족의 성명, 주민등록번호 및 주소, 위원의 성명 등 개인정보에 관한 사항을 제외하고 공개하여야 한다.

학교폭력 예방 및 근절 방안은?

표 18

긴급전화의 설치	① 국가 및 지방자치단체는 학교폭력을 수시로 신고받고 이에 대한 상담에 응할 수 있도록 긴급전화를 설치하여야 한다. ② 국가와 지방자치단체는 제1항에 따른 긴급전화의 설치 · 운영을 대통령령으로 정하는 기관 또는 단체에 위탁할 수 있다. ③ 제1항과 제2항에 따른 긴급전화의 설치 · 운영 · 위탁에 필요한 사항은 대통령령으로 정한다.
학생보호인력의 배치	① 국가 · 지방자치단체 또는 학교의 장은 학교폭력을 예방하기 위하여 학교 내에 학생보호인력을 배치하여 활용할 수 있다. ② 국가공무원법, 아동 · 청소년의 성보호에 관한 법률, 성폭력범죄의 처벌 등에 관한 특례법, 청소년보호법에 어느 하나에 해당하는 사람은 학생보호인력이 될 수 없다. ③ 국가 · 지방자치단체 또는 학교의 장은 제1항에 따른 학생보호인력의 배치 및 활용 업무를 관련 전문기관 또는 단체에 위탁할 수 있다. ④ 제3항에 따라 학생보호인력의 배치 및 활용 업무를 위탁받은 전문기관 또는 단체는 그 업무를 수행함에 있어 학교의 장과 충분히 협의하여야 한다. ⑤ 국가 · 지방자치단체 또는 학교의 장은 학생보호인력으로 배치하고자 하는 사람의 동의를 받아 경찰청장에게 그 사람의 범죄경력을 조회할 수 있다. ⑥ 제3항에 따라 학생보호인력의 배치 및 활용 업무를 위탁받은 전문기관 또는 단체는 해당 업무를 위탁한 국가 · 지방자치단체 또는 학교의 장에게 학생보호인력으로 배치하고자 하는 사람의 범죄경력을 조회할 것을 신청할 수 있다. ⑦ 학생보호인력이 되려는 사람은 국가 · 지방자치단체 또는 학교의 장에게 제2항의 각 호의 어느 하나에 해당하지 아니한다는 확인서를 제출하여야 한다.
학교전담경찰관 운영	① 국가는 학교폭력 예방 및 근절을 위하여 학교폭력 업무 등을 전담하는 경찰관을 둘 수 있다. ② 제1항에 따른 학교전담경찰관 운영에 필요한 사항은 대통령령으로 정한다. ③ 경찰청장은 법 제20조의6제1항에 따라 학교폭력 예방 및 근절을 위해 학교폭력 업무 등을 전담하는 경찰관을 둘 경우에는 학생 상담 관련 학위나 사격증 소지 여부, 학생 지도 경력 등 학교폭력업무 수행에 필요한 전문성을 고려하여야 한다. ④ 학교전담경찰관은 다음 각 호의 업무를 수행한다. - 학교폭력 예방활동 - 피해학생 보호 및 가해학생 선도 - 학교폭력 단체에 대한 정보 수집 - 학교폭력 단체의 결성예방 및 해체 - 그 밖에 경찰청장이 교육부장관과 협의하여 학교폭력 예방 및 근절 등을 위해 필요하다고 인정하는 업무 ⑤ 학교전담경찰관이 소속된 경찰관서의 장과 학교의 장은 학교폭력 예방 및 근절을 위하여 상호 협력하여야 한다.

학교폭력 피해 실태와 처리 절차는?

표 19 학교폭력 피해 유형 및 실태

구분	2013년 1차	2014년 1차	2015년 1차	2016년 1차	2017년 1차	2018년 1차	2019년 1차	증감 (건)
언어폭력	13.6	9.4	6.8	6.2	6.3	8.7	8.1	-0.6
집단따돌림	6.6	4.6	3.6	3.3	3.1	4.3	5.3	1.0
스토킹	3.7	3.0	2.6	2.0	2.3	3.0	2.0	-1.0
사이버 괴롭힘	3.6	2.5	1.9	1.7	1.8	2.7	2.0	-0.7
신체폭행	4.7	3.1	2.4	2.2	2.2	2.5	2.0	-0.5
금품갈취	4.0	2.2	1.5	1.2	1.2	1.6	1.4	-0.2
성추행·성폭행	1.3	1.0	0.9	0.8	0.9	1.3	0.9	-0.4
강제심부름	2.4	1.3	0.9	0.8	0.7	1.0	1.1	0.1

출처 : 찾기 쉬운 생활법령정보

그림19 학교폭력의 사안처리 흐름도

학교폭력 발생

↓

당사자, 보호자 및 목격자 등의 신고·고발

↓

학교장의 긴급조치

↓

사건해결방안 =

담당기관	처리방안	처리내용	세부처리절차
학교	자치위원회 심의	피해학생 보호 및 가해학생 선도조치	사안조사→소집 →심의→조치 결정
	자치위원회 분쟁조정	손해배상 및 그 밖의 사항에 관한 합의 조정	신청→분쟁조정 개시 →사안조사→분쟁조정
법원	형사책임	가해학생에 대한 처벌 또는 보호처분	가해학생 고소·고발→경찰의 수사 →검사의 기소→법원의 판결 (보호처분의 경우는 송치 또는 통고→법원의 판결)
	민사책임	가해학생에 대한 손해배상청구	소 제기→(조정) →재판→법원의 판결

출처 : 학교폭력사안처리 가이드북(교육부, 2020)

학교폭력 관련 신고기관과 상담기관은?

표 20 학교폭력 관련 상담 및 신고기관

기관명	홈페이지	상담전화
도란도란 학교폭력 예방	http://www.edunet.net/nedu/doran/doranMainForm.do?menu_id=140	☎117
푸른나무 청예단(청소년폭력예방재단) 학교폭력 SOS 지원단	http://www.jikim.net	☎1588-9128
Wee센터 (전국 시·도교육청)	http://www.wee.go.kr	-
여성 긴급전화	http://www.seoul1366.or.kr *지역별 여성 긴급전화 운영	☎1366

출처 : 찾기 쉬운 생활법령정보

Wee-학생위기상담 종합지원은 어떻게 진행되는가?

(상세내용은 57~59쪽 참고.)

그림20 Wee 서비스 네트워크

출처 : Wee 우리가 희망이다

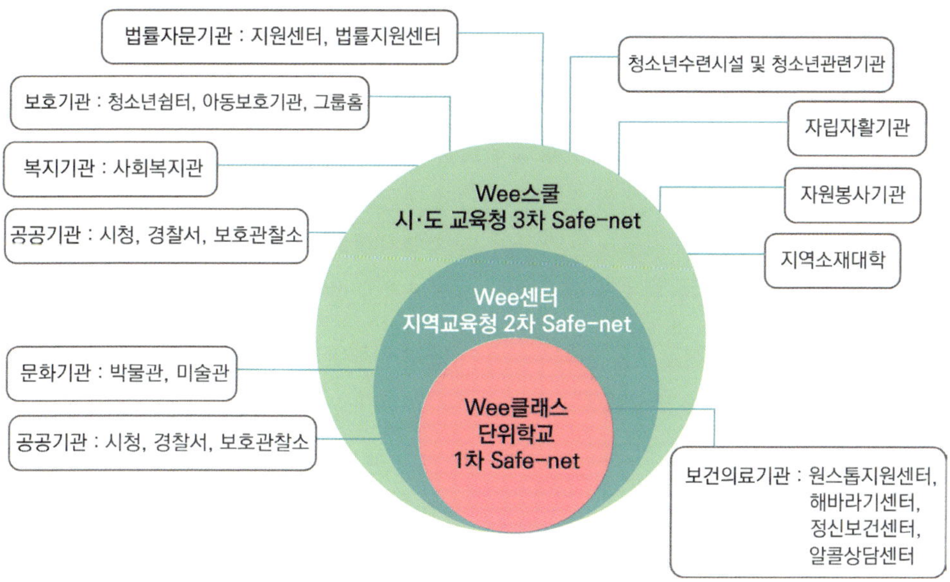

5 학교폭력 피해를 당할 경우 어떻게 대처해야 할까요?

학교폭력 피해 시 대처요령

- 교사에게 알려서 학교차원의 대처를 요구한다.
- 되도록 다른 학생과 무리지어 다닌다.
- 신체적·정신적 피해 증거를 확보하고, 증언도 확보한다.
- 교사에게 알린 뒤에도 피해가 지속되면 학교폭력대책자치위원회를 요구하고, 가해자에 대한 조치를 요구한다.
- 학교에서 잘 받아들이지 않을 경우에는 교육청·경찰청 등 상급기관에 신고해서 관련 전문가들의 도움을 받는다.

출처 : 경찰청

6 진로문제는 어떻게 도움받을 수 있을까요?

법 제2~18조

진로교육의 기본 방향은?

진로교육은 변화하는 직업세계와 평생학습사회에 적극적으로 대응할 수 있도록 스스로 진로를 개척하고 지속적으로 개발해 나갈 수 있는 진로개발역량의 함양을 목표로 한다. 모든 학생은 발달 단계 및 개인의 소질과 적성에 맞는 진로교육을 받을 권리를 가지며, 진로교육은 학생의 참여와 직업에 대한 체험을 바탕으로 이루어져야 한다. 또한 진로교육은 국가 및 지역사회의 협력과 참여 속에 다양한 사회적 인프라를 활용하여 이루어져야 한다.

진로교육 현황조사는 어떻게 이루어지며 비밀보장은 되는가?

교육부장관은 진로교육 정책 수립을 위하여 진로교육 관련 인력 및 시설, 진로교육 프로그램 운영 등 현황을 조사하고 그 결과를 공개하여야 하며, 진로교육 현황조사의 구체적인 내용, 절차 및 결과공개에 필요한 사항은 대통령령으로 정한다. 진로교육 현황조사 내용으로는 학생의 상급 학교 진학 및 취업 등 진로 현황, 진로교육 관련 인력 및 시설 현황, 진로교육 프로그램의 운영 현황, 진로교육에 관한 학교와 지역사회의 협력 실태, 학교 수업에서의 진로교육 실태, 그 밖에 진로교육에 관한 사항으로서 교육부장관이 현황조사가 필요하다고 인정하는 사항 등이 있다. 단, 진로교육을 담당하는 사람 또는 담당하였던 사람은 업무처리 중 알게 된 사실을 정당한 사유 없이 다른 사람에게 누설하여서는 아니된다.

진로교육·체험 기관 및 지원 내용은?

표 21

진로전담교사	① 교육부장관과 교육감은 초 · 중등학교에 학생의 진로교육을 전담하는 교사를 둔다. ② 교육부장관과 교육감은 초 · 중등학교에 진로전담교사를 지원하는 전문인력을 둘 수 있다. ③ 진로전담교사는 해당 담당교사와 협의를 거쳐 수업시간에 진로상담을 제공할 수 있으며, 이 경우 진로상담시간은 수업시간으로 본다. ④ 진로전담교사의 배치기준, 제2항에 따른 전문 인력 자격 및 운영 등에 필요한 사항은 대통령령으로 정한다.
진로심리검사	① 초 · 중등학교의 장은 학생의 소질과 적성을 이해하고 진로상담의 자료로 활용할 수 있도록 진로에 관한 심리검사를 제공할 수 있다. ② 교육부장관은 학생의 발달 단계에 맞는 진로심리검사의 운영 기준을 제시할 수 있다.
진로상담	① 초 · 중등학교의 장은 학생의 진로 탐색 및 선택을 지원할 수 있도록 진로상담을 제공하여야 한다. ② 초 · 중등학교의 장은 학생의 진로에 관하여 해당 학생의 보호자로부터 의견을 들을 수 있다.
진로체험 교육과정 편성 · 운영	① 교육부장관과 교육감은 학생에게 다양한 진로체험의 기회를 제공할 수 있도록 교육과정을 편성하고 운영하여야 한다. ② 학교 교육과정 운영에 따른 진로체험 시간은 수업시간으로 본다. ③ 진로체험 교육과정의 편성 · 운영 및 수업 인정에 필요한 사항은 대통령령으로 정한다.
진로교육 집중 학년 · 학기제	① 「초 · 중등교육법」 제24조에도 불구하고 교육감은 특정 학년 또는 학기를 정하여 진로체험 교육과정을 집중적으로 운영하는 진로교육 집중학년 · 학기제를 운영할 수 있다. ② 제 1항에 따른 진로교육 집중학년 · 학기제의 운영에 필요한 사항은 대통령령으로 정한다.
국가진로 교육센터	① 교육부장관은 진로교육 지원을 위하여 전담기관을 지정하여 진로교육센터로 운영하고 그 업무 수행에 필요한 경비를 지원할 수 있다. ② 국가진로교육센터는 진로교육의 목표 및 성취기준 개발, 진로정보망 구축 · 운영, 진로심리검사 개발, 진로상담 지원, 진로체험 프로그램 개발, 진로교육 콘텐츠 개발, 진로전담교사 교육, 진로교육 현황조사 및 평가, 진로교육에 관한 국제 교류 · 협력, 그 밖에 진로교육을 위하여 교육부장관이 요청하는 사항 등 업무를 수행한다. ③ 국가진로교육센터의 지정 · 운영 및 지원에 필요한 사항은 교육부령으로 정한다.

지역진로 교육센터	① 교육감은 국가진로교육센터와 연계하여 지역실정에 맞는 진로정보 제공, 진로심리검사 및 진로상담 제공, 진로교육 콘텐츠 개발 · 보급, 진로체험 운영 · 지원 등을 수행하는 지역진로교육센터를 설치 · 운영하거나 전담기관을 지정하여 운영할 수 있다. ② 제1항에 따른 지역진로교육센터의 구성 · 운영 및 전담기관의 지정 등에 필요한 사항은 조례로 정한다.
지역진로 교육협의회	① 교육감은 지역의 진로교육을 지원하고 자문하기 위하여 지방자치단체, 공공기관, 대학, 지역사회단체 등이 참여하는 지역진로교육협의회를 구성 · 운영할 수 있다. ② 지역진로교육협의회의 구성 · 운영에 필요한 사항은 시 · 도 조례로 정한다.
진로체험 지원	① 국가와 지방자치단체는 학생이 다양한 진로체험을 할 수 있도록 학교 및 학생에게 진로체험을 제공하는 법인 · 기관 · 단체 등에 행정적 · 재정적 지원을 할 수 있다. ② 국가와 지방자치단체는 진로체험기관을 발굴하고 이에 관한 정보를 제공하는 시스템을 구축하여야 한다. ③ 제 1항에 따른 지원 및 제 2항에 따른 정보제공 시스템의 구축 · 운영에 필요한 사항은 대통령령으로 정한다.

7 온라인 진로상담(커리어넷)은 어떻게 진행되나요?

사이버 상담이란?

- 커리어넷 회원가입 후 상담 신청을 통해 상담 가능
- 진로상담전문가(교육학, 심리학, 상담학)와 커리어넷 진로상담위원(진로진학상담교사)이 상담 답변

진로상담은 어떤 사람들이 무슨 도움을 받을 수 있는 것인가?

- 진로상담은 전 국민 누구나(초중고 학생 및 청소년, 대학생, 교사, 일반인, 학부모 등) 지원대상이며 지원 내용은 다음과 같다.

① 자기 이해 및 탐색 : 자기 특성 파악(흥미, 적성, 가치관) 자신에 맞는 직업 및 학과

② 심리적 지원 : 진로 적응, 불안 및 자신감 부족, 의견 차이 및 갈등

③ 진로정보 탐색 : 학교 및 학과 정보, 직업정보, 자격 및 시험정보, 취업 및 직업훈련 정보, 심리검사 종류 및 해석 방법

④ 진로계획 및 의사결정 : 학과 및 계열, 진학, 학습 및 성적, 취업 및 직업훈련, 진로결정 수정

8 학교진로상담(지도) 종합지원체제는?

사회적배려대상 학생이란?

법 제5조 2항

국가 및 지방자치단체는 장애인, 북한이탈주민, 저소득층 가정의 학생, 학교 밖 청소년 등 사회적 배려 대상자를 위한 진로교육을 마련하여야 한다.

진로선택기란?

자유학기 학습경험 전과 후 시기에 해당되는 초6, 중3 그리고 계열 및 취업, 진학을 선택하여야 하는 고1과 고3 시기이다.

진로선택기 학교진로상담(지도) 종합 지원체제는 어떻게 되는가?

교사가 진로선택기 학생의 합리적 진로선택을 효과적으로 지원하고 학생들이 자유학기 및 이전 단계의 진로활동 경험에 기초하여 자신의 꿈과 끼를 함양하도록 안내하는 학교진로상담(지도) 종합 가이드라인이다.

학교진로상담(지도) 4개 내용영역이란?

그림21 학교진로상담(지도) 절차

● 출처 : 진로정보망 커리어넷

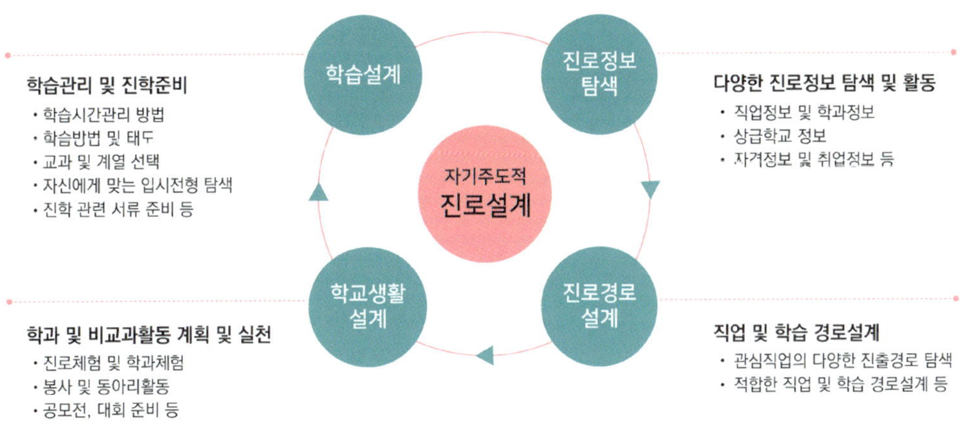

그림22 진로상담(지도) 영역의 단계별 세부 접근절차

• 출처 : 진로정보망 커리어넷

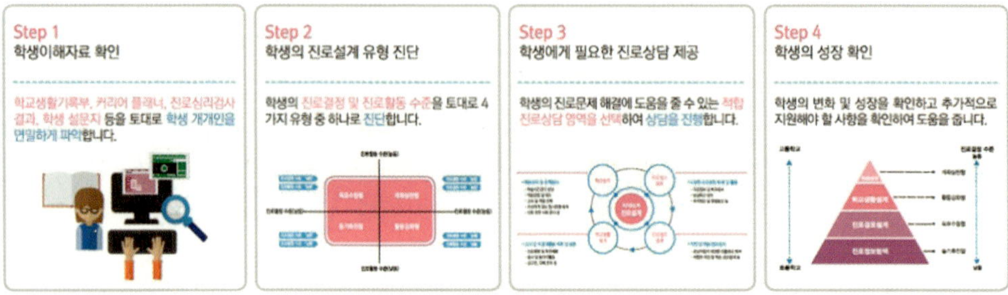

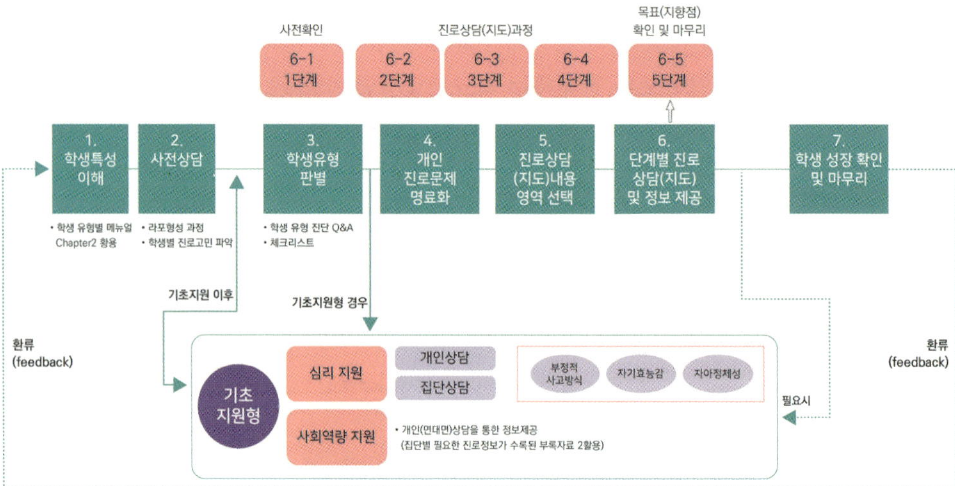

사 가정문제를 상담받고 싶어요

이혼상담 사례

만일 이혼을 결심하였을 때 서로 합치가 되지 않는다면 성격차이 이혼소송을 하여야 하는데 이와 같은 경우는 더 이상 결혼관계를 유지하기 어려운 중요한 사유에 해당이 되는지의 여부가 쟁점이 될 수 있다. 다음은 성격차이 이혼소송, 위자료 등에 관한 구체적 사례이다. 40대 초반의 남편과 10년의 교제 끝에 결혼식을 올린 법률상 부부로서, 슬하에는 딸 1명이 있다. 남편은 평범한 직장인으로 회사를 다니면서 근로소득 활동을 하였으며 아내는 전업주부로 가사와 양육을 도맡아 하고 있다. 남편은 회사 일로 바빠 자정이 다 되어 가는 시간에 퇴근을 하는 일들이 많았고, 주말 또한 빈번하게 회사로 출근하여 가족들과 함께 보내는 시간이 많이 부족하였다고 한다. 딸이 가족여행을 가고 싶다고 서운해할 때마다 아내가 자신의 친구들과 함께 딸을 데리고 여행을 다니고는 하였다. 바쁜 남편과 언제나 서운했던 아내 사이에는 번번이 다툼이 일어나게 되었으며, 싸움이 일어날 때마다 남편은 이혼하고 싶다고 이야기하였다.

하루는 서로가 다투다가 발생된 폭력적인 형태로 아내가 남편을 경찰에 신고한 적도 있고, 아내는 더 이상 참을 수 없겠다고 생각하여 이혼을 요구하였으며, 성격차이 이혼 위자료까지 청구하고자 상담을 받았다. 남편은 너무나도 바쁜 생활을 하게 되었으나, 가정에는 아예 무관심하고 심지어 자녀의 교육이나 양육을 하는 것에도 일절 관여를 하지 않는 등의 태도로 일관하게 되었으며 이에 극심한 대립이 형성되었다고 한다. 그리고 아껴 써야 할 그들의 집안 형편에 맞지 않는 고액의 물건들을 번번이 사들여 가계경제가 휘청거리게 될 정도로 많은 소비를 해왔으며 자정이 넘어서 들어오거나 아예 들어오지 않은 날이 많이 있었다고 한다. 아내는 그럼에도 부부관계를 회복하기 위하여 계속적으로 노력하였으나 이를 무시하는 남편의 태도로 인해 7년이 넘는 기간 동안 부부관계가 일절 없는 등의 실정으로 실질적인 혼인의 실체가 없는 모습이라고 주장한다. 그리고 갈등이 일어날 때마다 남편이 아내에게 보인 폭력적인 성향과 난폭한 행동 등으로 정신적·신체적인 고통에 대한 성격차이 이혼소송을 통한 위자료 청구도 요망한 사례다. 결과적으로 양측의 각자 성향에 차등이 존재하여 서로 이견이 좁혀지지 않다가 경찰의 신고까지 하고 급기야 이혼 상담을 하는 등 부부갈등이 만성화된 사례이다.

출처 : 성격차이 이혼소송 조력 편집.

1 가정문제상담 관련 법률

「건강가정기본법」은 건강한 가정생활의 영위와 가족의 유지 및 발전을 위한 국민의 권리·의무와 국가 및 지방자치단체 등의 책임을 명백히 하고, 가정문제의 적절한 해결방안을 강구하며 가족구성원의 복지증진에 이바지할 수 있는 지원정책을 강화함으로써 건강가정 구현에 기여하는 것을 목적으로 한다고 명시하였다. 가정은 개인의 기본적인 욕구를 충족시키고 사회통합을 위하여 기능할 수 있도록 유지·발전되어야 한다. 법 제7조는 가족구성원은 부양·자녀양육·가사노동 등 가정생활의 운영에 함께 참여하여야 하고 서로 존중하며 신뢰하여야 하고, 제9조는 가족구성원 모두는 가족해체를 예방하기 위하여 노력하여야 하고, 국가 및 지방자치단체는 가족해체를 예방하기 위하여 필요한 제도와 시책을 강구하여야 한다. 이 법을 근거로 여성가족부와 한국건강가정진흥원은 대한민국 모든 가족의 역량을 강화하여 건강하고 행복한 대한민국을 실현하고자 가족정책서비스 전달체계인 '건강가정지원센터', '다문화가족지원센터', '건강가정 · 다문화가족지원센터'를 관리 · 지원하고 있다. 여기에 민법을 추가하여 가족문제를 설명하고자 한다.

2 가정문제에 대해 알아보기

건강가정기본법 제3조

가족이란?

"가족"이라 함은 혼인·혈연·입양으로 이루어진 사회의 기본단위를 말한다.

가정이란?

"가정"이라 함은 가족구성원이 생계 또는 주거를 함께 하는 생활공동체로서 구성원의 일상적인 부양·양육·보호·교육 등이 이루어지는 생활단위를 말한다.

건강가정이란?

"건강가정"이라 함은 가족구성원의 욕구가 충족되고 인간다운 삶이 보장되는 가정을 말한다.

건강가정사업이란?

"건강가정사업"이라 함은 건강가정을 저해하는 문제(이하 "가정문제"라 한다.)의 발생을 예방하고 해결하기 위한 여러 조치와 가족의 부양·양육·보호·교육 등의 가정기능을 강화하기 위한 사업을 말한다.

가족의 범위?

민법 제779조

① 다음의 자는 가족으로 한다.

1. 배우자, 직계혈족 및 형제자매
2. 직계혈족의 배우자, 배우자의 직계혈족 및 배우자의 형제자매

② 제1항제2호의 경우에는 생계를 같이 하는 경우에 한한다.

가정문제별 상담기관은?

가족의 기능상의 문제 등 가족으로 살아가면서 발생하는 다양한 어려움과 갈등에 대해 상담한다. 부부상담, 가족상담, 부모자녀상담, 이주여성과 다문화가족을 위한 상담, 임신출산 자녀양육을 위한 상담, 한부모가족상담 등이 있다.

표 22

기관	내용
부부상담 1577-9337	갈등을 겪고 있는 부부가 관계를 회복하고 원만한 가족관계를 유지할 수 있도록 부부 상담을 진행하고 있다.
가족상담 1577-9337	가족상담의 가장 많은 비중을 차지하는 부부상담, 부부-자녀상담 외에 가족 간의 문제, 개인문제 등을 상담한다.
부모자녀상담 1577-9337	부모-자녀 간 발생할 수 있는 문제를 해결할 수 있도록 상담을 진행한다.
다누리콜센터 1577-1366	이주여성과 다문화가족을 위한 긴급지원, 상담, 생활정보를 이주여성 전문상담원이 13개 언어로 365일 24시간 지원한다.
임신부터 출산·자녀양육에 이르는 단계별 통합상담서비스 지원 1644-6621, 0번	심리정서 지원 상담, 지원사업정보제공, 전문서비스기관 등 연계서비스를 제공한다.
양육비상담 1644-6621, 1번	다양한 유형의 상담지원, 신청서 접수 및 배당안내 상담희망자를 위하여 전화, 방문, 온라인 상담을 운영 중이며 서비스 신청서 접수 후에는 해당 담당자에게 배정한다.
한부모가족상담전화 1644-6621, 2번	한부모가족에게 필요한 정보제공 및 지원사업안내. 건강한 가정유지를 위하여 한부모가족이 필요로 하는 다양한 종합정보를 제공하고 있다.

3 가정문제는 어떻게 도움받을 수 있나요?

국가와 지방자치단체는?

법 제9조

- 국가 및 지방자치단체는 가족해체를 예방하기 위하여 필요한 제도와 시책을 강구하여야 하고, 가족구성원 모두는 가족해체를 예방하기 위하여 노력하여야 한다.
- 가정이 원활한 기능을 수행하도록 지원하여야 한다.

법 제21조

① 가족구성원의 정신적·신체적 건강지원

② 소득보장 등 경제생활의 안정·안정된 주거생활·태아검진 및 출산·양육의 지원·직장과 가정의 양립·음란물·유흥가·폭력 등 위해환경으로부터의 보호·가정폭력으로부터의 보호·가정 친화적 사회분위기의 조성·그 밖에 건강한 가정의 기능을 강화·지원할 수 있는 관련 사항

국가 및 지방자치단체는 임신·출산·수유 및 육아와 관련된 모·부성권 보장을 위한 육아휴직 및 유급휴가시책이 확산되도록 노력하여야 하고[개정 2016.5.29.], 한부모가족, 노인단독가정, 장애인가정, 미혼모가정, 공동생활가정, 자활공동체 등 사회적 보호를 필요로 하는 가정에 대하여 적극적으로 지원하여야 한다[개정 2007.10.17. 제8655호(한부모가족지원법)].

법 제21조의2

-「재난 및 안전관리 기본법」 제3조제1호에 따른 재난 중 대통령령으로 정하는 재난에 의하여 가족의 부양·양육·보호·교육 등 가족기능이 현저하게 저하된 경우 원활한 가족기능을 수행하는 데에 긴급하게 필요한 범위에서 지원(이하 "위기가족긴급지원"이라 한다.)을 하여야 한다.

* 위기가족긴급지원의 종류 및 내용은 다음과 같다.

1. 아이돌봄지원, 가사돌봄지원 등 가족돌봄
2. 가족상담, 집단프로그램, 자조모임 운영 등 가족의 심리·정서지원
3. 법률구조, 의료지원, 복지서비스 등 연계
4. 그 밖에 여성가족부장관이 필요하다고 인정하는 지원

지원기간은 1년 이내로 한다. 다만, 심리·정서지원의 지원기간은 3년 이내로 하되, 필요한 경우 1년의 범위에서 한 번 연장할 수 있다. 위기가족긴급지원의 절차 및 방법 등에 필요한 사항은 대통령령으

로 정한다.

「긴급복지지원법」등 다른 법률에 따른 이 법의 지원내용과 동일한 내용의 지원을 받고 있는 경우에는 이 법에 따른 지원을 하지 아니한다[본조신설 2016.5.29.].

법 제31조

- 국가 및 지방자치단체는 이혼하고자 하는 부부가 이혼전 상담을 받을 수 있게 하는 등 이혼조정을 내실화할 수 있도록 필요한 조치를 강구하여야 한다.

이혼의 의사가 정해진 가족에 대하여 이들 가족이 자녀양육·재산·정서 등의 제반문제를 준비할 수 있도록 도움을 주는 지원서비스를 제공하여야 한다. 또 이혼한 가족의 양육비에 대한 집행력의 실효성을 강화하고 그 적용대상을 확대하도록 하여야 한다.

건강가정지원센터·다문화가족지원센터 설치현황은?

2019년 전국에 건강가정지원센터(약칭 건가센터)는 24개소가 있으며, 다문화가족지원센터(약칭 다가센터) 44개소와 건강가정·다문화가족지원센터(약칭 통합센터)는 183개로 전국에 가정문제 상담관련 센터가 운영되고 있다.

표 23

구분	합계	서울	부산	대구	인천	광주	대전	세종	울산	경기	강원	충북	충남	전북	전남	경북	경남	제주
통합센터	183	25	7	8	8	5	2	1	5	24	18	7	12	11	21	15	14	0
건가센터	24	1	4	0	1	0	0	0	0	8	0	0	2	2	1	1	2	2
다가센터	44	0	6	0	1	0	3	0	0	7	0	5	3	3	1	8	5	2

4 건강가정지원센터 등 시설운영은?

관련 법령은?

건강가정기본법 제34조

여성가족부 및 지방자치단체는 건강가정사업에 관한 업무를 전담하여 수행할 수 있도록 하여야 한다.

건강가정기본법 제35조[개정 2011.9.15.]

가정문제의 예방·상담 및 치료, 건강가정의 유지를 위한 프로그램의 개발, 가족문화운동의 전개, 가정 관련 정보 및 자료제공 등을 위하여 건강가정지원센터(이하 "센터"라 한다)를 설치·운영하여야 한다.

건강가정지원센터는?

다음의 어느 하나에 해당하는 민간기관에 건강가정지원센터의 운영을 위탁할 수 있다[개정 2016.6.7.].

법 시행규칙 6조

1. 「민법」 제32조에 따라 설립된 건강가정사업 관련 비영리법인
2. 「고등교육법」 제2조에 따른 학교
3. 「사회복지사업법」 제2조제3호에 따른 사회복지법인
4. 「공익법인의 설립·운영에 관한 법률」 제2조에 따른 공익법인
5. 「비영리민간단체지원법」 제2조에 따른 건강가정사업 관련 비영리단체
6. 「협동조합 기본법」 제2조제3호에 따른 사회적협동조합
7. 그 밖에 여성가족부장관이 건강가정사업을 위한 시설 및 전문 인력을 갖추었다고 인정하는 비영리법인 또는 단체

다문화가족지원센터는?

다문화가족지원센터(이하 "지원센터"라 한다.)를 설치·운영할 수 있다.

다문화가족지원법 제12조

센터의 설치·운영을 대통령령으로 정하는 법인이나 단체에 위탁할 수 있다. 국가 또는 지방자치단체 아닌 자가 지원센터를 설치·운영하고자 할 때에는 미리 시·도지사 또는 시장·군수·구청장(자치구의 구청장을 말한다. 이하 같다.)의 지정을 받아야 한다. 지원센터는 다음 각 호의 업무를 수행한다.

1. 다문화가족을 위한 교육·상담 등 지원사업의 실시
2. 결혼이민자등에 대한 한국어교육
3. 다문화가족 지원서비스 정보제공 및 홍보
4. 다문화가족 지원 관련 기관·단체와의 서비스 연계
5. 일자리에 관한 정보제공 및 일자리의 알선
6. 다문화가족을 위한 통역·번역 지원 사업
7. 그 밖에 다문화가족 지원을 위하여 필요한 사업

지원센터에는 다문화가족에 대한 교육·상담 등의 업무를 수행하기 위하여 관련 분야에 대한 학식과 경험을 가진 전문 인력을 두어야 한다. 예산의 범위에서 필요한 비용 및 지원센터의 운영에 드는 비용의 전부 또는 일부를 보조할 수 있다. 지원센터의 설치·운영 기준, 위탁·지정 기간 및 절차 등에 필요한 사항은 대통령령으로 정하고, 전문 인력의 기준 등에 필요한 사항은 여성가족부령으로 정한다.

표 24 건강가정지원센터 및 다문화가족지원센터 운영기준

건강가정지원센터	**건강가정기본법시행령 제3조 :** 센터 조직 등 건강가정지원센터에는 센터장과 건강가정사업의 수행에 필요한 팀을 둔다. 건강가정지원센터의 센터 장은 연도별로 사업계획을 수립하고, 해당 건강가정지원센터의 조직·인사·복무·보수·회계·물품·문서의 처리에 관한 규정을 정한 후 이에 따라 사무를 처리하여야 한다. 건강가정지원센터의 조직과 운영에 필요한 사항은 해당 지방자치단체의 조례로 정한다. **시설기준 :** 시설의 공공성 확보를 위하여 지자체 내 건물 혹은 소유·관리 등에 설치할 수 있도록 노력하여야 한다. 건가 · 다가센터 건물이 동일 장소에 위치하고 있는 경우에는 공간을 통합하여 사무실, 상담실, 교육장 등을 적절하게 배치하여 활용한다. 건가·다가센터 건물이 서로 다른 장소에 위치하고 있는 경우에는 두 센터의 공간을 모두 활용하되, 전화상담실, 면접상담실, 집단상담실 등 상담에 필요한 공간이 충분히 확보되어 있는 장소에서 가족 상담을, 교육장이 확보되어 있는 장소에서 가족교육을 실시한다. **공간의 구성 :** 별도의 사무공간을 확보하고, 통합적 가족지원서비스 기능을 효율적으로 수행할 수 있도록 전화상담실, 면접상담실, 교육실, 자료실 등 필요한 공간을 충분히 확보하여야 한다. 상담실은 전화 상담실과 면접상담실을 별도 분리 설치하여야 하며, 이 밖에 집단상담실 등을 둘 수 있다. 상담실은 2개 이상의 상담실을 설치(전화·면접·집단상담실)하여야 한다. 상담 내용이 드러나지 아니하고 자연스러운 분위기에서 상담할 수 있는 구조를 갖추어야 하며, 면접상담실에서 비상벨을 설치하여 상담사의 안전과 내담자의 위기상황에 대처할 수 있어야 한다.

다문화가족지원센터	**다문화가족지원법 제12조 :** 지원센터의 설치·운영 기준 관련 **입지 조건 :** 일조·채광·환기 등이 원활하고 급수 및 교통수단 등이 구비되어 종사자 및 이용자의 건강유지 및 재해방지가 가능하고 일상 생활을 하는 데 적합하며 접근이 편리한 위치여야 한다. **구조 및 설비 :** 사무실은 45m² 이상의 사무전용 별도 공간을 확보하여야 하며 책상, 컴퓨터 등 사무를 처리할 수 있는 설비를 구비하여야 한다. 상담실은 원활한 상담과 개인비밀 보호를 위한 분리 또는 방음장치를 설치하여야 하며, 교육장은 청소년 및 보호자 등을 교육하는 별도 공간을 확보한다. **언어발달 교육을 위한 공간 :** 전용공간 16m² 이상의 별도 공간 확보 및 언어발달 교육에 적합한 설비를 구비하여야 한다(단, 언어 발달 교육과정을 운영하는 경우에만 해당). **비상재해대피시설 :** 「화재예방, 소방시설 설치 · 유지 및 안전관리에 관한 법률」에서 정하는 소화기 및 피난기구 등 시설 실정에 맞는 비상재해대비시설 및 장비를 설치 또는 구비하여야 한다. **운영기준 :** 운영시간 주 5일, 하루 8시간 이상 운영한다. **관리규정 :** 운영 방침, 직원의 업무분장 그 밖에 운영에 필요한 규정을 제정·시행한다. **장부 등의 작성 · 보존 :** (「전자문서 및 전자거래 기본법」 제2조제1호의 전자문서를 포함한다.) 1) 지원센터의 연혁에 관한 기록부 2) 재산대장·재산목록과 그 소유 또는 사용을 증명할 수 있는 서류 3) 지원센터의 운영일지 4) 지원센터의 장 및 전문 인력의 인사카드 5) 예산서 및 결산서 6) 총계정 원장(總計定 元帳) 및 수입·지출 보조부 7) 금전·물품의 출납부와 그 증명서류 8) 보고서철 및 관계 행정기관과의 문서철 **종사자기준 :** 다문화가족지원법시행령 제3조에 따라 다음의 어느 하나에 해당하는 전문 인력을 1명 이상 두어야 한다. [개정 2010.3.19. 제1호(여성가족부 직제 시행규칙), 2012.8.16.] 1. 「건강가정기본법」 제35조에 따른 건강가정사 2. 「사회복지사업법」 제11조에 따른 사회복지사 3. 그 밖에 여성가족부장관이 인정하는 관련 분야의 전문 인력

각 센터에서 하는 일은?

건강가정지원센터는 다양한 모든 가족을 대상으로 가족교육, 가족상담, 가족 돌봄, 가족문화프로그램 등 가족기능 강화 및 가족관계 개선을 위한 가족지원서비스를 제공한다. 다문화가족지원센터는 다문화가족을 대상으로 지원한다.

※결혼이민자(한국인과 결혼한 외국인)와 귀화자가 포함된 가족(다문화가족지원법 제2조)

- 가족상담 및 교육 : 가족관계 개선을 위한 상담, 부부교육, 부모자녀교육 등
- 방문교육서비스 : 한국어 교육, 부모교육서비스, 자녀생활서비스
- 한국어 교육 : 1~4단계
- 자녀 지원 : 언어(한국어)발달지원, 이중 언어 가족환경조성, 자녀성장지원 사업 등
- 통번역서비스, 멘토링, 자조모임, 나눔봉사단 운영 등

각 센터에는 어떤 전문가가 일하나요?

표 25 상담직원 채용 자격요건(건강가정지원센터 가족상담 운영규정(안) 참조)

구분	자격요건
가족상담 직원 및 가족상담 전문인력(위촉직)	· 가족상담 실무자는 팀원 기준에 준하되, 상담 실무자가 상담을 수행할 때에는 가족상담 전문인력에 요하는 자격을 갖춘 자여야 한다.
가족상담 전문인력	· 가족상담 관련 전공학과의 석사과정 이상 수료한 자 ※ 가족상담관련 전공(대학원) : 가족(부부)상담, 가족치료, 교육심리(아동 · 청소년 · 노인) 상담, 가족관계, 정신의학 등 · 관련 전문 학회에서 발급하는 2급 이상 자격증 소지자 · 관련 전문 학회에 소속되어 100시간 이상의 상담 실무경력자 또는 이에 상당하다고 인정되는 경력을 가진 자
임신갈등상담을 제공하는 가족상담 전문인력	· 관련분야 석사학위를 취득한 후 1년 이상 관련기관 상담원으로 근무한 경력이 있는 사람 · 관련분야 학사학위를 취득한 후 2년 이상 관련기관 상담원으로 근무한 경력이 있는 사람 · 기타 위와 동등한 자격이 있다고 인정되는 자 ※ 관련학과 전공분야 : 상담심리학, 심리학, 사회복지학, 가정학, 여성학, 아동학, 청소년학, 교육학, 사회학 등 ※ 관련기관 : 사회복지시설, 건강가정지원센터, 다문화가족지원센터, 청소년상담복지센터, 상담 관련 비영리법인 및 비영리민간단체 등
다문화상담 전문인력	· 기존 다문화 가족지원센터의 상담 인력을 말하며, 단독 건강센터는 적용 제외 · 가족상담관련 석사학위 소지자 · 가족상담관련 학사학위 소지자로서, 상담경력 2년 이상 실무 경력자 ※ 가족상담관련 학과 : 가족상담(치료)학, 가족(복지)학, (임상)심리학, 교육학, 사회복지학

통합서비스 운영기관의 경우는?

기존 건강가정지원센터 및 다문화가족지원센터 종사자 승계를 원칙으로 한다.

신규 채용 직원의 경우는?

건강가정사, 사회복지사 등 센터 종사자 자격기준을 적용하며, 행정 및 일반사무 전담을 위한 운영지원사무원(행정지원인력)을 배치할 수 있다.

5 건강가정사 자격이란?

건강가정사의 법적 근거와 요건은?

-건강가정기본법 제35조 2항의 규정에 의한 전문가(이하 "건강가정사"라 한다.).

- 건강가정사는 다음 각 호의 요건을 모두 갖춘 사람이어야 한다.

법 시행령 제4조

1. 대학 또는 이와 동등 이상의 학교를 졸업할 것(법령에 따라 이와 같은 수준 이상의 학력이 있다고 인정되는 경우를 포함한다.)
2. 제1호에 따른 학력 취득과정이나 그 밖에 여성가족부장관이 인정하는 방법으로 사회복지학·가정학·여성학 등 여성가족부령으로 정하는 관련 교과목을 이수할 것

건강가정사 관련 교과목은?

건강가정사가 되기 위하여 이수하여야 하는 관련 교과목(법 시행규칙 제5조 관련)은 대학원의 경우 관련 교과목 중 핵심과목 4과목 이상, 관련과목 4과목(기초이론 2과목, 상담·교육 등 실제 2과목) 이상을 각각 이수하여야 한다. 다만, 핵심과목 및 관련과목 각각의 2분의 1의 범위에서 대학 또는 이와 동등 이상의 학교에서 이수한 교과목도 이를 대학원에서 이수한 것으로 본다. 교과목의 명칭이 동일하지 아니하더라도 교과의 내용이 동일한 것으로 여성가족부장관이 인정하는 경우에는 동일 교과목으로 본다. 관련 교과목 이수는 12과목 36학점(대학원에서 이수하는 경우 8과목 24학점) 또는 12과목 이상 36학점(대학원에서 이수하는 경우 8과목 이상 24학점)으로 한다.

건강가정사는 어떤 일을 하는가?

1. 가정문제의 예방·상담 및 개선
2. 건강가정의 유지를 위한 프로그램의 개발
3. 건강가정 실현을 위한 교육[민주적이고 양성(兩性) 평등적인 가족

관계 교육을 포함한다.]

4. 가정생활문화운동의 전개
5. 가정 관련 정보 및 자료 제공
6. 가정에 대한 방문 및 실태 파악
7. 아동보호전문기관 등 지역사회자원과의 연계
8. 그 밖에 건강가정사업과 관련하여 여성가족부장관이 정하는 활동

6 건강가정지원센터의 유사명칭 사용금지는?

건강가정지원센터에서 위반행위를 하였을 경우는 어떻게 되는가?

법 제35조의 2

이 법에 따른 센터가 아닌 자는 건강가정지원센터 또는 이와 유사한 명칭을 사용하지 못한다. [본조신설 2011.9.15.]

법 제37조

이를 위반한 자에게는 300만 원 이하의 과태료를 부과한다. 과태료는 대통령령으로 여성가족부장관 또는 지방자치단체의 장이 부과·징수한다. [본조신설 2011.9.15.]

표 26

위반행위	근거 법조문	과태료 금액		
		1차 위반	2차 위반	3차 이상 위반
법 제35조의2를 위반하여 건강가정지원센터 또는 이와 유사한 명칭을 사용한 경우	법 제37조제1항	100만 원	200만 원	300만 원

다문화가족지원센터 과태료

법 제12조의 3

이 법에 따른 센터가 아닌 자는 다문화가족지원센터 또는 이와 유사한 명칭을 사용하지 못한다. [본조신설 2011.9.15.]

법 제17조

이를 위반한 자에게는 300만 원 이하의 과태료를 부과한다. 과태료는 대통령령으로 여성가족부장관 또는 지방자치단체의 장이 부과·징수한다. [본조신설 2011.9.15.]

표 27

위반행위	근거 법조문	과태료 금액		
		1차 위반	2차 위반	3차 이상 위반
법 제12조의3을 위반하여 다문화가족지원센터 또는 이와 유사한 명칭을 사용한 경우	법 제17조제1항	100만 원	200만 원	300만 원

7 건강가정지원센터는 어떻게 이용할 수 있나요?

신청절차 및 방법은?

건강가정지원센터의 홈페이지(www.familynet.or.kr)에 회원가입을 한 후 프로그램을 신청한다. 지역별 건강가정지원센터에 유선 또는 방문을 통해 신청 가능하다(대표번호 1577-9337).

다문화가족지원센터는 지역별 다문화가족지원센터 방문 또는 유선을 통해 신청한다.

※방문 자녀생활서비스의 경우 읍·면사무소 및 동주민센터 방문신청.

센터이용 시 필요한 서류는?

건강가정지원센터는 별도의 구비서류가 없다(단, 프로그램 특성별로 요청할 수 있음).

다문화가족지원센터는 회원등록 신청서 및 프로그램 신청서, 주민등록등본(결혼이민자가 등본상 기재) 또는 가족관계증명서와 외국인등록증(여권) 사본이 필요하다.

궁금한점은 어디에 문의하면 되는가?

건강가정지원센터는 건강가정지원센터 대표번호 1577-9337, 건강가정지원센터 홈페이지(www.familynet.or.kr)로 문의 가능하다. 다문화가족지원센터는 서비스 안내 1577-1366, 홈페이지 http://liveinkorea.kr(다누리포털)로 문의하면 된다.

그림23 상담 추진 체계

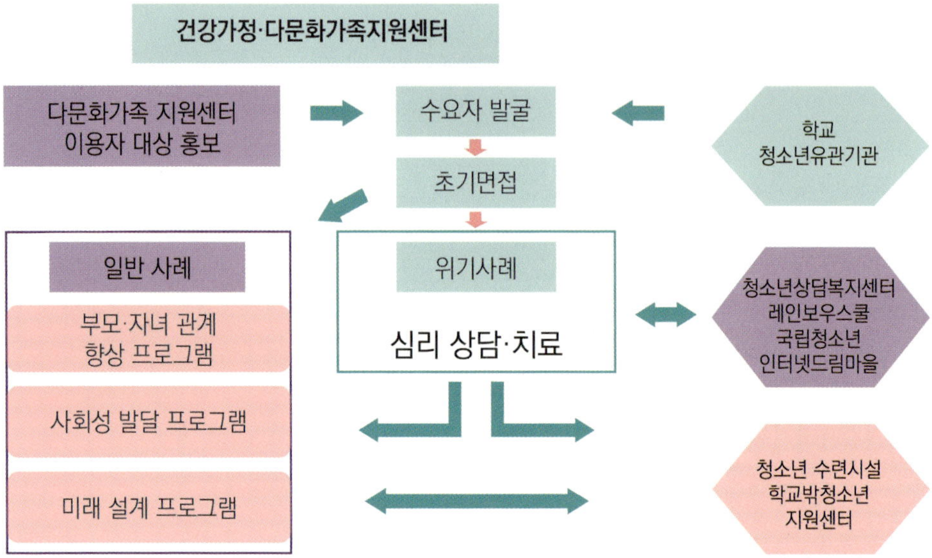

8 가족상담의 진행 절차는?

건강가정지원센터에서는 상담이 어떻게 진행되는가?

건강가정지원센터 가족상담 운영규정

① 전화·방문·이메일·패밀리넷홈페이지를 통하여 상담을 신청하도록 안내한다. 이 경우 상담방법과 한국어로 상담이 가능한지를 확인한다. 한국어 상담이 가능하지 않은 경우 통번역사 등을 활용하여 상담할 수 있다.

② 신청한 상담의 접수 순서에 따라 상담을 실시한다. 단, 상담이 필요한 위급한 가족의 경우, 센터장 또는 상담 실무자의 판단에 따라 센터 장에게 보고 후, 상담 순서를 우선으로 배치할 수 있다.

③ 초기 면접상담 진행 시 내담자가 필요한 제반서류(별도 지침참조)를 작성하도록 해야 하며, 내담자가 이에 동의하지 않을 시 상담을 진행하지 않는다.

④ 내담자가 상담이 진행되는 동안 상담에 성실히 임하도록 안내하며, 무단으로 3회 이상 상담약속을 지키지 않을 경우 센터에서 상담의 중단을 통보할 수 있음을 안내해야 한다.

⑤ 상담 종료 후에는 6개월 이내에 1회 이상의 사후검사 관리를 실시해야 한다.

우선적으로 상담을 받을 수 있는 위급사항은?

1. 사회적 재난
2. 자살시도자의 가족원
3. 법원연계 이혼상담
4. 취약위기 가족사례 위기사례로 상담을 연계한 경우
5. 다문화사례 관리 시 위기사례로 상담을 연계한 경우
6. 기타 관련 공무원이 위기사례로 연계한 경우 등

다문화가족지원센터의 상담진행절차는?

다누리콜센터 1577-1366을 운영하고 있다. 서비스 시간은 서울(합정)의 경우 1년 365일 24시간 상담이 연결되며, 6개 지역은 09:00~18:00, 18:00 이후 야간은 서울(합정)으로 자동연결된다. 서비스 언어는 이주여성 전문상담원이 13개 언어로 상담한다. 13개 언어는 영어, 중국어, 베트남어, 타갈로그어, 캄보디아어, 몽골어, 한국어, 러시아어, 일본어, 태국어, 라오스어, 우즈베크어, 네팔어로 다음과 같다.

표 28 다문화상담센터 이용 방법

전화상담 (1577-1366)	- 전화상담은 3자 통화가 가능하며, 365일 24시간 가능하다. - 6개 지역은 지역사무소 09:00~18:00까지 365일가능하며, 18시 이후 야간은 대표번호 1577-1366으로 자동 연결된다.
온라인 상담 (다누리포털사이트)	- 다누리포털사이트에 접속(www.liveinkorea.kr)하여 원하는 언어를 선택하고, 온라인상담실에서 상담내용을 등록하면 된다. 접수일 다음날로부터 10일 이내(주말, 공휴일 제외)에 답변이 등록된다.
방문 상담	- 다누리콜센터 상담원이 직접 찾아가 상담하고, 상담원과 상호일정을 조정하여 예약상담을 실시한다.
면접 상담	- 다누리콜센터에 직접 내방하여 상담한다. - 사전예약을 통한 상담을 실시하며, 긴급피난시설 이용 희망자, 법률지원 희망자, 부부상담·개인상담 희망자 등과 상담할 수 있다.

* 서비스 내용으로는 긴급피난시설 운영과 긴급, 폭력피해 상담 및 긴급지원 연계 활동, 생활정보 제공, 생활통역 및 3자 통화 서비스, 대한변호사 협회 연계 법률상담, 가족상담 및 부부상담 등이 가능하다.

표 29 전국 다누리콜센터 안내

서울(합정)	1577-1366	서울시 마포구 월드컵로 37, 7층
수원	031-257-1841	경기도 수원시 팔달구 팔달로 131, 5층
대전	042-488-2979	대전시 서구 월평북로 91 아산빌딩 5층
광주	062-366-1366	광주시 남구 대남대로 289 새마을회관 4층
부산	051-508-1366	부산시 동래구 사직로 24, 5층
구미	054-457-1366	경북 구미시 구미대로 350-27 구미시종합비즈니스지원센터 1층 103호
전주	063-237-1366	전북 전주시 완산구 효자로 225 전북도청 1층

가족상담 접근방법에 따른 진행은?

- **개인단위 상담** : 가족의 욕구나 문제 해결을 돕기 위하여 개별 가족구성원을 대상으로 상담하는 것을 말한다.
- **가족단위 상담** : 가족의 욕구나 문제 해결을 돕기 위하여 2인 이상의 가족구성원을 대상으로 상담하는 것을 말한다.
- **가족집단 상담** : 비슷한 가족문제를 가지고 있는 개인이나 가족을 집단으로 구성하여, 집단의 역동과 상호작용으로 실시하는 상담이다.

가족상담 내용에 따른 진행은?

- **이혼 전·후 상담** : 이혼을 고려하거나, 이혼에 대하여 언급하거나, 이혼에 관한 결정을 호소하는 등 이혼 전·후 관련한 문제를 상담한다. 이혼과 관련된 부부의 심리·정서·경제적 문제, 자녀문제에 효율적으로 대처하고, 이혼 여부를 합리적으로 결정하도록 돕는다.
- **부부상담** : 부부의 관계갈등, 의사소통, 부부성격 및 가치관차이, 외도, 배우자 의심, 부부 성문제, 경제문제, 국적 및 문화·언어차이에서 오는 의사소통 등 부부관계에서 발생하는 문제를 상담한다.
- **부모·자녀상담** : (시/조)부모·자녀 간 관계갈등, 부모의 부양문제,

부모의 성격문제, 부모의 질환문제, 자녀양육문제, 자녀성격문제, 국적 및 문화·언어 차이에서 오는 의사소통, 자녀 비행·일탈·따돌림 등 부모 자녀 간 발생하는 문제를 상담한다.

• **그 외 가족상담** : 사별, 본가와 처가의 갈등, 형제자매 갈등, 원가족 갈등 등 부부와 부모·자녀 간 외의 다른 가족들로부터 발생하는 가족문제를 상담한다.

가족상담 방법에 따른 진행은?

• **면접상담** : 상담 신청후 1인 및 2인 이상의 내담자가 직접 내방하여 이루어지는 상담이다.

• **전화 및 사이버상담** : 상담신청과는 구별되는 것으로 내담자의 상황에 따라 면접상담이 어렵다고 판단될 경우 전화 및 패밀리넷 사이버 상담실을 통해서 이루어지는 상담이다

• **방문상담** : 센터가 이용자와 협의한 장소에 직접 방문하여 이루어지는 상담으로 반드시 2인이 동행하여 실시하며, 대상자는 사례관리대상자에 국한한다.

다른 기관과의 연계는?

• 가정폭력, 성폭력 관련으로 내담자가 도움을 요청할 때는 반드시 1366 등 전문기관에 상담을 연계하여 운영한다.

• 이혼 전·후 상담이나 부부상담 시 가족전문상담가가 직접적으로 가정폭력을 목격한 경우에는 1366등의 전문기관에 연계한다.

• 상담자가 정신건강 등의 문제가 인지될 때는 반드시 지역 정신건강증진센터 및 정신과와 연계하여야 한다.

• 상담 연계를 위하여 지역 내 자원과의 비상연락체계를 갖춘다.

9 이혼상담은 어떻게 진행되나요?

협의이혼이란?

부부가 자유로운 이혼합의에 의하여 혼인관계를 해소시키는 제도이다. 먼저 관할 법원의 협의이혼 의사확인을 받은 후 이혼신고서에 그 확

인서등본을 첨부하여 관할 시(구)·읍·면의 장에게 신고함으로써 이혼의 효력이 발생한다.

협의이혼 절차는 어떻게 진행되는가?

• **신청** : 부부가 함께 법원에 가서 이혼의사를 확인받기 위한 신청을 한다.

• **안내** : 신청 후 법원이 제공하는 이혼에 관한 안내를 받아야 한다.

• **숙려기간** : 이혼에 관한 안내를 받은 후, 이혼과 자녀의 양육에 관하여 1개월 또는 3개월 동안 다시 한 번 생각할 수 있는 기간, 즉 숙려기간을 가지게 된다.

- 전문상담인의 상담(희망하는 경우) 숙려기간 동안 전문상담인에게 상담을 받을 수 있다.
- 친권과 양육에 관한 협의(미성년 자녀가 있는 부부)는 친권과 양육에 관한 협의내용을 적은 협의서를 법원에 제출해야 이혼의사 확인을 받을 수 있다.
- 협의가 되지 않으면, 별도의 심판청구로 친권과 양육에 관한 법원의 결정을 받아야 한다.

• **이혼의사 확인** : 숙려기간이 지난 후 법원에 다시 나와서 이혼의사 확인을 받는다.

• **이혼신고** : 협의이혼 의사확인을 받은 다음, 3개월 안에 이혼신고를 하여야 이혼이 된다.

그림24 협의 이혼 절차

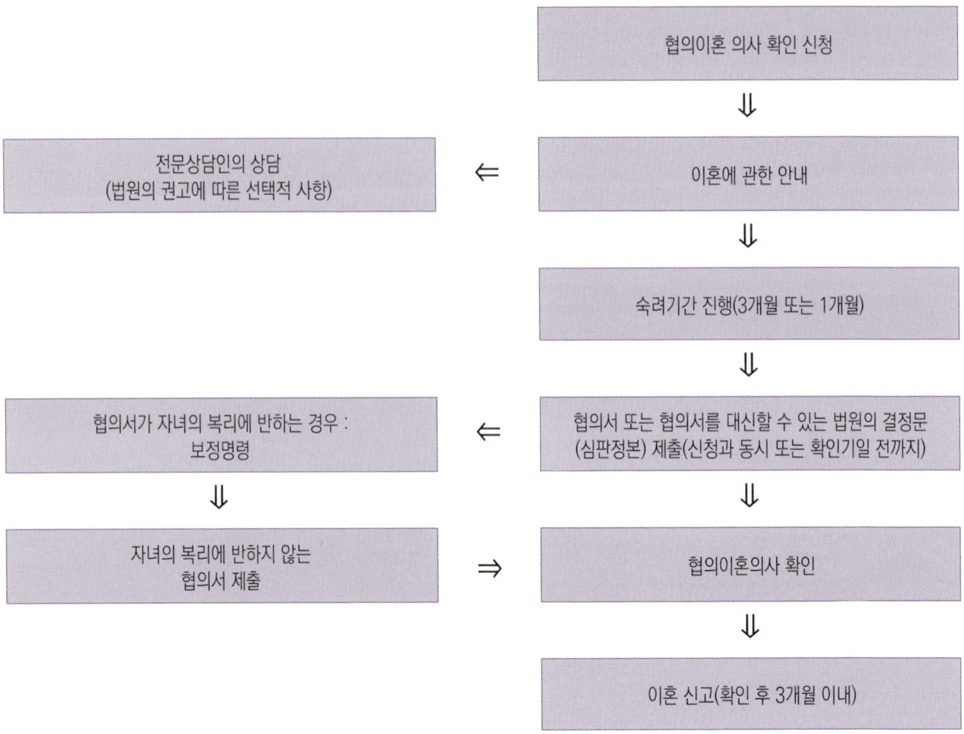

협의이혼 절차는?

- **신청 방법 및 제출 서류 :** 이혼당사자의 등록기준지 또는 주소지를 관할하는 법원에 부부가 함께 가서 신청서를 제출하여야 한다. 부부 중 일방이 외국에 있거나 교도소(구치소)에 수감 중인 경우에만 다른 일방이 혼자 출석하여 신청서를 제출하고 안내를 받는다.

표 30 이혼 신청 시 제출 서류

구분	비고
① 협의이혼의사 확인신청서 1통	- 부부가 함께 작성 - 전화연락처를 정확히 기재하여야 하며, 전화연락처 변경 시에는 즉시 법원에 신고해야 함
② 남편의 가족관계 및 혼인관계증명서 각 1통	시(구) · 읍 · 면 · 동사무소에서 발급
③ 처의 가족관계 및 혼인관계증명서 각 1통	

④ 이혼신고서 3통	신고서 뒷면에 기재된 작성방법에 따라 부부가 함께 작성
⑤ 주민등록등본 1통	주소지 관할 법원에 신청할 때만 첨부
⑥ 자녀의 양육과 친권자결정에 관한 협의서 1통과 사본 2통 또는 가정법원의 심판정본 및 확정증명서 3통	- 미성년 자녀가 있는 부부만 해당 - 협의서는 확인기일 1개월 전까지 제출해야 함. - 자녀의 양육과 친권자결정에 관한 협의가 원활하게 이루어지지 않는 경우에는 신속하게 가정법원에 심판을 청구해 심판정본 및 확정증명서를 제출해야 함 - 협의서나 심판정본을 제출하지 않거나 늦게 제출하면, 이혼의사 확인을 받을 수 없거나 늦게 받을 수 있음.
⑦ 재외국민등록부등본 1통(재외공관 및 외교통상부 발급) 또는 수용증명서(교도소 및 구치소 발급) 1통	부부 중 일방이 외국에 있거나 교도소(구치소)에 수감 중인 경우

• **이혼에 관한 안내** : 법원은 안내를 할 때에 이혼의 절차, 이혼의 결과(친권, 양육, 양육비, 면접교섭, 재산분할) 등 이혼에 관한 여러 가지 내용을 알기 쉽게 설명해 준다. 법원으로부터 이혼에 관한 안내를 반드시 받아야 하고, 상담위원과의 상담을 권고받을 수 있다. 특히 미성년인 자녀의 양육과 친권자결정에 관하여 상담위원의 상담을 받은 후 협의서를 작성하는 것이 바람직하다.

• **숙려기간** : 미성년 자녀가 없는 부부는 1개월, 미성년자녀(임신 중인 자녀포함)가 있는 부부는 3개월 이상 기간이 지난 후에야 이혼의사를 확인받을 수 있다. 미성년 자녀가 있더라도 그 자녀가 신청 후 1개월이 되기 전에 성년이 되는 경우에는 1개월이 지난 후에, 신청 후 1개월 후 3개월 이내에 성년이 되는 경우에는 성년이 된 날 후에 이혼의사의 확인을 받을 수 있다. 다만, 가정폭력으로 인하여 결혼생활을 더 이상 유지하기 힘들거나 그밖의 불가피한 사정이 있을 때에는 예외가 적용된다. 이러한 경우에는 법원에 숙려기간을 줄이거나 면제해 달라고 요청할 수 있다. 필요한 서류양식은 법원에 준비되어 있다. 숙려기간을 줄이거나 면제하여 달라는 사유서를 제출하는 것이 바람직하며, 사유서 제출 후 7일 이내에 확인기일의 재지정 연락이 없으면 최초에 지정한 확인기일이 유지된다. 이에 대하여는 이의 제기를 할 수 없다.

• **전문가로부터 받는 상담(희망하는 경우)** : 숙려기간 동안 상담을 받을 수 있으며, 법원은 상담을 받고 싶은 사람이 심리학, 상담학 등 상담전문가들의 상담을 받을 수 있도록 도와준다.
상담을 통하여 미처 생각하지 못한 해결 방법을 찾을 수도 있고, 자녀 양육 문제에 관한 도움을 받을 수도 있다.

• **협의이혼 의사의 확인** : 반드시 부부가 함께 본인의 신분증(주민등록증, 운전면허증, 공무원증 및 여권 중 하나)과 도장을 가지고 통지받은 확인기일에 법원에 출석하여야 한다. 첫 번째 확인기일에 불출석하였을 경우에는 두 번째 확인기일에 출석하면 되나, 확인기일을 2회에 걸쳐 불출석한 경우 확인신청을 취하한 것으로 보므로 협의이혼 의사확인신청을 다시 하여야 한다. 부부의 이혼의사가 확인되고, 미성년 자녀의 양육과 친권자결정에 관한 협의서 또는 가정법원의 심판정본 및 확정증명서가 확인되면, 법원에서 부부에게 확인서 등본 1통 및 협의서등본 또는 가정법원의 심판정본 및 확정증명서 1통씩을 교부한다. 확인기일까지 협의를 할 수 없어 가정법원에 심판을 청구한 경우에는 확인기일에 출석하여 그 사유를 소명한 때 확인기일을 추후 지정 받을 수 있고, 가정법원의 심판이 있어 확정되면 심판정본 및 확정증명서를 제출하여야 한다. 심판청구가 각하되거나 취하된 때에는 지정된 확인기일까지 협의서를 제출하지 않으면 불확인 처리된다. 자녀의 행복과 이익을 위해서 법원은 자녀의 양육과 친권자결정에 관한 협의에 대하여 보정을 명할 수 있고, 보정에 불응하면 불확인 처리된다. 불확인 처리를 받은 경우에는 가정법원에 별도로 재판상 이혼 또는 재판상친권자지정 등을 청구할 수 있다.

• **협의이혼의 신고** : 협의이혼 의사확인을 받았다고 바로 이혼이 되는 것이 아니며, 이혼의사확인서등본을 받은 날부터 3개월 안에 이혼신고를 하여야 이혼이 된다. 이혼의사가 있으면 위 기간 내에 당사자 일방 또는 쌍방이 시(구)·읍·면사무소에 확인서등본이 첨부된 이혼신고서를 제출하여야 한다(확인서 등본을 분실한 경우 그 등본을 교부받은 날부터 3개월).

자녀 면접교섭 시 주의사항은?

- 부모는 면접교섭이 부모의 권리일 뿐만 아니라 자녀의 권리이기도 함을 인식하고, 면접교섭을 자녀의 정서적 안정을 위한 도구로 사용한다.

- 면접교섭은 자녀의 정서적 안정을 위한 것이므로, 양육자가 면접교섭을 제한하거나 배제하려는 시도(예 : 면접교섭 예정 시간에 학원을 보내거나 여행가는 등 다른 일정을 잡는 행위, "아빠를 꼭 만나야겠니?"라고 물어보는 행위, 화를 내며 상대방에게 아이를 보내는 행위 등)는 양육자 변경청구사유가 될 수 있다.

- 비양육자가 자기 욕구충족만을 위하여 면접교섭을 하는 것(예 : 정해진 면접교섭 시간에는 오지 않고, 자녀의사와 관계없이 자기 편한 시간에 불쑥 나타나는 행위, 지금은 보고 싶지 않다고 말하는 행위, 음주 후 면접교섭을 하러오는 행위, 면접교섭 동안 자녀와 함께 있지 않고 혼자 게임을 하거나 술을 마시는 행위 등)은 면접교섭 제한이나 배제 청구사유가 될 수 있음을 인지한다.

- 부모는 자녀를 정보원으로 삼거나 자녀 앞에서 상대방을 비방하지 않는다. 부모는 서로 면접교섭 중 또는 면접교섭 후 자녀가 죄책감이나 충성심 갈등을 갖지 않도록 밝은 얼굴로 맞이하고, 자녀에게 상대방의 근황을 캐묻거나 상대방을 비난하지 않는다.

- 면접교섭 중에 전화를 받은 자녀와 상대방은 마음이 불편할 수 있으므로 양육자는 면접교섭 시간 중에는 긴급한 일이 아니면 자녀에게 전화를 하지 않는다.

- 자녀는 부모의 기분을 맞추기 위하여 부모가 원하는 말 또는 다른 쪽 부모를 흉보는 말을 할 수 있으므로, 자녀가 한 말을 가지고 상대방과 싸우거나 비난하지 않는다.

- 자녀가 면접교섭시간을 초과하여 비양육자와 함께 지내고 싶어하더라도, 규칙임을 강조하여 단호하게 주어진 시간 동안만 면접교섭을 한다. 그러나 이러한 현상이 지속될 때는 양육자 변경에 대하여 고려한다.

- 자녀가 부모의 이혼을 받아들이기도 전에 성급하게 자녀에게 부모

의 이성 친구를 소개하지 않는다.

- 자녀가 면접교섭을 거부하거나 소극적일 경우 상대방을 비난하기에 앞서 심리상담센터 등을 방문하여, 전문가를 통하여 자녀의 소리를 먼저 듣는다.

자녀의 연령에 따른 양육비는?

표 31

자녀가 만 19세 미만인 경우	- 민법상 미성년자이기 때문에 양측 부모 모두에게 양육의 책임이 있다. - 부모가 이혼을 할 경우 비양육자가 양육자에게 양육비를 지급해야 한다.
자녀가 만 19세 이상 만23세 미만인 경우	- 성년에 해당하므로 양육비 지급대상이 아니다. - 다만 법원에 부모 합의를 전제로 대학 등록금 등을 반영하는 개정안이 발의 중이며, 과거에 양육비를 받지 못했다면 청구소송을 할 수는 있다.
자녀가 만23세 이상인 경우	- 양육비 지급대상이 아니다. - 과거 부모 간 소송이나 심판 등을 통한 양육비용에 대한 합의가 없었다면(소송이나 심판 등을 하지 않았다면) 과거 양육비도 청구는 가능하다.

* 협의이혼은 위자료와 재산분할과는 별도로 자녀의 친권 · 양육권, 양육비, 면접교섭에 관한 내용이 먼저 부부 간 합의가 되어야 이혼신청을 할 수 있다. 이 3가지가 합의되지 않은 경우는 재판상 이혼을 청구할 수 있다.

재판이혼이란?

재판이혼 절차에서는 민법 제840조가 규정하고 있는 6가지 이혼사유가 혼인생활 중에 발생했다는 점을 증명하여야 한다. 한편 6가지 이혼사유는 기본적으로 배우자의 혼인파탄 책임행위가 있음을 전제로 하고 있기 때문에, 이러한 책임이 있는 자는 이를 이유로 이혼청구를 할 수 없는 것이 원칙이다. 민법 제 840조 부부의 일방은 다음 각 호의 사유가 있는 경우에는 가정법원에 이혼을 청구할 수 있다.

1. 배우자에 부정한 행위가 있었을 때
2. 배우자가 악의로 다른 일방을 유기한 때
3. 배우자 또는 그 직계존속으로부터 심히 부당한 대우를 받았을 때
4. 자기의 직계존속이 배우자로부터 심히 부당한 대우를 받았을 때
5. 배우자의 생사가 3년 이상 분명하지 아니한 때
6. 기타 혼인을 계속하기 어려운 중대한 사유가 있을 때

재판이혼 상담을 하게 되었을 때, 원하기만 한다면 바로 소송을 개시할 수 있다고 생각할 수 있다. 그렇지만 재판을 통한 혼인 해소는 민법에서 정한 절차를 순서대로 행한 뒤에도 협상이 불발하였을 때 마지막으로 선택하게 되는 방법이다. 소송에도 요건이 있어서 단순하게 성격이 불일치하여 갈라서려 하는 것이라면 이러한 절차의 활용이 불가할 수도 있다. 그래서 재판이혼상담으로 법률적인 조항을 자세히 살핀 후에 돌입할 필요가 있다.

- **조정이혼절차** : 조정신청 → 조정기일통지서송달 → 조정기일출석 → 조정성립 → 이혼신고 & 조정불성립
- **재판이혼절차** : 관할법원소장접수 → 가사조사 → 조정위원회회부 → 변론기일 → 판결 → 이혼신고

아 회사에서의 문제를 상담받고 싶어요

● 출처 : 한국상담학회 기업상담학회

근로자 상담 사례

"이젠 잘 수 있어요"

30대 기혼남인 내담자는 묻는 말에 웃으면서 잘 대답하였으나 피곤한 모습이었다. 현재 회사 내에서 중간 직급의 관리자로 업무에 대한 책임감도 강하고 성실하여 인정받는 직원이지만, 누적된 스트레스로 피로감과 수면 문제를 경험하고 있었다. 가정 내에서는 부부가 맞벌이를 하고 있으며 갓난아기가 있어서 밤에도 신경을 써야 하고 주말에도 가족들과 시간을 보내고 있으므로 개인적으로 스트레스를 풀거나 따로 휴식시간을 갖기가 힘들다고 한다.

내담자는 긍정적이고 합리적인 사고 능력을 가지고 있으며 책임감이 강하고 성실한 사람으로 직장 내에서도 인정받는 직원이며 가정 내에서도 지지 받는 가장이다. 반면 정서적으로 불편감이 생기면 억압하거나 참아버리는 경향이 있고 생각이 많으며 예민하여 과잉 각성이 쉽게 되는 편이었다. 이로 인하여 수면 상태가 불안정하고 정서적인 불편감이 가중되는 양상이었으며 신체적인 피로감이 업무의 몰입을 감소시키고 있어서 빠른 개입이 필요한 상태였다.

스트레스 측정결과 내담자는 매우 피로한 상태였으며 작년에도 결과가 좋지 않았다. 수면 상태도 불안정하고 뇌파 검사 시 눈을 감은 상태에서의 뇌파도 불안정하였다. 이에 따라 수면 상태를 개선하고 스트레스 관리능력을 향상시키기 위하여 다양한 훈련들을 상담에 접목시켜 진행하였다. 뇌파 훈련을 통해 피로감을 완화시켜 집중력을 향상시키고 각성도를 조절하여 수면상태를 안정화시키기로 하였다. 또 이완훈련을 통하여 휴식을 취하고 스트레스 관리 능력을 키우며, 정서 상담을 통하여 자신의 억압된 감정을 이해하고 대인관계에서 잘 표현하도록 돕기로 하였다.

훈련과 함께 다양한 팁들을 제공했는데 스트레스에 대처하기 위하여 정서적으로 억압하는 부분들을 설명하고 방어기제를 쓰지 않도록 독려했고, 잠자기 전 인지적으로 억압하거나 생각하는 습관을 바꾸도록 유도했다. 자신을 억압하면서 무조건 참거나 긍정적으로 생각하는 것 또한 스트레스의 원인될 수 있으므로 업무의 효율성을 높이기 위하여 힘들 때는 힘들다고 말하고 잠시 쉬는 것도 필요함을 알렸다. 가족과의 대화나 도움을 요청하는 방법도 제안하였다.

상담 진행 후 뇌파 및 설문지 사후검사를 통하여 눈을 감고 있을 때의 뇌파가 안정되고 집중력이 향상된 것을 확인할 수 있었고, 내담자의 주관적 안녕감이 높아졌으며 문제증상의 완화와 삶의 기능에 대한 평가가 모두 개선되었다. 피로회복과 수면상태 개선이 시급하였던 내담자로 행동치료를 통하여 뇌파를 변화시켜 수면상태를 개선하였다. 또한 심리 상담을 통해 자신을 이해하고 자신감을 회복할 수 있도록 지지하여 매우 긍정적인 변화를 보여주었던 사례였다. 내담자의 주호소 내용에 따라 사용했던 다양한 접근방법이 근로자의 빠른 업무능력 회복과 스트레스 완화에 도움이 될 수 있음을 확인할 수 있었다.

출처 : 근로복지공단 2014.1.13 보도자료

1 기업상담 관련 법률

근로복지기본법 제83조

근로복지기본법 제83조(근로자지원프로그램)에 따르면, 사업주는 근로자의 업무수행 또는 일상생활에서 발생하는 스트레스, 개인의 고충 등 업무저해요인의 해결을 지원하여 근로자를 보호하고, 생산성 향상을 위한 전문가 상담 등 일련의 서비스를 제공하는 근로자지원프로그램을 시행하도록 노력하여야 한다. 사업주와 근로자지원프로그램 참여자는 대통령령이 정하는 경우를 제외하고는 근로자의 비밀이 침해받지 않도록 익명성을 보장하여야 한다.

법 제86조

또 국가 또는 지방자치단체는 선택적 복지제도, 근로자지원프로그램, 성과 배분, 발명·제안 등에 대한 보상을 활성화하기 위하여 필요한 지원을 할 수 있다.

2 기업상담에 대해 알아보기

근로복지기본법 제83조

근로자란 ?

직업의 종류와 관계없이 임금을 목적으로 사업이나 사업장에 근로를 제공하는 자를 말한다.

사용자란?

사업주 또는 사업 경영 담당자, 그 밖에 근로자에 관한 사항에 대하여 사업주를 위한 행위를 하는 자를 말한다.

기업상담 지원대상은?

상시근로자 수 300인 미만 중소기업 소속근로자가 지원 대상에 해당된다.

상담 지원내용은?

온라인상담은 근로복지넷을 통하여 게시판·단문·전화(화상)상담 서비스가 제공되며, 오프라인상담은 근로복지넷 예약을 통하여 근로자상담(개인)·기업 상담(개인 및 집단)을 제공한다.

EAP란?

EAP(Employee Assistance Program)는 직장인 지원 프로그램으로, 과도한 스트레스로 삶의 균형이 깨졌을 때 이를 해결할 수 있도록 상담, 컨설팅, 교육 등을 제공하는 종합 프로그램이다. 직장인 지원 프로그램은 하는 일에 부정적인 영향을 줄 수 있는 문제를 극복할 수 있도록 상담, 컨설팅, 코칭, 서비스 연계 등을 통해서 전문적으로 도와준다.

그림25

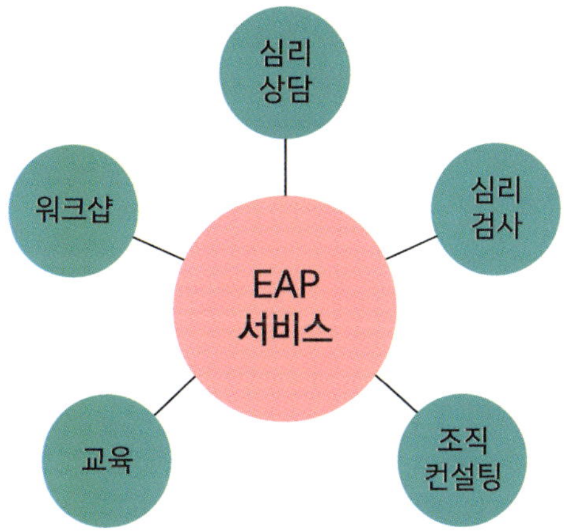

3 근로자가 도움받을 수 있는 방법은?

근로복지기본법 제3조

국가와 지방자치단체는?

근로복지기본법 제4조

국가 또는 지방자치단체는 근로복지정책을 수립·시행하는 경우 예산·기금·세제·금융상의 지원으로 근로자의 복지증진이 이루어질 수 있도록 노력하여야 한다. 근로복지(임금·근로시간 등 기본적인 근로조건은 제외한다. 이하 같다.) 정책은 근로자의 경제·사회활동의 참여기회 확대, 근로의욕의 증진 및 삶의 질 향상을 목적으로 하여야 한다. 근로복지정책을 수립·시행할 때에는 근로자가 성별, 나이, 신체적 조건, 고용형태, 신앙 또는 사회적 신분 등에 따른 차별을 받지 아니하도록 배려하고 지원하여야 한다. 근로자의 복지향상을 위한 지원을 할 때에는 중소·영세기업 근로자, 기간제 근로자(「기간제 및 단시간근로자 보호 등에 관한 법률」 제2조제1호에 따른 기간제 근로자를 말한다.), 단시간근로자(「근로기준법」 제2조제1항제8호에 따른 단시간근로자를 말한다.), 파견근로자(「파견근로자 보호 등에 관한 법률」 제2조제5호에 따른 파견

근로자를 말한다. 이하 같다.), 하수급인(「고용보험 및 산업재해보상보험의 보험료징수 등에 관한 법률」 제2조제5호에 따른 하수급인을 말한다.)이 고용하는 근로자, 저소득근로자 및 장기근속근로자가 우대될 수 있도록 하여야 한다. [개정 2019.4.30 제16413호(파견근로자 보호 등에 관한 법률)] 국가와 지방자치단체는 책무를 다하기 위하여 이에 따른 예산상의 조치를 하여야 한다.

- **모집대상** : 실업급여 수급자, 취업성공패키지 사업 참여자, 심층상담 전담제 대상자, 그 밖에 상담을 거쳐 취업의욕·취업기술 고취가 필요한 구직자 중심으로 대상자 선정

* (예시) 취업성공패키지 참여자, 실업급여 수급자 → 성취, 취업희망, CAP+ 등 심층상담 전담제 → 성취, 취업희망 등

4 EAP 운영은 어떻게 하나요?

EAP 운영체제는?

근로복지공단은 중소기업의 EAP 도입을 촉진하고 근로자의 정신적 스트레스 해결을 지원하기 위하여 근로복지넷(http://www.workdream.net)을 통한 상담(EAP) 서비스를 무상 제공한다.

EAP 지원기관 운영 및 업무는?

여성가족부장관 또는 시 · 도지사는 성교육 및 성폭력 예방교육의 실시, 생애주기별 교육 프로그램 개발 · 보급, 장애인 등 대상별 특성을 고려한 교육프로그램 개발 · 보급, 전문 강사 양성 등의 업무를 수행하고 지원하기 위한 기관(이하 "지원기관"이라 한다.)을 설치 · 운영할 수 있다. 여성가족부장관 또는 시 · 도지사는 지원기관의 운영을 대통령령으로 정하는 기관이나 단체에 위탁할 수 있으며, 지원기관의 업무 및 운영 등에 필요한 사항은 여성가족부령으로 정한다. 또한, 지원기관의 장은 매년 사업계획을 수립하고, 조직, 인사운영, 예산 및 회계 등 지원기관의 운영에 필요한 기준을 마련한 뒤 이를 준수하여야 한다.

근로복지공단에서 하는 심리상담은?

근로자들의 직무만족이나 생산성에 부정적인 영향을 미치는 문제들(11개 분야)을 근로자가 스스로 해결할 수 있도록 도와주는 상담 서비스이다.

근로복지공단은 중소기업의 EAP 도입을 촉진하고 근로자의 정신적 스트레스 해결을 지원하기 위하여 근로복지넷(http://www.work-dream.net)을 통한 상담(EAP) 서비스를 무상 제공한다. ※ EAP전문업체 (사)한국EAP협회와 연계

근로복지공단 상담 지원대상은?

상시 근로자수는 300인 미만 기업과 소속 근로자로서, 근로복지넷에 회원으로 가입한 후 온·오프라인 상담신청을 한 자(기업)이다.

근로복지공단 상담 지원내용은?

온라인, 오프라인, 서비스분야별로 다음과 같다. 온라인으로는 게시판상담, 채팅상담, 전화상담이 있고, 오프라인으로 지원내용은 대면근로자상담(1:1대면), 기업상담(개별 및 집단)으로 지원하며, 서비스 분야로는 직무스트레스, 조직 내 관계갈등, 업무과다, 건강관리, 정서, 성격, 자녀양육, 부부관계, 재무관리, 법률관계, 학업정보(자녀교육 및 입시 등), 경력관리, 양성평등, 직장 내 괴롭힘이 있다.

근로복지공단 상담 지원방법은?

온라인 상담과 오프라인 상담으로 진행된다. 온라인 상담은 11개 분야별로 전문상담가에게 상담 신청이 가능하며 24시간 이내 답변을 제공받을 수 있는 게시판 상담이다. 게시판 상담이 부적합한 경우 예약을 통하여 정해진 시간에 상담사와 채팅상담을 하거나 전화상담을 받을 수 있는 채팅·전화상담 신청이 있다.

근로복지공단 상담 신청방법은?

오프라인 상담은 상시 근로자수 300인 미만 중소기업 소속 근로자 개인이 근로복지넷 회원가입 후 신청(내방, 찾아가는 서비스)하여야 한다. 개인당 총 7회까지이며, 상담 장소는 상담가와 조정가능하다.

기업 상담 신청은 상시 근로자수 300인 미만 중소기업이 회원가입(기업회원) 후 신청한다. 소속 근로자에 대한 개별상담은 1회당 5명, 총5회까지 상담가능하며 소속근로자들이 상담을 개별적으로 받을 수 있다. 기업소속 근로자 집단 상담은 4명 이상, 3회 상담 가능하며, 소속근로자 중 유사문제를 가진 근로자들이 단체로 상담을 받을 수 있다.

근로복지공단 서비스 관련 문의는?

온라인, 오프라인 상담 관련은 (사)한국EAP협회 서울시 중구 수표로 45, 1201호(을지로 비즈센터) ☎ 02-2261-0140 홈페이지 http://www.hieap.net으로 문의 가능하며, 근로복지넷 회원가입 관련은 근로복지공단 콜센터 1588-0075에 문의하면 된다.

5 기업상담은 어떻게 진행되나요?

상담이 법적으로 보장된 기업은?

- 기업상담 대상자는 300인 미만 중소기업으로 근로복지넷에 '기업회원'으로 가입한 기업담당자이다.
- 상담신청 방법은 먼저, 근로복지넷(www.workdream.net) 접속 후 기업회원으로 가입 하도록 한다. 이후 근로복지넷 근로자지원프로그램(EAP)→ 온라인 상담 신청 선택→ 기업EAP상담 선택→ 사내상담 선택→ 상담 신청하기를 선택한다.

표 32

구분	상담유형	이용횟수	제공시간	상담인원	장소
오프라인	사내상담 (1:1대면)	기업별 상시근로자수 기준 5/10/15회	1인당 50분	상담사 1회 방문 시 직원 5명 개별상담	사내

기업상담을 문의할 수 있는 곳은?

고용노동부 고용서비스정책과(044-202-7337) 또는 관할 고용센터 취업지원과(심리안정지원 프로그램 운영 담당자)로 문의하면 된다.

표 33 2017년 심리안정지원프로그램 운영 고용센터 현황

연번	지방청	고용센터	연번	지방청	고용센터
1	서울	서울	27	부산	부산북부
2		서초	28		울산
3		서울강남	29		진주
4		서울서부	30		창원
5		서울남부	31		김해
6		서울동부	32		마산
7		서울관악	33		통영
8		서울북부	34	대구	대구
9	강원	강릉	35		대구서부
10		원주	36		대구강북
11		춘천	37		구미
12	중부	인천	38		안동
13		인천북부	39		영주
14		부천	40		포항
15		의정부	41	광주	광주
16		고양	42		광주광산
17	경기	수원	43		목포
18		용인	44		순천
19		성남	45		전주
20		안양	46		익산
21		광명	47		군산
22		안산	48	대전	대전
23		시흥	49		공주
24		평택	50		보령
25		부산	51		천안
26		부산동부	52		청주

고용노동부 고용서비스 정책과 집단상담 프로그램 운영 위탁사업은?

취업지원 대상자의 취업의욕 고취·구직기술 향상 등을 지원하는 CAP+, 취업희망, 성실, 주부재취업설계, 제대군인, 단기집단상담 프로그램 등을 운영하는 사업이다. 프로그램 운영을 민간에 위탁하여 고용센터 또는 고용센터가 지정하는 장소에서 과업을 수행하고 이에 필요한 소요 경비를 지원한다. 고용센터 내 운영이 원칙이나 센터 공간 여건, 참여자 접근성 등을 고려하여 위탁기관 및 프로그램 요청기관(학교 등)의 공간 활용이 가능하다.

사업방식과 목적은?

본부에서 공모계획을 일괄 공고하고, 지방고용노동청(본청 또는 대표지청)에서 소속 지청의 수요에 따라 심사·선정하며, 위탁계약은 해당 고용센터를 관할하는 지방고용노동지청별로 체결한다. 「집단상담 프로그램」에 대한 접근성이 높은 기관을 선정하여 안정적이고 효과적인 사업을 운영하고 취업취약계층에 대한 취업의욕 고취, 구직기술 향상 등을 지원함므로써 조기취업을 도모하고자 한다.

법적 근거는?

「고용보험법」 제25조(고용안정 및 취업 촉진) 및 같은 법 시행령 제36조(취업지원사업의 지원), 「고용정책기본법」 제12조(민간에 의한 고용서비스 제공지원 등), 「직업안정법」 제3조(정부의 업무) 등이 있다.

참여인원 확보 및 모집 운영은?

실업급여 수급자, 취업성공패키지 사업 참여자, 심층상담 전담제 대상자, 그 밖에 상담을 거쳐 취업의욕·취업기술 고취가 필요한 구직자 중심으로 대상자를 선정한다. 위탁기관은 프로그램별 적합한 대상자를 선정하여 컨설턴트가 프로그램을 진행하고, 일정시간 참여자에 한하여 수료를 인정한다.

* (예시) 취업성공패키지 참여자, 실업급여 수급자→ 성취, 취업희망, CAP+ 등 심층상담 전담제→ 성취, 취업희망 등

고용센터 상담 지원 내용은?

표 34

<table>
<tr><td>일반
집단상담
프로그램</td><td>- 프로그램 1회당 운영비용(인건비+운영비) 최대 190만 원 이내 지원
- 인건비 : 1회당 120만 원, 운영비 : 1회당 40~70만 원(참여인원에 따라 차등지급)
- 프로그램 1회는 4일 기준이며, 4일 미만으로 운영되는 프로그램의 인건비 및 운영비는 '운영일x1/4' 수준으로 비례하여 지급</td></tr>
<tr><td>단기
집단상담
프로그램</td><td>- 프로그램 1회당 3시간 과정은 25만 원 이내, 4시간 과정은 30만 원 이내 지원
<table>
<tr><th>구 분</th><th>계</th><th>인건비</th><th>운영비</th></tr>
<tr><td>3시간 과정</td><td>25만 원</td><td>20만 원</td><td>5만 원</td></tr>
<tr><td>4시간 과정</td><td>30만 원</td><td>25만 원</td><td>5만 원</td></tr>
</table>
* 지원사항의 상세 내용은 고용센터 담당자를 통하여 약정 체결 시 확인</td></tr>
</table>

그림26 프로그램 운영절차

단계	담당	내용
운영 계획수립	센터	• 분기별 계획 수집(업체 협의) ※ 월별 편중 현상이 발생하지 않도록 유의
참여자 선정	취업1·2과 → 직업진로지도팀	• 참여자는 원칙적으로 센터에서 선정하여 프로그램에 참여하게 하되, 30% 범위 내에서 위탁기관 자체 모집 가능 → 위탁기관은 자체모집한 참여자를 고용센터 담당자에게 체출
프로그램 진행	위탁기관	• 위탁기관 컨설턴트 진행
결과보고	위탁기관 → 센터	• 7일 이내 결과보고(업체 → 센터) • 기안결과 보고(센터 내부)·취업지원과 공람
사후관리	위탁기관·센터	• 참여자를 선정한 담당자 - 동행면접 등 적극적 취업알선→ 취업결과를 고용센터 프로그램 진행자에게 알림(수시 또는 월 1회) • 수탁업체 컨설턴트 - 취업확인, 취업동아리 관리 등

6 기업상담 관련 자주 묻는 질문

상담은 어디서 진행하는가?

직원들이 희망하는 지역에서 상담을 진행하며, 본사와 협약된 상담센터를 이용할 수 있다. 도입형태에 따라 주기적으로 상담사를 사업장으로 파견하여 상담을 진행하기도 한다.

회사가 상담내용을 확인할 수 있는가?

근로자지원프로그램을 통하여 직원 개인이 이용한 상담내용은 개인정보보호법과 근로복지기본법 제 83조에 의해서 비밀보장이 된다. 회사에 이용직원 현황에 대한 통계자료는 제출 가능하나 프로그램을 이용한 개별 직원의 명단과 세부적인 상담 내용은 제공하지 않는다.

상담받은 사실이나 내용이 회사에 알려지는가?

기업회원은 비밀보장원칙을 준수한다.(개인정보보호법과 근로복지기본법 제83조에 의거) 협회는 개인정보 및 상담내용을 외부로 발신하지 않는 것을 원칙으로 하며, 회사에 알리지 않으며, 회사에서 요청한다고 하더라도 회사 담당자는 관련정보를 확인할 수 없다. 단, 자신(자해, 자살)이나 타인 상해의 가능성이 있는 경우, 법에 저촉되는 행위나 범죄의 가능성이 있을 경우, 대한민국 법정의 요구가 있을 경우, 신청인의 요구가 있을 경우 비밀보장이 해제 된다.

상담을 받다가 연장할 수 있는가?

기업회원은 속한 회사의 상담연장 승인이 이루어지는 경우 연장할 수 있으며, 개인회원은 상담사와 세운 상담목표가 달성되지 않은 경우, 상담사와 논의 후 연장하여 진행하실 수 있다.

상담료는 얼마나 지불하여야 하는가?

기업회원은 속한 회사와 (사)한국EAP협회 간의 계약내용에 따라 회사에서 상담료를 지불하게 되며, 개인회원은 (사)한국EAP협회 상담비 내부규정 및 상담사 경력에 따라 달라질 수 있다.

누가 상담을 해주는가?

(사)한국EAP협회의 상담사는 상담분야 석사학위 이상, 전문자격증 2급 이상 소지자(한국상담학회, 한국상담심리학회, 한국임상심리학회, 정신건강임상심리사), 상담경력 3년 이상의 세 가지 조건이 모두 충족되는 상담심리 분야의 전문가이다.

어떠한 주제로 상담을 받을 수 있는가?

심리 상담에서는 정서문제, 자기이해, 가족관계, 대인관계, 직장적응, 진로, 기타(PTSD, 공황장애, 신체화증상, 중독, 게임사용 관리, 알코올사용 관리) 등 다양한 주제로 상담을 받을 수 있다.

출처 : (사)한국EAP협회 홈페이지

부록

부록1 상담관련 법률 현황

법령명 기준 내림차순

번호	법령명	법령종류	소관부처
1	4 · 16세월호참사 피해구제 및 지원 등을 위한 특별법	법률	국무조정실, 해양수산부
2	가사소송규칙	대법원규칙	대법원
3	가정보호심판규칙	대법원규칙	대법원
4	가정폭력방지 및 피해자보호 등에 관한 법률	법률	여성가족부
5	가정폭력범죄의 처벌 등에 관한 특례법	법률	법무부
6	가족관계의 등록 등에 관한 규칙	대법원규칙	대법원
7	가족친화 사회환경의 조성 촉진에 관한 법률	법률	여성가족부
8	가축전염병 예방법	법률	농림축산식품부
9	건강가정 기본법	법률	여성가족부
10	게임산업진흥에 관한 법률	법률	문화체육관광부
11	경력단절여성 등의 경제활동 촉진법	법률	고용노동부, 여성가족부
12	경찰공무원 보건안전 및 복지 기본법	법률	경찰청, 해양경찰청
13	고용보험법	법률	고용노동부
14	고용상 연령차별금지 및 고령자고용촉진에 관한 법률	법률	고용노동부
15	고용정책 기본법	법률	고용노동부
16	공교육 정상화 촉진 및 선행교육 규제에 관한 특별법	법률	교육부
17	공무원 재해보상법	법률	인사혁신처
18	공무원 후생복지에 관한 규정	대통령령	인사혁신처
19	공무원 고충처리 규정	대통령령	인사혁신처
20	공익신고자 보호법	대통령령	국민권익위원회
21	교도관 직무규칙	법무부령	법무부
22	교원의 지위 향상 및 교육활동 보호를 위한 특별법	법률	교육부
23	국가정보화 기본법	법률	과학기술정보통신부
24	국군포로의 송환 및 대우 등에 관한 법률	대통령령	국방부

25	국민기초생활 보장법	법률	보건복지부
26	군에서의 형의 집행 및 군수용자의 처우에 관한 법률	법률	국방부
27	군인의 지위 및 복무에 관한 기본법	법률	국방부
28	근로복지 기본법	법률	고용노동부
29	근로자직업능력 개발법	법률	고용노동부
30	긴급복지지원법	법률	보건복지부
31	남녀고용평등과 일 · 가정 양립 지원에 관한 법률	법률	고용노동부
32	노숙인 등의 복지 및 자립지원에 관한 법률	법률	보건복지부
33	노인복지법	법률	보건복지부
34	노후준비 지원법	법률	보건복지부
35	다문화가족 지원법	법률	여성가족부
36	민법	법률	법무부
37	발달장애인 권리보장 및 지원에 관한 법률	법률	보건복지부
38	범죄피해자 보호법	법률	법무부
39	법무부와 그 소속기관 직제	대통령령	법무부, 행정안전부
40	보건의료인력 지원법	법률	보건복지부
41	보험업법	법률	금융위원회
42	보호관찰 등에 관한 법률	법률	법무부
43	보호소년 등의 처우에 관한 법률	법률	법무부
44	북한이탈주민의 보호 및 정착지원에 관한 법률	법률	통일부
45	사행산업통합감독위원회법	법률	문화체육관광부
46	사회복지사업법	법률	보건복지부
47	사회서비스 이용 및 이용권 관리에 관한 법률	보건복지부령	보건복지부
48	상호저축은행법	법률	금융위원회
49	성매매방지 및 피해자보호 등에 관한 법률	법률	여성가족부
50	성매매알선 등 행위의 처벌에 관한 법률	법률	법무부
51	성폭력방지 및 피해자보호 등에 관한 법률	법률	여성가족부
52	성폭력범죄 등 사건의 심리 · 재판 및 피해자 보호에 관한 규칙	대법원규칙	대법원
53	성폭력범죄의 처벌 등에 관한 특례법	법률	법무부

54	성폭력범죄자의 성충동 약물치료에 관한 법률	법률	법무부
55	소년법	법률	법무부
56	소년심판규칙	대법원규칙	대법원
57	소방공무원 보건안전 및 복지 기본법	법률	소방청
58	신용협동조합법	법률	금융위원회
59	실종아동 등의 보호 및 지원에 관한 법률	법률	보건복지부
60	아동보호심판규칙	대법원규칙	대법원
61	아동복지법	법률	보건복지부
62	아동학대범죄의 처벌 등에 관한 특례법	법률	법무부
63	아동 · 청소년의 성보호에 관한 법률	법률	여성가족부
64	암관리법	법률	보건복지부
65	양성평등기본법	법률	여성가족부
66	여성폭력방지기본법	법률	여성가족부
67	여신전문금융업법	법률	금융위원회
68	영유아보육법	법률	보건복지부
69	영재교육진흥법 시행령	대통령령	교육부
70	은행법	법률	금융위원회
71	자동차손해배상 보장법	법률	국토교통부
72	자본시장과 금융투자업에 관한 법률	법률	금융위원회
73	자살예방 및 생명존중문화 조성을 위한 법률	법률	보건복지부
74	장기 공공임대주택 입주자 삶의 질 향상 지원법 시행령	대통령령	국토교통부
75	장애아동 복지지원법	법률	보건복지부
76	장애인 등에 대한 특수교육법	법률	교육부
77	장애인고용촉진 및 직업재활법	법률	고용노동부
78	장애인복지법	법률	보건복지부
79	재난 및 안전관리 기본법	법률	행정안전부
80	재해구호법 시행령	대통령령	행정안전부
81	정신건강증진 및 정신질환자 복지서비스 지원에 관한 법률	법률	보건복지부
82	제대군인지원에 관한 법률	법률	국가보훈처

83	제주특별자치도 설치 및 국제자유도시 조성을 위한 특별법	법률	행정안전부, 국토교통부
84	지역보건법	보건복지부령	보건복지부
85	직업안정법	법률	고용노동부
86	진로교육법	법률	교육부
87	진술조력인의 선정 등에 관한 규칙	법무부령	법무부
88	청년고용촉진 특별법	법률	고용노동부
89	청소년 기본법	법률	여성가족부
90	청소년 보호법	법률	여성가족부
91	청소년복지 지원법	법률	여성가족부
92	초 · 중등교육법	법률	교육부
93	치료감호 등에 관한 법률	법률	법무부
94	치매관리법	법률	보건복지부
95	특정 범죄자에 대한 보호관찰 및 전자장치 부착 등에 관한 법률	법률	법무부
96	학교 밖 청소년 지원에 관한 법률	법률	여성가족부
97	학교안전사고 예방 및 보상에 관한 법률	법률	교육부
98	학교폭력예방 및 대책에 관한 법률	법률	교육부
99	한부모가족지원법	법률	여성가족부
100	형의 집행 및 수용자의 처우에 관한 법률	법률	법무부
101	후천성면역결핍증 예방법	법률	보건복지부

부록2 상담기관 현황 및 주요업무

상담영역	기관명	상담관련 주요업무
노인	고령자 고용정보센터	· 고령자에 대한 구인 · 구직 등록, 직업지도 및 취업알선 · 고령자에 대한 직장적응 훈련 및 교육 · 고령자 고용 촉진을 위한 홍보 등
	고령자 인재은행	· 고령자에 대한 구인 · 구직 등록, 직업지도 및 취업알선 · 취업희망 고령자에 대한 직업상담 및 정년퇴직자의 재취업 상담 · 고령자의 직업능력개발훈련 등
	노인보호전문기관	· 피해노인 및 노인학대자에 대한 상담 · 피해노인 가족관련자와 관련 기관에 대한 상담 · 일반인을 대상으로 한 노인학대 예방교육 등
	중견전문인력 고용지원센터	· 중견전문인력의 구인 · 구직 등록, 직업상담 및 취업알선 등
	중앙노후준비 지원센터	· 노후준비서비스 제공자의 양성 · 관리 · 노후준비서비스에 관한 조사 · 연구 · 교육 · 노후준비서비스 프로그램 및 교육과정 개발 · 보급 등
	지역노후준비 지원센터	· 노후준비서비스 제공 · 노후준비서비스 홍보 및 노후준비 인식제고 등
범죄	갱생보호시설	· 직업훈련 및 취업지원 · 출소예정자 사전상담 · 심리상담 및 심리치료 등
	성매매방지 중앙지원센터	· 성매매피해자 등의 자립 · 자활 프로그램 개발 · 보급 · 성매매예방 교육 프로그램의 개발 · 상담소 등 종사자의 교육 및 상담원 양성, 상담기법의 개발 및 보급 등
	성매매 피해상담소	· 심리적 안정과 피해 회복을 위한 상담 및 치료 · 수사기관의 조사와 법원의 증인신문(證人訊問)에의 동행 · 자립 · 자활 교육의 실시와 취업정보 제공 등
	성폭력 피해상담소	· 성폭력피해의 신고접수와 이에 관한 상담 · 성폭력 예방을 위한 홍보 및 교육 · 성폭력 및 성폭력피해에 관한 조사 · 연구 등
부부가족	가정폭력 관련 상담소	· 가정폭력을 신고받거나 이에 관한 상담에 응하는 일 · 가정폭력을 신고하거나 이에 관한 상담을 요청한 사람과 그 가족에 대한 상담 · 가정폭력의 예방과 방지에 관한 교육 및 홍보 등
	가정폭력피해자 보호시설	· 심리적 안정과 사회적응을 위한 상담 및 치료 · 수사 · 재판 과정에 필요한 지원 및 서비스 연계 · 자립자활 교육의 실시와 취업정보의 제공 등
	가족친화 지원센터	· 가족친화 관련 전문인력의 양성 · 가족친화 프로그램의 개발 · 가족친화 사회환경의 조성촉진을 위한 각종 연구, 조사 및 홍보 등

	건강가정 지원센터	• 가정문제의 예방 · 상담 및 개선 • 건강가정의 유지를 위한 프로그램의 개발 • 건강가정 실현을 위한 교육 등
	긴급전화센터	• 피해자의 신고접수 및 상담 • 관련 기관 · 시설과의 연계 • 피해자에 대한 긴급한 구조의 지원 등
	한국건강 가정진흥원	• 가족상담 및 가족교육 사업 • 다문화가족, 한부모가족, 조손가족 등 취약 가족의 역량강화 지원 사업 • 가족정책 및 사업개발을 위한 조사, 연구 등
	한부모 가족복지시설	• 한부모가족에 대한 위기 · 자립 상담 또는 문제해결 지원 등
아동 · 청소년	가정위탁 지원센터	• 가정위탁사업과 관련된 연구 및 자료발간 • 가정위탁사업을 위한 프로그램의 개발 및 평가 • 상담원에 대한 교육 등 가정위탁에 관한 교육 및 홍보 등
	실종아동 전문기관	• 실종아동 등의 발생예방을 위한 연구 · 교육 및 홍보 • 실종아동 등의 가족지원 • 실종아동 등의 복귀 후 사회 적응을 위한 상담 및 치료서비스 제공 등
	아동보호 전문기관	• 아동학대 신고접수, 현장조사 및 응급보호 • 피해아동 상담 · 조사를 위한 진술녹화실 설치 · 운영 • 피해아동, 피해아동의 가족 및 아동학대행위자를 위한 상담 · 치료 및 교육 • 아동학대 예방 교육 및 홍보 등
	아동 복지시설	• 아동양육시설 : 보호대상아동을 입소시켜 보호, 양육 및 취업훈련, 자립지원 서비스 등 • 자립지원시설 : 아동복지시설에서 퇴소한 사람에게 취업준비기간 또는 취업 후 일정 기간 동안 보호함으로써 자립을 지원 • 아동상담소 : 아동과 그 가족의 문제에 관한 상담, 치료, 예방 및 연구 등
	육아 종합지원센터	• 보육교직원에 대한 상담 및 구인 · 구직 정보의 제공 • 부모에 대한 상담 · 교육 • 영유아 부모 및 보육교직원에 대한 영유아 학대 예방 교육 등
	이주배경 청소년지원센터	• 이주배경 청소년과 그 부모에 대한 상담 및 교육 • 이주배경 청소년의 지원을 위한 인력의 양성 및 연수 • 이주배경 청소년의 사회 적응을 위한 프로그램 개발 및 보급 등
	청소년 방과 후 활동 지원센터	• 방과후사업의 운영 관리, 컨설팅 및 평가 • 청소년의 방과 후 활동 지원을 위한 국내외 자료조사 • 방과후사업의 업무 종사자를 위한 교육 · 연수 등
	청소년 보호 · 재활센터	• 학습 · 정서 · 행동상의 장애를 가진 청소년에 대한 보호 · 상담 및 치료 · 재활 지원 • 약물 또는 인터넷 중독 청소년에 대한 보호 · 상담 및 치료 · 재활 지원 • 청소년유해환경으로 인한 피해 청소년 실태 파악 및 지원을 위한 조사 · 연구, 치료 프로그램 개발 및 자료 구축 · 관리 등
	청소년비행 예방센터	• 법원이 의뢰한 상담조사 • 「소년법」에 따른 보호처분을 받은 자 중 학교부적응 학생 등에 대한 교육 • 검사가 기소유예처분을 한 자 및 학교장 등이 의뢰한 소년에 대한 특별교육 등

	청소년상담 복지센터	· 청소년과 부모에 대한 상담 · 복지지원 · 상담 · 복지 프로그램의 개발 및 운영 · 청소년의 자립능력 향상을 위한 자활(自活) 및 재활(再活) 지원 등
	학교 밖 청소년 지원센터	· 학교 밖 청소년 지원 : 상담, 교육, 직업체험 및 취업, 자립 지원 · 학교 밖 청소년 지원을 위한 지역사회 자원의 발굴 및 연계 · 협력 · 학교 밖 청소년 지원 프로그램의 개발 및 보급 등
여성	경력단절여성 지원센터	· 경력단절여성 등의 생애주기별 경력개발교육, 멘토링 및 네트워크 형성 등 경력단절 예방 프로그램 지원 · 취업 · 창업 정보 제공 및 상담 · 직업교육훈련, 취업알선 및 취업 후 직장적응 지원, 보육 지원 등 복지서비스 제공 및 연계 등
	중앙경력단절여성 지원센터	· 경력단절여성등의 경력단절 예방에 관한 상담, 교육 등 사업프로그램의 개발 · 보급 · 취업 · 창업지원 등의 상담, 교육 등 사업 프로그램의 개발 · 보급 · 경력단절여성등의 직장 조기 적응 프로그램 개발 · 보급 등
	한국양성평등 교육진흥원	· 양성평등을 위한 교육 및 진흥 사업 · 성희롱 예방교육 강사 등 전문인력 양성 사업 · 양성평등 교육 프로그램 개발과 교육 연구 사업 등
	한국여성인권진흥원	· 성폭력 · 가정폭력 · 성매매 등 피해자 보호 · 지원시설 종사자의 양성 및 보수교육 · 성폭력 · 가정폭력 · 성매매 등 피해자 보호 · 지원시설 간 연계망 구축 및 운영 · 성폭력 · 가정폭력 · 성매매 등 예방 · 방지 및 피해자 보호 · 지원 프로그램 개발과 관련 연구사업 등
위기	안산트라우마센터	· 피해자 등의 심리적 안정과 사회 적응을 위한 심리상담 등 개인상담 및 집단 프로그램의 개발 · 운영 · 피해자 등의 심리적 증상 및 정신질환 등에 대한 검사 · 4 · 16 세월호참사로 인한 외상 후 스트레스장애 및 자살충동 등의 조기 발견 및 대응 등
	자살예방센터	· 자살 관련 상담 · 자살시도자 사후관리 · 자살예방 홍보 및 교육 등
장애인	발달장애인 지원센터	· 발달장애인에 대한 인식개선 홍보 · 발달장애인 지원 프로그램 개발 · 발달장애인 가족 및 관련 서비스 종사자에 대한 교육지원 등
	장애인 가족	· 장애인 가족 사례관리 지원
	지원 사업 수행기관	· 장애인 가족 역량강화 지원 · 장애인 가족 상담지원 등
	중앙장애아동 지원센터	· 장애아동의 복지지원에 관한 조사 · 연구 · 장애아동의 복지지원 정책에 관한 정보 및 자료 제공 · 장애아동의 장애유형별 지원 프로그램의 개발 등
	지역장애아동 지원센터	· 장애의 조기발견을 위한 홍보 · 장애아동의 사례관리 · 장애아동 및 그 가족을 지원하기 위한 가족상담 및 교육의 실시 등

	한국장애인고용공단	• 장애인의 고용촉진 및 직업재활에 관한 정보의 수집 · 분석 · 제공 및 조사 · 연구 • 장애인에 대한 직업상담, 직업적성 검사, 직업능력 평가 등 직업지도 • 장애인 직업생활 상담원 등 전문요원의 양성 · 연수 등
	행동발달증진센터	• 자해 · 공격 등 행동문제를 보이는 발달장애인에 대한 행동치료계획과 행동치료 지원계획의 수립 및 그 계획에 따른 업무 • 발달장애인 가족에 대한 교육 업무 • 행동발달 증진 프로그램의 개발 업무 등
정신질환	국가트라우마센터	• 심리지원을 위한 지침의 개발 · 보급 • 트라우마 환자에 대한 심리상담, 심리치료 • 심리지원 관련 기관 간 협력체계의 구축 등
	보건소	• 자살예방센터 및 자살예방용 긴급전화의 설치 · 운영 • 자살위험자 조기 발견, 상담 및 치료 등 지원에 관한 사항 • 자살예방 상담, 교육, 홍보 등에 관한 사항 등
	인터넷중독대응센터	• 인터넷중독자에 대한 상담 및 치료 • 인터넷중독 예방 및 해소에 관한 교육 · 홍보 등
	중독관리통합지원센터	• 지역사회 내 중독자의 조기발견 체계 구축 • 중독자 대상 상담, 치료, 재활 및 사회복귀 지원사업 • 중독폐해 예방 및 교육사업 등
	치매상담전화센터장	• 치매환자의 치료 · 보호 및 관리에 관한 정보제공 • 치매환자와 그 가족의 지원에 관한 정보제공 • 치매환자의 가족에 대한 심리적 상담 등
	치매안심센터	• 치매 관련 상담 및 조기검진 • 치매의 예방 · 교육 및 홍보 • 치매환자의 가족지원사업 등
	한국도박문제관리센터	• 예방 · 치유를 위한 상담 · 교육 · 홍보 및 관련 프로그램의 개발 · 보급 • 예방 · 치유를 위한 전문인력 양성 • 예방사업 및 중독자 치유 · 재활 사업 지원 등
중증질병	국립암센터	• 불안 · 우울 상담 및 정서적 지지(支持)
직장	보건의료인력지원전문기관	• 보건의료인력등의 상담 및 지원 등
진로직업	고용촉진 시설	• 취업취약계층에 대한 고용서비스 제공
	광역자활센터	• 시 · 도 단위의 수급자 및 차상위자에 대한 취업 · 창업 지원 및 알선 • 지역자활센터 종사자 및 참여자에 대한 교육훈련 및 지원 • 지역특화형 자활프로그램 개발 · 보급 및 사업개발 지원 등
	국가진로교육센터	• 진로심리검사 개발 • 진로상담 지원 • 진로교육 콘텐츠 개발 등
	기능대학	• 교육 · 훈련생의 직업상담 및 고용촉진사업
	지역자활센터	• 자활의욕 고취를 위한 교육 • 자활을 위한 정보제공, 상담, 직업교육 및 취업알선 등

	지역진로교육센터	· 진로정보 제공 · 진로심리검사 및 진로상담 제공 · 진로교육 콘텐츠 개발 · 보급 등
	한국고용정보원	· 고용 동향, 직업의 현황 및 전망에 관한 정보의 수집 · 관리 · 직업지도, 직업심리검사 및 직업상담에 관한 기법(技法)의 연구 · 개발 및 보급 · 고용서비스의 평가 및 지원 등
	한국자활복지개발원	· 자활 지원을 위한 조사 · 연구 및 홍보 · 자활 관련 기관 간의 정보네트워크 구축 · 운영 · 취업 · 창업을 위한 자활촉진 프로그램 개발 및 지원 등
	한국잡월드	· 청소년 등에 대한 직업 교육프로그램 개설 · 운영 · 교사 등에 대한 직업지도 교육프로그램 개설 · 운영 · 직업상담 및 직업심리검사 서비스 제공 등
취약 계층	사회복지관	· 사례관리기능, 서비스제공기능, 지역조직화기능 등
	노숙인자활시설	· 생활지도,상담,안전관리 또는 전문적인 직업상담, 훈련등의 복지서비스 제공 · 직업훈련기관 또는 고용지원기관 등과의 연계를 통해 노숙인 등의 자활,자립을 지원 등
	노숙인종합지원센터	· 주거 · 의료 · 고용 지원을 위한 상담 및 복지서비스 연계 · 심리상담 등
	다문화가족지원센터	· 다문화가족을 위한 교육 · 상담 등 지원사업의 실시 · 다문화가족 지원서비스 정보제공 및 홍보 · 다문화가족 지원 관련 기관 · 단체와의 서비스 연계 등
	북한이탈주민예비학교	· 학력진단 및 진로 · 진학 상담 · 심리 진단 및 상담 등을 통한 학교 · 사회생활 적응교육 등
	북한이탈주민지원재단	· 북한이탈주민의 생활안정 및 사회적응 지원사업 · 북한이탈주민에 대한 직업훈련에 필요한 사업 · 북한이탈주민에 대한 전문상담인력의 양성과 전문상담사업 등
	정착적응시설	· 심리안정, 어려운 사항 해소 및 그 밖에 자립능력의 제고를 위하여 정착지원시설 내부에 심리 · 법률 · 직업 · 고충 분야 상담실 등을 운영
학교	선행교육예방 연구센터	· 선행교육의 부작용에 관한 조사 · 연구 · 분석 · 선행교육의 부작용에 관한 학생 · 학부모 · 교원에 대한 교육과 상담 · 선행교육의 개선대책 수립 및 예방을 위한 정책 연구 등

참고문헌

김인규·손요한(2019), 상담 관련 법률적 근거에 의한 산업범위 분석 연구, 한국산업인력공단 산업별인적자원개발위원회.

정제영·박주영·오범호 외 13(2020), 한교폭력 사안처리 가이드북, 교육부·이화여자대학교 학교폭력예방연구소.

약 력

김인규(Part 1, 2, 3)
現 전주대학교 상담심리학과 교수
한국상담학회 10대 회장
전국대학상담학과협의회 이사장
한국청소년상담원 상담교수
한국행동과학연구소 책임연구원

박주호(Part 2, 3, 4)
전북경찰청 형사과 프로파일러
상담심리학 박사, 범죄학 박사 수료
경찰수사연수원 강력범죄수사과정 등 외래교수
한일장신대학교 심리치료대학원 겸임교수
한국최면심리학회 교육이사(수퍼바이저)

조남정(Part 4)
現 우석대학교 교육대학원 상담심리전공 교수
우석대학교 학생상담센터장
한국상담학회 자격관리부위원장
학교상담학회 위기상담위원장
전주소년원 감수성훈련프로그램 강사

김희숙(Part 4)
법학박사
상담심리학 박사수료
군산시 건강가정지원센터장 역임
군산시 다문화가족지원센터장 역임
現 아리울가족상담연구소장

손요한(Part 1, 3)
전주대학교 상담심리학과 박사수료
우석대학교 교수학습지원센터 연구원

상담과 법

초판발행 2020년 11월 9일

지은이 김인규·박주호·조남정·김희숙·손요한
펴낸이 노 현

편 집 최은혜
기획/마케팅 노 현
표지디자인 BEN STORY
제 작 고철민·조영환

펴낸곳 ㈜피와이메이트
서울특별시 금천구 가산디지털2로 53 한라시그마밸리 210호(가산동)
등록 2014. 2. 12. 제2018-000080호
전 화 02)733-6771
f a x 02)736-4818
e-mail pys@pybook.co.kr
homepage www.pybook.co.kr
ISBN 979-11-6519-069-9 93180

정 가 16,000원